中国学术史讲话

杨东莼 著

江苏教育出版社
JIANGSU EDUCATION PUBLISHING HOUSE

图书在版编目(CIP)数据

中国学术史讲话 / 杨东莼著.
南京:江苏教育出版社,2005.4
(国学书库·文史类丛)
ISBN 7-5343-6215-6

Ⅰ.中...
Ⅱ.杨...
Ⅲ.学术思想—思想史—中国
Ⅳ.B2

中国版本图书馆 CIP 数据核字(2005)第 005942 号

出版者 江蘇教育出版社
社　址 南京市马家街 31 号　邮编 210009
网　址 http://www.1088.com.cn
出版人 张胜勇

书　　名 中国学术史讲话
作　　者 杨东莼
责任编辑 张寞岩
集团地址 凤凰出版传媒集团有限公司
(南京市中央路 165 号 210009)
集团网址 凤凰出版传媒网 http://www.ppm.cn
经　　销 全国新华书店
印　　刷 河北科技师范学院印刷厂
厂　　址 河北 秦皇岛　电话 0335—2039060
开　　本 965×1270 毫米 1/32
印　　张 8 插页 2
字　　数 198 000
版　　次 2005 年 4 月第 1 版
印　　次 2005 年 4 月第 1 次印刷
印　　数 0001—8000
定　　价 18.80 元
发行热线 010—88876731
编辑热线 010—88876730

编者说明

《中国学术史讲话》,为杨东莼先生的一部代表性著作。书中历数从中国上古至现代新文化运动时期的学术源流与传承,言简意赅,条分缕析,而谨于判断,体现了很强的学术严谨性。其书成于20世纪30年代,1932年由北新书局出版。1996年,东方出版社依北新书局1932年版而再版此书,作为其“民国学术经典文库”系列之一种。此次,我社再版此书,以之为“国学基础文库”之一种,仍以北新书局1932年版为底本,并参校东方出版社1996年版本。在此次出版中,对于书中作者当时的语言习惯与用词习惯,尽量遵守,不做改动,而仅就其明显错误者,略作订正。又如在第十二章《新文化运动》中,有××主义、××党之谓,盖当时(1932年)文禁而不便明言共产主义与共产党之故,此次再版一仍其旧,相信读者自能识之。

江苏教育出版社

编辑部

2005.1.

目　　录

第一讲　学术思想的萌芽

一、概论

中华民族有四千多年的历史，她的学术思想一定发生很早。她最初就和苗族接触，不久又和东夷族接触，她的学术思想中一定吸收了苗族和东夷族的成分。这些事实都是可以断定的，不过因为关于上古学术思想的情形都只有传说，而无可靠的记录，所以我们对于这些情形，不能获得确当的知识。司马迁世为史官，生当二千年之前，还说："学者多称五帝，尚矣；然《尚书》独载尧以来，而百家言黄帝，其文不雅驯，荐绅先生难言之。"孔子删《书》，也只断自唐、虞；则唐、虞以前的情形，在二千多年以前的人看来，就已经不大明白，就已经难以置信。因此，我们要对于上古学术思想的情形，写成一个有系统而可置信的记述，便是一件很困难而不可能的事体。不过我们从《诗》、《书》、《左传》、《国语》一类书籍的追述中，很可以看到春秋以前这个长期间学术思想的大概情形；所以以下就根据这些书籍，分作四项来说：

(一)鬼神；

(二)术数；

(三)天；

(四)祖。

二、鬼神

原始时代，人类知识浅陋，以为宇宙间万事万物，都有神为之主宰。《国语·楚语》说：

> 昭王问于观射父曰："《周书》所谓重、黎实使天地不通，何也？若无然，民将能天乎？"对曰："非此之谓也。古者民神不杂，民之精爽不携贰者，而又能齐肃衷正，其知能上下比义，其圣能光远宣朗，其明能光照之，其聪能听彻之，如是则神明降之。在男曰觋，在女曰巫。是使制神之处位次主，而为之牲器时服。而后使先圣之后之有光烈，而能知山川之号，高祖之主，宗庙之事，昭穆之世，……而敬恭明神者以为之祝。使名姓之后，能知四时之生，牺牲之物，……坛场之所，上下之神氏姓之出，而心率旧典者为之宗。于是乎有天、地、神、明、类物之官，谓之五官，各司其序，不相乱也。民是以能有忠信，神是以能有明德，民神异业，敬而不渎。故神降之嘉生；民以物享，祸灾不至，求用不匮。及少皞之衰也，九黎乱德，民神杂糅，不可方物。夫人作享，家为巫氏，无有要质。民匮于祭祀而不知其福。烝享无度，民神同位。民渎齐民盟，无有严威。神狎民则，不蠲其为。嘉生不降，无物以享。祸灾荐臻，莫尽其气。颛顼受之，乃命南正重司天以属神，命火正黎司地以属民。使复旧常，无复侵渎，是谓绝地天通。"

又，《左传·昭公二十九年》：

> 秋，龙见于绛郊，魏献子问于蔡墨曰："吾闻之，虫莫知于龙，以其不生得也，谓之知，信乎？"对曰："人实不知，非龙实知。古者畜龙，故国有豢龙氏，有御龙氏。……及有夏孔甲，扰于有帝，帝赐之乘龙，河、汉各二，各有雌雄，孔甲不能食，而未获豢龙氏；有陶唐氏既衰，其后有刘累，学扰龙于豢龙氏，以事孔甲，能饮食之，夏后嘉之，赐氏曰御龙。"……献子曰："今何故无之？"对曰："夫物，物有其官，官修其方，朝夕思之，一日失职，则死及之，失官不食，官宿其业，其物乃至，若泯弃之，物乃坻伏，郁湮不育，故有五行之官，实列受氏姓，封为上公，赐为贵神，社稷五祀，是尊是奉。

木正曰勾芒，火正曰祝融，金正曰蓐收，水正曰玄冥，土正曰后土。龙，水物也，水官弃矣，故龙不生得。”……献子曰：“社稷五祀，谁氏之五官也？”对曰：“少皞氏有四叔：曰重，曰该，曰修，曰熙，实能金木及水，使重为勾芒，该为蓐收，修及熙为玄冥，世不失职，遂济穷桑，此其三祀也。颛顼氏有子曰犁，为祝融，共工氏有子曰勾龙，为后土，此其二祀也。后土为社稷田正也，有烈山氏之子曰柱，为稷，自夏以上祀之。周弃亦为稷，自商以来祀之。……”

上面两段话，都是追述，当然不完全正确。相传少皞是黄帝之子，颛顼是黄帝之孙，黄帝之事既难置信，则这两段记载少皞、颛顼的话，便多少也含有传说的性质。但是，从社会进化史的眼光看来，人类在原始时代，却的确经过这样的一个阶段。当时人智浅薄，不解自然现象，不解生人之理，所以不得不把宇宙万有，都归之于鬼神。大抵当时的鬼神，不外天神、地祇、人鬼、物魅四者，这都不出乎自然崇拜与灵魂崇拜之外。《周礼》一书，本不可信，但是，它叙大宗伯之职一段，却可以看出上古对鬼神崇拜的情形。它说：

以禋祀祀昊天上帝；以实柴祀日月星辰；以槱燎祀司中、司命、风师、雨师。——案此即天神。

以血祭祭社稷、五祀、五岳；以狸沉祭山林川泽；以疈辜祭四方百物。——案此即地祇。

以肆献祼享先王，以馈食享先王，以祠春享先王，以禴夏享先王，以尝秋享先王，以烝冬享先王。——案此即人鬼。

这种崇拜，都无不与当时的日常生活有关。得天时之和，所以拜天；受地利之饶，所以拜地；土可殖财，所以有社；谷可养生，所以有稷；山林川泽可以利人，所以拜山林川泽；至于人之有才能功烈为人所崇仰者，死后即成为神，也受后人的祭祀。又物之变异不常者，也认为是神。凡此，都是生民不解自然现象与生人之理所致。

其次，从上面所引用的《左传》与《国语》两段话中，更可以窥见以下所述几点：（一）当时所谓神，一定是多神，所以说“制神之处位次主”；（二）当时所谓神，一定是拟人的，一定是具有人格的神，所以说“上下之神氏姓所出”，所以说神能降福受享，能凭降于人；（三）当时有专门事神的官，如觋、巫、宗、祝之类，他们为一部落中的最高主权者，和埃及的法老、犹太的祭司长一样，由此足见当时实为政教不分。

三、术数

既信鬼神能够主宰宇宙万物，于是立术数之法，以探鬼神之意，以察祸福之机。《汉书·艺文志》说：

数术者，皆明堂羲和史卜之职也。史官之废久矣，其书既不能具，虽有其书而无其人。《易》曰：“苟非其人，道不虚行。”……序数术六种。

天文者，序二十八宿，步五星日月，以纪吉凶之象，圣王所以参政也。《易》曰：“观乎天文，以察时变。”

历谱者，序四时之位，正分至之节，会日月五星之辰，以考寒暑杀生之实。故圣必正历数以定三统服色之制。又以探知五星日月之会。凶厄之患，吉隆之喜，其术皆出焉。此圣人知命之术也。

五行者，五常之形气也。《书》云：“初一曰五行，次二曰羞用五事。”言进用五事以顺五行也。貌言视听思心失而五行之序乱，五星之变作。皆出于律历之数而分为一者也。其法亦起五德终始，推其极则无不至。

蓍龟者，圣人之所用也。《书》曰：“汝则有大疑，谋及卜筮。”《易》曰：“定天下之吉凶，成天下之亹亹者，莫善于蓍龟。是故君子将有为也，将有行也，问焉而以言，其受命也如向。无有远近幽深，遂知来物，非天下之至精，孰其能与于此？

杂占者，纪百事之象，候善恶之征。《易》曰：“占事知来。”众占非一，而梦为大。故周有其官，而《诗》载熊羆虺蛇众鱼旐旟之梦，著明大人之占，以考吉凶，参卜筮。

形法者，大举九州之势，以立城郭室舍。形人及六畜骨法之度数，器物之形容，以求其声气贵贱吉凶。犹律有长短，而各征其声，非有鬼神，数自然也。然形与气相首尾，亦有有其形而无其气，有其气而无其形，此精微之独异也。

以上所述天文、历谱、五行、蓍龟、杂占、形法六者，便是当时的术数，屡见于《春秋左氏传》中，今分述如下：

昭公八年："楚灭陈。晋侯问于史赵曰：'陈其遂亡乎？'对曰：'未也。……岁在鹑火，是以卒灭。……今在析木之津，犹将复出。'"

昭公十年："春王正月，有星出于婺女。郑裨灶言于子产曰：'七月戊子，晋君将死。'"

昭公十五年："春，将禘于武公，戒百官。梓慎曰：'禘之日，其有咎乎？吾见赤黑之祲，非祭祥也，丧氛也，其在莅事乎？'"

昭公十七年："冬，有星孛于大辰，西及汉。申须曰：'彗所以除旧布新也。天事恒象，今除于火，火必布焉。诸侯其有火灾乎？'梓慎曰：'若火作，……其四国当之。……其宋、卫、陈、郑乎？……其丙子若壬午作乎？……'郑裨灶言于子产曰：'……若我有瓘斝玉瓒，郑必不火。'"

昭公十八年："春王二月乙卯，周毛得杀毛伯过而代之。苌弘曰：'毛得必亡，是昆吾稔之日也。'"

昭公二十年："春王二月己丑，日南至，梓慎望氛曰：'今兹宋有乱，国几亡，三年而后弭，蔡有大丧。'"

昭公三十二年："夏，吴伐越。……史墨曰：'不及四十年，越其有吴乎？越得岁而吴伐之，必丧其凶。'"

以上天文历谱五行。

庄公二十二年："初，懿氏卜妻敬仲。其妻占之，曰：'吉，是谓凤凰于飞，和鸣锵锵，有妫之后，将育于姜；五世其昌，并为正卿；八世之后，莫之与京。'周史有以《周易》见陈侯者，陈侯使筮之，遇观䷓之否，䷋曰：'是谓观国之光，利用宾于王。'"

襄公二十五年："崔武子将娶棠姜，筮之，遇困䷮之大过，䷛陈文子曰：'妻不可娶也。其繇曰：困于石，据于蒺藜，入于其宫，不见其妻，凶。'"

以上蓍龟——案卜筮为二术，卜以龟，筮以蓍。

桓公二年："初，晋穆公之夫人，以条之役，生太子，命之曰仇，其弟以千亩之战生，命之曰成师。师服曰：'异哉！君之名子也。……始兆乱矣，兄其替乎？'"

僖公五年："八月甲午，晋侯围上阳，问于卜偃曰：'吾其济乎？'对曰：'克之。'公曰：'何时？'对曰：'童谣云：丙之晨，龙尾伏辰，均服振振，取虢之旂，鹑之奔奔，天策焞焞，火中成军，虢公其奔。其九月十月之交乎？丙子旦，日在尾，月在策，鹑火中，必是时也。'"

以上杂占。

文公元年："王使内史叔服来会葬，公孙敖闻其能相人也，见其二子焉。叔服曰：'谷也，食子；难也，收子。谷也丰下，必有后于鲁国。'"

以上形法。

这六种术数，在上古时代，是很重要的。这些术数，都有专门的官来掌握，在上面引用的《国语》中，便有觋、巫、祝这些官职，又有"命南正重司天以属神，命火正黎司地以属民"这两句话，《尧典》也说："乃命羲和，钦若昊天，历象日月星辰，敬授民时。"又说："璇玑玉衡，以齐七政。"这都可以窥见上古重术数的情形。至于商代,则因"甲骨"的出现,更明证当时深信占卜。大抵当时所谓祝,其职务除司祀之外,还负有以下三种责任:(一)协时月正日以便民事,(二)推终始五德以定天命,(三)占星象卜筮以决吉凶。史官以外,这种"祝"便是上古学术思想的中心点。

这种术数,在春秋时还很盛行,观以上所引《左传》各节,便可知道。那时楚国的梓慎,郑国的裨灶,晋国的卜偃,宋国的子韦,都精通这种术数而备国君的顾问。他们都着重于"天人之际"的道理,后此阴阳家与五行家,即由此推衍而生。

四、天

以上讲鬼神一节,实原始社会中的普遍现象。夏商以后,天帝之观念起,遂由多神而进为一神,然多神论亦并未消灭。天是最高的神,或称皇天(《召雅》),或称上天(《信南山》),或称帝(《洪范》),或称上帝(《尧典》),或称皇天上帝;要之,都是指主宰宇宙万有的天而言。分而言之,称其体则曰天,称其德则曰帝,所以孔颖达说:

> 据其在上之体谓之天,天为体称,故《说文》云:"天,颠也。"因其生育之功谓之帝,帝为德称也,故《毛诗传》云:"审谛如帝。"(《礼记·郊特牲疏》)

此外还有形体的天,是指有形的苍穹而言,这是天的本义,如"怀山襄陵,浩浩滔天"(《舜典》),"鹤鸣于九皋,声闻于天"(《鹤鸣》)之类是。又有形容的天,如《诗·鄘风·柏舟》称父为天者是,这是以天去形容父。又有科学的天,如《荀子·天论篇》把天解释为"自然"者是。更有哲学的天,如《中庸》所说"天命之主谓性"及宋儒以"理"释天者是。现在所要说的,就是那主宰宇宙万有的天,或者叫做宗教的天。这种天,是有意识的人格神,第一,他能生育万民,为之立君,如:

邾子曰："天生民，而树之君，以利之也。"（《左传·文公十三年》）

晋师旷曰："天生民，而立之君，使司牧之，勿使失性。"（《左传·襄公十四年》

第二，要尊崇天，要敬事天，然后可以得天佑，如：

小心翼翼，昭事上帝，聿怀多福。（《大明》）

敬天之怒，无敢戏豫；敬天之渝，无敢驰驱。（《板》）

皇天无亲，惟德是辅。（《左传·僖公五年》宫之奇引《周书》）

第三，天掌赏罚之权，如：

天命有德，五服五章哉；天讨有罚，五刑五用哉。（《皋陶谟》）

宋公曰："孤实不敬，天降之灾。"（《左传·庄公十一年》）

第四，天监督一切政治，如：

皇矣上帝，临下有赫。监观四方，求民之莫。（《皇矣》）

第五，天命非人力所能左右，如：

楚子曰："天将兴之，谁能废之，违天必有大咎。"（《左传·僖公二十三年》）

王孙满曰："周德虽衰，天命未改，鼎之轻重，未可问也。"（《左传·宣公三年》）

以上所述，是直认天为有人格的有意识的神，天既能为民立君，于是人君所行种种制度法典，亦必为天所制定，如：

天生烝民，有物有则。民之秉彝，好是懿德。（《烝民》）

不识不知，顺帝之则。（《皇矣》）

无旷庶官，天工，人其代之。天叙有典，勅我五典五惇哉。天秩有礼，自我五礼有庸哉。《皋陶谟》）

皇帝亲问下民。……乃命三后，恤功于民。伯夷降典，折民惟刑。禹平水土，主名山川。稷降播种，农殖嘉谷。三后成功，惟殷于民。（《吕刑》）

我闻在昔，鲧堙洪水，汩陈其五行。帝乃震怒，不畀洪范九畴，彝伦攸斁。鲧则殛死，禹乃代兴。天乃锡禹洪范九畴，彝伦攸叙。（《洪范》）

所谓“有物有则”，所谓“帝之则”，所谓“天叙有典”、“天秩有礼”，所谓“洪范九畴”，在昔都认为是天所制定。这就是一种十足加一的神权政治。

执行这种政治的，就是天子，所以说：

天子作民父母，以为天下王。（《洪范》）

但是，“天生烝民”，明明就是说万民都是天之子，何以王者独称天子呢？《尚书·召诰》说：

有王虽小，元子哉。

这里所谓元子，就是指天子而言，郑玄更解释道：

言首子者，凡人皆云天之子，天子为之首耳。（《召诰疏》所引）

《谷梁传·庄公三年》，也说到这一点：

母之子也可，天之子也可，尊者取尊称焉，卑者取卑称焉。

范宁注曰："王者尊故称天子，众人卑故称母子。"

这样看来，可见王者就是生民中有高德受天宠独厚而即君师之位的人，以其尊贵，所以称为天子。《表记》所谓"惟天子受命故曰天子"，就是这个意思。换句话说，君主就是天之元子，臣民就是天之庶子，从而君主与臣民都是以天为祖的一个大家族，君主便是家长，臣民便是子弟，所以《洪范》说："天子作民父母，以为天下王。"这样的政治，可以说是家族主义的神权政治。

元子既是由天所命，所以天又可以"改厥元子"(《召诰》)；要"改厥元子"，则大必有所本。她本于什么？就是本于民意。所以说：

> 天聪明，自我民聪民，天明畏，自我民明威。(《皋陶谟》)
>
> 天视自我民视，天听自我民听。(《孟子·万章上》引《泰誓》)
>
> 天矜于民，民之所欲，天必从之。(《左传·襄公三十一年》穆叔引《泰誓》，又《国语》单襄公亦引之)

后此孟子言"民贵君轻"，便是从这种思想出发。

五、祖

《礼记·郊特牲》说："万物本乎天，人本乎祖。"所以敬天与敬祖并重。敬祖的意思有二，最初是享鬼神，为的是求福避祸；后来民智日进，才有"慎终追远"、"反古复始"的意思。

> 气也者，神之盛也；魄也者，鬼之盛也；合鬼与神，教之至也。众生必死，死必归土，此之谓鬼，骨肉毙于下阴为野土，其气发扬于上为昭明；焄蒿凄怆，此百物之精也，神之著也。因物之精，制为之极，明命鬼神，以为黔首，则百众以畏，万民以服。圣人以是为未足也，筑为宫室，设为宗祧，以别亲疏远迩，教民反古复始，不忘其所由生也。(《小戴礼·祭义》)

这段话很表明了祭祖的意义。但是，敬祖这件事，却含有宗法的意思，子孙敬祖，必敬其族之祖，所以说：

神不歆非类，民不祀非族。（《左传·僖公十年》）

鬼神非其族类，不歆其祀。（《左传·僖公三十一年》）

非其鬼而祭之，谄也。（《论语·为政篇》）

所谓“不孝有三，无后为大”，便是从这宗法的观点而发生的。

其次，从庙数方面，更可以看出这宗法的意味。《尧典》所谓“受终于文祖”、“归格于艺祖用特”，虽未明指所祀为何人，但指尧之祖庙而言，却无疑义。到了夏世，便规定为天子五庙；殷世，天子六庙；降及周世，则更详备，即天子于天下为大宗，有七庙；诸侯则其始封者为别子，即为祖，不得复祖天子，故五庙；顺是大夫三庙，士一庙；庶人无庙而祭于寝（见《礼记·王制》）。惟其敬祖含有宗法的意味，所以说：

人道，亲亲也。亲亲故尊祖，尊祖故敬宗，敬宗故收族。（《大传》）

此敬祖观念与敬天观念相结合，于是推论之结果，直认全人类为一大家族。中国的政治，以家族为本位，中国的社会，以家族为本位，都是由这观点出发的（自然我们不应忘记，这是农业经济的反映）。惟其如此，所以说：

明乎郊社之礼，禘尝之义，治国其如示诸掌乎？（《中庸》）

天下之本在国，国之本在家。（《孟子》）

欲治其国者先齐其家。（《大学》）

家族既这样重要，而维系这家族的规范就是孝。孟子言孝，首称大舜，他说：“舜尽事亲之道而瞽瞍底豫，瞽瞍底豫而天下化，瞽瞍而天下之为父子者定，此之谓大孝。”像这说法，简直以孝为治天下的大本。

后来契敷五教，把父子有亲，列在君臣有义、夫妇有别、长幼有序、朋友有信之前；《周官》六行，则孝居友、睦、姻、任、恤之首（见《周官·大司徒》）。孝之重要，由此可以想见，所以后来竟有百行孝为先之说，而孝也就成为中华民族的惟一道德，如：

夫孝始于事亲，中于事君，终于立身。（《孝经》）

夫孝，德之本也。……人之行莫大于孝。（《孝经》）

居处不庄，非孝也。事君不忠，非孝也。莅官不敬，非孝也。朋友不信，非孝也。战陈无勇，非孝也。（《礼记·祭义》）

“孝有三：小孝用力，中孝用劳，大孝不匮；思兹爱忘劳，可谓用力矣；尊仁安义，可谓用劳矣；博施备物，可谓不匮矣。（《礼记·祭义》）

*　*　*

上述四节，便是上古学术思想的大概，然我国后此的学术思想界，都无不与此有关，其影响我民族之大，也就可想而知了。但是，殷、周之际，还有两部著作——《洪范》与《周易》——与后世学术思想有关，故略述如次。

六、《洪范》

《洪范》一篇，照它的本文说是箕子作的，即令非箕子所作，然而也不是东周以后的儒者所假造的。关于这一点，郭沫若的《中国古代社会研究》考证颇详，读者可取作参考，这里用不着赘述。我们所要说明的，就在于指明出《洪范》所代表的学术思想。

《洪范》是怎样来的？它是天赐给大禹的：

我闻在昔，鲧堙洪水，汩陈其五行，帝乃震怒，不畀洪范九畴，彝伦攸斁。鲧则殛死，禹乃代兴。天乃锡禹洪范九畴，彝伦攸叙。”

这正和《旧约》中言摩西在西奈山受十戒于上帝一样。九畴就是天子用以治国平天下的九条大法，这充分地表现了神权政治的意味。九畴是什么呢？现在逐一分述于次：

第一是五行。五行就是水、火、木、金、土五者。这是自然界的五大元素，宇宙间万事万物就是由这五大元素所演化出来。《洪范》中的五事、五征、五福都和这五行有关，如下表：

五行	五事	五征	五福
水	貌	雨	寿
火	言	阳	福
木	视	燠	康宁
金	听	寒	攸好德
土	思	风	考终命

这是个对宇宙对人生的有系统的解释，这样的配合，虽然牵强，但是，后此中国的学术思想，却被这五行说支配了，往后我们讲到驺衍的“终始五德”之说以及汉代儒者如董仲舒一班人的思想，便可以看到五行的势力之大。后此所谓五方、五味、五声、五色、五常、五脏、五官，都无不与五行配合，如次表：

五行	五方	五味	五声	五色	五常	五脏	五官
水	北	咸	羽	黑	智	肾	耳
火	南	苦	徵	赤	礼	心	舌
木	东	酸	角	青	仁	肝	眼
金	西	辛	商	白	义	肺	口
土	中	甘	宫	黄	信	脾	鼻

第二是五事。五事就是貌、言、视、听、思，五事的解释是：

貌曰恭，言曰从，视曰明，听曰聪，思曰睿。恭作肃，从作乂，明作哲，聪作谋，睿作圣。

郑玄与马融都把恭、从、明、聪、睿解作为人君之事，把肃、乂、哲、谋、圣解作为人臣之事；这却不如孔颖达所说的"一人之上有此五事也"之为妥当。因为"在天为五行，在人为五事"，这五事就是人君用以修己治人的大本。

第三是农用八政。八政就是食、货、祀、司空、司徒、司寇、宾、师。有了自然而后有人事，有了人事而后有刑政，《洪范》的八政，就是国家的起源，就是国家的统治机关。这八政的次序，很可注意。它把食列为第一，货列为第二，足见经济基础是一切政治组织的根本，所谓民以食为天，就是这个意思。第三就是祀，这一点又可看出上古政教合一之风。接下来就是司空、司徒、司寇，这都属于内政；宾、师都属于外政。像这样，国家的统治机关便完备了。

第四是五纪。五纪就是岁、月、日、星辰、历数。以岁纪四时，以月纪一月，以日纪一日，星为二十八宿，辰有十二，观测星辰，所以纠正历的谬误。日月的运行与二十四气，便是历数。这五纪和农政有关，所以在八政之下，就是五纪。

第五是皇极。皇极是洪范九畴的中心点，是洪范九畴中最重要之处。上面所述的五行、五事、八政、五纪，都有一贯的体系，是按次发生的，这些东西都操在"天"的手里。"天"要交给他的儿子来替天行道，所以说：

> 天子作民父母，以为天下王。

这个道就是不偏不陂不高不低不左不右既中且平的正道，所以又说：

> 无偏无陂，遵王之义。无有作好，遵王之道。无有作恶，遵王之路。无偏无党，王道荡荡。无党无偏，王道平平。无反无侧，王道正直。

不用说，这既中且平的正道，是要顺天意的，既顺天意，便可以为天下后世训，所以又说：

> 是彝是训，于帝其训。

这是十足加一的神权政治，人民在这神权政治统治之下，只有很恭顺地拥护天子，只有很恭顺地遵从既中且平的正道（王道），要这样，才可以得到幸福，否则，就是有罪的。这样一来，便没有人敢于作乱，而天子的地位也就亿万年了。

第六是三德。皇极的目的，就在于使天子的地位不生动摇。但宇宙一切都变动不居，一切的变动，都是由不平衡的对立物的冲突而来的，要使天子的地位不生动摇，就要消灭对立物的冲突，或者使对立物即于平衡。对立物的平衡，就只有“中”的地步，这就是说，截长补短，做到无过无不及的地步。这截长补短之权，完全操在天子手中，所以接着又有三德：

> 六，三德：一曰正直，二曰刚克，三曰柔克。平康正直。强弗友，刚克；燮友，柔克；沉潜，刚克；高明，柔克。

这就是天子统御臣民之道：对于“刚弗友”的人，要压制他；对于和顺的人，要扶植他；这样才是平康正直的中道。要这样，天子的地位才不会动摇，天子的权柄才可以保持。所以又说：

> 惟辟作福，惟辟作威，惟辟玉食。

倘若臣子也作福作威得备珍味，那便是国家衰乱之源了。（参看孙星衍《尚书今古文注疏》）

第七是稽疑。作威作福的方法是怎样的呢？就是拿宗教迷信来欺骗臣民。这欺骗的方法有两：一是在人事方面拿卜筮来欺骗臣民，就是这里所要讲的“稽疑”；一是在天时方面借休咎来骇人，就是以下所要讲的“庶征”。先讲“稽疑”：

七，稽疑。择建立卜筮人，乃命曰卜筮。曰雨，曰霁，曰蒙，曰驿，曰克，曰贞，曰悔。凡七，卜五，占用二，衍忒。

这就是天子对于人事有疑惑不能决的时候，就去“谋及卜筮”，这显然是宗教迷信的骗局，是欺骗臣民的绝妙方法。

第八是庶征。庶征就是雨、旸、燠、寒、风。这五者都是天时的现象，这种神权政治的体系，却把这五者安排到人事上去，而形成所谓“休咎”之理。这五者来得合时，便是休征，来得不合时，便是咎征。这休咎之所由来，就是因为人事上顺不顺天，人事顺天，则五者来得合时，便是休征；不顺天，则五者来得不合时，便是咎征。如此所示

休征						咎征
	时雨←肃←貌→狂→恒雨					
	时旸←乂←言→僭→恒旸					
	时燠←哲←视→豫→恒燠					
	时寒←谋←听→急→恒寒					
	时风←圣←思→蒙→恒风					

第九是五福六极。五福就是寿、福、康宁、攸好德、考终命，六极就是凶短折、疾、忧、病、恶、弱。这就是天的赏罚，行善便可以得五福，作恶便得六极，所以孔颖达说：

五福六极，天实得为之，而历言此者，以人生于世，有此福极，为善致福，为恶致极，劝人君，使行善也。

以上所述，是个神权政治的体系，至少在商代是行这种政治的；但《洪范》中所说的五行说及天人相感的休咎说，却影响于后世的学术思想者甚大，这是要注意的。此外还有《周易》一部书，也是殷周之际的作品，于后世学术思想也很有影响，不过因为《易传》是春秋时代的作品，所以留到第二讲再说。

第二讲　学术思想的解放与分野

一、概论

第一讲所述，是学术思想的萌芽，这个时期很长，开初是部落社会，学术思想的中心，在觋、巫、宗、祝手里，后来进到封建社会，学术思想的中心，又转移到贵族手里。开初是政教不分，后来是官师不分。掌握学术的人，虽前后不同，但是，在这个长期间，却只有鬼神术数，此外无别的学术，根据这一点，所以把这个长期间并为一讲。

到了春秋之世，情形就完全两样了。从这时起，直到汉代大一统止，这个长期间，是个顶重要的变革时期，举凡经济基础、政治制度、社会组织，都有根本的变革。春秋之世，所谓井田制度，已渐趋破坏，建立在井田制度之上的贵族政治，也随着崩溃，农奴与商人都在这个时候抬起头来，社会组织就根本动摇了。（关于这些变革，因为限于篇幅，不能详说，请读者参看拙编《本国文化史大纲》及冯友兰的《中国哲学史》第二章第二节“古代哲学发达之原因”）经济基础既有这重大的变革，不用说，建立在这基础上的意识形态也就随着变革起来了。以下分作两项来叙述这个变革时期的学术思想：第一，说明当时学术思想解放的情形；第二，说明学术思想的分野情形，即诸子的勃兴。

二、学术思想的解放

学术思想的解放，首先是对宗教迷信而得到解放，关于这一点，又可分作两项来说：

第一，对鬼神的解放。春秋以前之相信鬼神，已如前述，但是，到了春秋之时，就不信鬼神了，如：

史嚚说："国将兴，听于民；国将亡，听于神。"（《左传·庄公三十二年》）

仲几说："薛征于人，宋征于鬼，宋罪大矣。"（《左传·定公元年》）

第二，对天的解放。以前认天为有意识的人格神，但到西周之末，这种思想便完全动摇起来了，如：

彼苍者天，歼我良人，如可赎兮，人百其身！（《秦风·黄鸟》）

浩浩昊天，不骏其德，降丧饥馑，斩伐四国。昊天疾威，弗虑弗图，舍彼有罪，既伏其辜，若此无罪，沦胥以铺。（《小雅·雨无正》）

昊天不备，降此鞠凶！昊天不惠，降此大戾！（《小雅·南山》）

这种对天的怀疑，在春秋时，更为显明，如：

子产说："天道远，人道迩。非所及也，何以知之？灶焉知天道，是亦多言矣，岂不或信？"（《左传·昭公十八年》）

以前都认为天能降福，所以敬天；到现在这大变革时代，流离死亡依然是流离死亡，并不见得天会显些什么威灵，因此就对天怨望起来了，怀疑起来了，甚至痛骂起来了。

鬼神与天，既不足信，于是才有人敢于拿人来代替神权，换句话说，就是拿人本主义来代替神权。如：

> 史嚚说："妖由人兴也，人无衅焉，妖不自作；人弃常则妖兴，故由妖。"（《左传·庄公十四年》）
>
> 季梁说："夫民，神之主也，是以先王先成民而后致力于神。"（《左传·桓公六年》）

这明明说人意就是天意，而神只是依人而行。根据这一点，于是有人又以人本主义去解释各种制度的发生，而打破前此以人间制度为天所制作之神权说，如：

> 叔向诒子产书说："昔先王议事以制，不为刑辟，惧民之有争心也，犹不可禁御。是故闲之以义，纠之以政，行之以礼，守之以信，奉之以仁。制为禄位以劝其从，严断刑罚以威其淫。惧其未也，故诲之以忠，耸之以行，教之以务，使之以和，临之以敬，莅之以强，断之以刚。犹求神哲之上，明察之官，忠信之长，慈惠之师，民于是乎可任使也，而不生祸乱。民知有辟，则不忌于上，并有争心，以征于书，而徼幸以成之，弗可为矣。夏有乱政而作禹刑，商有乱政而作汤刑，周有乱政而作九刑。三辟之兴，皆叔世也。今吾子相郑国，作封洫，立谤政，制参辟，铸刑书，将以靖民，不亦难乎？"（《左传·昭公六年》）

各种制度，既得人本主义的说明，则当时学术思想的解放，便大有可观了。不过这种解放，只是对宗教迷信的解放，而得到人的发见；至于当时学术的中心，却还在贵族手里，要到孔子出来，倡自由讲学之风，以"有教无类"为宗旨，中国学术思想才对贵族而得到解放。学术思想界，开首对宗教迷信而得到解放，于是神权之说破，而人本主义显，其后又对贵族而得到解放，于是"王官世守"垄断学术之局毁，而知识始下逮普及。这样一来，加上又遇着大变革的时期，于是各本其术以救时弊，而"诸子蜂起，百家争鸣"，就形成学术思想界的分野了。

*　　*　　*

谈先秦诸子的派别的，有《庄子·天下篇》、《荀子·非十二子篇》、《淮南子·要略》、《史记》、司马谈《论六家之要指》，以及《汉书·艺文志》的九流十家。

本讲只就各派学说出生的先后，分为(一)老子、(二)孔子、(三)墨子、(四)孟子、(五)稷下派及其他、(六)庄子、(七)荀子、(八)韩非八项述之。

* * *

三、老子

老子学说代表革命的左派，其学较早出——本夏曾佑(《中国历史教科书》)、胡适(《中国哲学史大纲》)、钟泰(《中国哲学史》)诸氏之说，而崔东壁《洙泗考信录》、汪中《老子考异》、梁启超《评胡适之〈中国哲学史大纲〉》、冯友兰《中国哲学史》则疑《老子》为战国时人所作，兹姑从夏、胡诸氏之说——今本其所著《道德经》分述于次：

(一)道　上面说过，对于“天”的信仰，在春秋时便已动摇，至老子却更彻底地反对“天”，他说：

> 天地不仁，以万物为刍狗。

他既不信“天”，于是提出一个“道”来以为宇宙万物“所以如此”的原理，他说：

> 道生一，一生二，二生三，三生万物。
>
> 有物混成，先天地生，寂兮寥兮，独立而不改，周行而不殆，可以为天下母。吾不知其名，字之曰道，强为之名曰大。

这种“道”，并不是有意识的，只是自然如此，所以又说：

大道泛兮，其可左右，万物恃之而生而不辞，功成不名有，衣养万物而不为主。

人法地，地法天，天法道，道法自然。

（二）无为　老子既着重自然，所以宇宙万物都无不有一个“独立而不变，周行而不殆”的道理，既用不着天来主宰，也用不着人的安排。惟其如此，所以他又主张无为，其人生哲学，则曰：

见素抱朴，少私寡欲，绝学无忧。

众人熙熙，如享大牢，如登春台。我独泊兮其未兆，如婴儿之未孩，累累兮若无所归。众人皆有余，而我独有遗。我愚人之心也哉！沌沌兮，俗人昭昭，我独昏昏；俗人察察，我独闷闷。澹兮其若海，飂兮若无止。众人皆有以，而我独顽似鄙。

其政治哲学，则曰：

民之难治，以其上之有为，是以难治。

我无为而民自化，我好静而民自正，我无事而民自富，我无欲而民自朴。其政闷闷，其民醇醇；其政察察，其民缺缺。

惟其如此，所以他的乌托邦就是：

小国寡民，使有什百人之器而不用，使民重死而不远徙。虽有舟车，无所乘之。虽有甲兵，无所陈之。使民复结绳而用之。甘其食，美其服，安其居，乐其俗。邻国相望，鸡狗之声相闻，民至老死不相往来。

（三）方法论　老子的“道”与“无为”，固然是他的学术思想的根本，但他的方法论，却更重要。他的方法论，似乎是辩证法的。辩证法的展开，在《周易》中已经表现了（以后再说），老子方法论的辩证法的展开，或者受了《周易》的暗示。

司马谈《论六家之要指》，就已无意地指出老子方法论中的辩证法的展开，其言曰：

> 道家，……其为术也，……与时迁移，应物变化。……指约而易操，……事少而功多。……道家无为，又无不为。其术……无成势，无常形，故能究万物之情。不为物先，不为物后，故能为万物主。有法无法，因时为业；有度无度，因物与合。故曰："圣人不巧，时变是守。"

司马谈这段话，便已指出辩证法的两个观念：一个是变动流转的观念，一个是对立的融合。我们且看《老子》中的这两个观念：

> 天地之间，其犹橐籥乎，虚而不屈，动而愈出。

天地就是阴阳对立的代表符号，他用乐器的空管比这阴阳相摩相荡的形相；说它本身虽空洞无物，但动起来可以出许多声音，这个"动"，便是宇宙万有的来源。这就是老子以"动"来解释万有变化的方法。

其次，要说到对立的融合。他说：

> 道生一，一生二，二生三，三生万物。

他所谓"一"，就是阳的象征；"二"就是阴的象征；"一""二"对立，其融合为"三"。"三"生出来以后，其自身又是个"一"，更有一个"二"与之对立，其融合又是"三"。如此正反相合，生出万物。以下更就他所说，分类述之，以示其辩证法的意味：

> 天下皆知美之为美，斯恶矣。皆知善之为善，斯不善已。故有无相生，难易相成，长短相较，高下相倾，音声相和，前后相随。

唯之与阿，相去几何？善之与恶，相去何若？

名与身孰亲？得与亡孰病？

祸兮福之所倚，福兮祸之所伏。

曲则全，枉则直，洼则盈，敝则新，少则得，多则惑。

飘风不终朝，骤雨不终日。

此言“善恶”、“有无”、“祸福”、“难易”、“长短”、“枉直”诸对立的关系，以明诸对立的相互转换。

天下之至柔，驰骋天下之至坚。

天下莫柔弱于水，而攻坚强者莫之能胜。

将欲歙之，必固张之；将欲弱之，必固强之；将欲废之，必固兴之；将欲夺之，必固与之。

不自见故明，不自是故彰，不自伐故有功，不自矜故长；夫惟不争，故天下莫能与之争。

知其雄，守其雌，为天下谿。……知其白，守其黑，为天下式。……知其荣，守其辱，为天下谷。

以其终不自大，故能成其大。

甚爱必大费，多藏必厚亡。

是以欲上民，必以言下之；欲先民，必以身后之。

夫惟病病，是以不病。

此以“柔坚”、“强弱”、“兴废”、“夺与”、“雌雄”、“荣辱”、“先后”诸对立的相互转换，以明处世做人之道。

天下多忌讳，而民弥贫。民多利器，国家滋昏。人多伎巧，奇物滋起。法令滋彰，盗贼多有。

五色令人目盲，五音令人耳聋，五味令人口爽，驰骋田猎令人心发狂，难得之货令人行妨。

道常无为而无不为。侯王若能守之，万物将自化。化而欲作，吾将镇之以无名之朴。

民之难治，以其上之有为，是以难治。

民之轻死，以其求生之厚，是以轻死。

我无为而民自化，我好静而民自正，我无事而民自富，我无欲而民自朴。

此以“无为有为”的对立关系，以明治世治人之道。

明白了老子的方法论，然后才可以明白老子的政治哲学中所谓无为而无不为，然后才可以明白老子的人生哲学中所谓知白守黑，然后才可以明白老子之所谓愚人乃是“大智若愚”之愚，然后才可以明白老子的乌托邦乃是“大文明若野蛮”（见冯友兰著《中国哲学史》）的社会。老子方法论的重要，盖如此。

四、孔子

孔子学说代表改良主义的中派，为儒家的开山祖师。其学着重人事方面，而力崇周代的文献，所以孔子说：

周监乎二代，郁郁乎文哉！吾从周。（《论语·八佾》）

周代以前的文献，至周公始集大成，章学诚说：“自有天地而至唐、虞、夏、商，迹既多，而穷变通久之理亦大备。周公以天纵生知之圣，而适当积古留传道法大备之时，是以经纶制作，集千古之大成；则亦时会使然，非周公之圣制能使之然也。”（《文史通义》）惟其如此，所以孔子又极崇拜周公，《淮南子·要略》谓“孔子修成、康之道，述周公之训”，司马迁《史记·自序》谓“周公卒五百岁而有孔子”，都是说孔子能继周公之业。孔子自己也说：

如有用我者，吾其为东周乎？（《论语·阳货》）

孔子既崇周公,而周公之学在于六艺(章学诚谓"六艺周公之典章",此与经古文家说合,而今文家则谓孔子作《春秋》,自比文王;要之,《春秋》确经孔子手定,而六艺亦未必为周公所作),所以孔子亦以六艺教人。孔子对于传统的学术,既如此尊重,从而对于传统的信仰,也就持守旧的态度。传统信仰中的"天"与"命",在孔子是深信的,这一点便和老子不同,《论语》中言天之处,如:

子见南子,子路不悦。夫子矢之曰:"予所否者,天厌之!天厌之!"(《雍也》)

颜渊死,子曰:"噫!天丧予!天丧予!"(《先进》)

子曰:"不怨天,不尤人;下学而上达。知我者其天乎?"(《宪问》)

《论语》中言命之处,如:

孔子曰:"君子有三畏:畏天命,畏大人,畏圣人之言。"(《季氏》)

伯牛有疾,子问之,自牖执其手,曰:"亡之命矣夫!斯人也而有斯疾也!斯人也而有斯疾也!"(《雍也》)

虽然,孔子对于鬼神,却有特别的见解,如:

祭如在,祭神如神在。(《论语·八佾》)

季路问事鬼神,子曰:"未能事人,焉能事鬼?"曰:"敢问死。"曰:"未知生,焉知死?"(《论语·先进》)

从以上所述看来,更知道孔子是个改良主义者,所以他虽"不语怪力乱神",却仍不敢反对天命。

孔子既以继周公为职志,所以他的政治理想,亦不出乎周代的封建政治。这一点,又是和老子不同之处。

今以《论语》为主，就孔子的学说，分述如次：

（一）一贯之道　孔子一生事业，就在修己治人二者。而统摄这二大事业的，就是一贯之道。

“赐也，汝以予为多学，而识之者与？”对曰：“然，非与？”曰：“非也，予一以贯之。”（《论语·卫灵公》）

“参乎，吾道一以贯之。”曾子曰：“唯。”子出，门人问曰：“何谓乎？”曾子曰：“夫子之道，忠恕而已矣。”（《论语·里仁》）

照曾子的解释，一贯之道，便是忠恕两个字（章太炎与胡适都把忠恕解作是孔子的方法论，可参看《章氏丛书检论订孔》下及胡著《中国哲学史大纲》）。曾子这个说法，是否确当，姑不置论，但是，通观孔子的言论，我们却可以把一贯之道，分作两项来说，即中庸与仁。孔子很尊重中庸，所以说：

中庸之为德也，其至矣乎！民鲜久矣。（《论语·雍也》）

不得中行而与之，必也狂狷乎？（《论语·子路》）

君子中庸，小人反中庸。君子之中庸也，君子而时中。小人之中庸也，小人而无忌惮也。……天下国家可均也，爵禄可辞也，白刃可蹈也，中庸不可能也。（《中庸》引孔子语）

此外又说：“回之为人也，择乎中庸”，“君子依乎中庸”，“中立而不倚”，“执其两端，用其中于民”，“知者过之，愚者不及”，不遑枚举。并且《洪范》也尊重中庸，孔子祖述先王之教，自然也尊重中庸。像这样，所谓一贯之道，便含有中庸的意思，因为这种中庸之道，不偏不倚，无过不及之弊，很与孔子的改良主义相合。这里所谓中庸，是就道的形式上来说。至于就道的内容上来说，就是个“仁”字。上面说过，孔子的事业，在于修己治人，在政治上言便是治人，在伦理上言便是修己，这二者都不能离“仁”。就政治言便是仁政，所以说：

如有王者，必世而后仁。(《论语·子路》)

这种仁政，是从上而下，在于施恩泽于民，是儒家政治的中心(参看梁启超著《先秦政治思想史》)。就伦理上言，仁就是爱人。《论语》：

樊迟问仁，子曰："爱人。"(《颜渊》)

这爱人是本于忠恕之道而来的。曾子谓"夫子之道忠恕而已矣"，朱子解释为"尽己之谓忠，推己之谓恕。"这解释很扼要，所以《论语》上也说：

居处恭，执事敬，与人忠。(《子路》孔子答樊迟问仁)

夫仁者，己欲立而立人，己欲达而达人，能近取譬，可谓仁之方也已。(《雍也》)

己所不欲，勿施于人。(《颜渊》孔子答仲弓问仁)

由此可见孔子所谓爱人，是推己及人的爱，是孟子所谓"老吾老以及人之老，幼吾幼以及人之幼"的爱，儒家之尊重家族，由此可见了。以上系就"仁"之对人的方面而言；至于对己，则所谓仁，不外以下三义：

一、"克己复礼为仁"(《论语·颜渊》)——此言克己为仁；

二、"刚毅木讷近仁"(《论语·子路》)——此言厚重为仁；

三、"仁者不忧"(《论语·子罕》)，"仁者寿"(《论语·雍也》)——此言悦乐为仁。

由上所述，足见孔子之所谓一贯之道，实不外中庸与仁二者，今表列如次：

- 道
  - 治人（政治的）
  - 修己（伦理的）
  - 一贯
    - 中庸
      - 政治的
      - 伦理的
    - 仁
      - 政治的——由上而下的仁政
      - 伦理的
        - 对他
          - 忠
          - 恕
        - 对己
          - 克己
          - 厚重
          - 悦乐

（二）孝悌　如上所述，孔子之道，实以中庸与仁为本，而仁之本则为爱。然孔子的思想，未尝离开家族主义，他实欲以家族主义的道德，而谋当时社会的改革；此种思想，正是家长的农业经济之反映。他既以家族主义的道德为改革社会的工具，所以他特重孝悌。他认为孝悌，就是为政。《论语·为政》：

> 或谓孔子曰："子奚不为政？"子曰："《书》云：孝乎！惟孝友于兄弟，施于有政，是亦为政，奚其为为政！"

有子更衍其义，而认孝悌为仁之本，其言曰：

> 其为人也，孝悌；而好犯上者，鲜矣。不好犯上，而好作乱者，未之有也。君子务本，本立而道生。孝悌也者，其为仁之本与！（《论语·学而》）

孔子这样重孝悌，后来到曾子竟把孝目为一切道德之本，而成为支配国人行动的不二规范。

（三）政治论　孔子的政治论，分作以下三项来说：

（1）从上而下的政治。这一点，在上面已经略略说过，现在还得详细说明。这从上而下的政治，就是从家长制度脱胎出来的；家族的家长如果能正，则一家人也能正；推而至于国，亦何莫不然。所以只要在上位的能正，在下的臣民也就无不正了。故曰：

政者正也。子帅之以正，孰敢不正？（《论语·颜渊》答季康子问政）

其身正，不令而行。其身不正，虽令不从。（《论语·子路》）

苟正其身矣，于从政乎何有？不能正其身，如正人何？（《论语·子路》）

上好礼，则民莫敢不敬。上好义，则民莫敢不服。上好信，则民莫敢不用情。（《论语·子路》）

惟其如此，所以他的政治又是人治主义，故曰：

子欲善，而民善矣。君子之德风，小人之德草，草上之风必偃。（《论语·颜渊》）

(2)以德为治之本。孔子之道，既以仁为本，所以其政治，又为德治主义，其言曰：

为政以德，譬如北辰居其所，而众星拱之。（《论语·为政》）

道之以政，齐之以刑，民免而无耻；道之以德，齐之以礼，有耻且格。（《论语·为政》）

(3)正名主义。孔子的政治理想，在于实现东周家长制的封建政治，但在他生时，这种政治已经崩坏了，孔子目击这个情形，很为愤慨，我们在《论语》中，可以找到他愤慨的情形：

孔子谓季氏，八佾舞于庭，是可忍也，孰不可忍也。（《八佾》）

三家者，以《雍》撤。子曰："相维辟公，天子穆穆；奚取于三家之堂！"（《八佾》）

唯名与器，不可以假人。（《左传·成公二年》）

天下有道，则礼乐征伐自天子出。天下无道，则礼乐征伐自诸侯出。（《季氏》）

惟其天下无道，所以他就力求天下有道，要求天下有道，所以不得不正名分。《论语》：

子路曰："卫君待子而为政，子将奚先?"子曰："必也正名乎？……名不正，则言不顺。言不顺，则事不成。事不成，则礼乐不兴。礼乐不兴，则刑罚不中。刑罚不中，则民无所措手足。故君子名之必可言也，言之必可行也。君子于其言，无所苟而已矣。"(《子路》)

齐景公问政于孔子，孔子对曰："君君，臣臣；父父，子子。"公曰："善哉！信如君不君，臣不臣，父不父，子不子，虽有粟，乌得而食诸?"(《颜渊》)

他这种正名分，就是要严阶级，重礼法；他以为果能如此，则天下未有不治。

五、墨子

墨子之学，代表保守的右派，重功利，而处处与孔子立异，故《淮南子·要略》说：

墨子学儒者之业，受孔子之术，以为其礼烦扰而不悦，厚葬靡财而贫民，久服伤生而害事，故背周道而用夏政。

《墨子·公孟篇》也说：

儒之道足以丧天下者四政焉；儒以天为不明，以鬼为不神，天鬼不说，此足以丧天下；又厚葬久丧，重为棺椁，多为衣衾，送死若徙，三年哭泣，扶然后起，杖然后行，耳无闻，目无见，此足以丧天下；又弦歌鼓舞，习为声乐，此足以丧天下；又以命为有，贫富，寿夭，治乱，安危有极矣，不可损益也，为上者行之，必不听治矣，为下者行之，必不从事矣，此足以丧天下。

案此即墨子明鬼、薄葬、短丧、非乐、非命之所由起。

今以《墨子》为本，分述墨子的学术如下：

(一)兼爱　儒家言爱有等差，墨子却言兼爱，他说：

圣人以治天下为事者也。必知乱之所自起，焉能治之。不知乱之所自起，则不能治。譬之如医之攻人之疾者然。必知疾之所自起，焉能治之。不知疾之所自起，则弗能治。治乱者何独不然。必知乱之所自起，焉能治之。不知乱之所自起，则弗能治。圣人以治天下为事者也，不可不察乱之所自起。当察乱何自起？起不相爱。臣子之不孝君父，所谓乱也。子自爱，不爱父，故亏父而自利；弟自爱，不爱兄，故亏兄而自利；臣自爱，不爱君，故亏君而自利：此所谓乱也。虽父之不慈子，兄之不慈弟，君之不慈臣：此亦天下之所谓乱也。父自爱而不爱子，故亏子而自利；兄自爱而不爱弟，故亏弟而自利；君自爱而不爱臣，故亏臣而自利：是何也？皆起不相爱。虽至天下之为盗贼者亦然。盗爱其室，不爱异室，故窃异室以利其室；贼爱其身，不爱人身，故贼人身以利其身：此何也？皆起不相爱。虽至大夫之相乱家、诸侯之相攻国者亦然。大夫各爱其家，不爱异家，故乱异家以利其家；诸侯各爱其国，不爱异国，故攻异国以利其国。天下之乱物，具此而已矣。察此何自起？皆起不相爱。若使天下兼相爱，爱人若爱其身，犹有不孝者乎？视父兄与君若其身，恶施不孝？犹有不慈者乎？视弟子与臣若其身，恶施不慈？故不孝不慈亡有，犹有盗贼乎？视人之室若其室，谁窃？视人之身若其身，谁贼？故盗贼亡有，犹有大夫之相乱家、诸侯之相攻国者乎？视人家若其家，谁乱？视人国若其国，谁攻？故大夫之相乱家、诸侯之相攻国者亡有。若使天下兼相爱，国与国不相攻，家与家不相乱，盗贼无有，君臣父子皆能孝慈，若此，则天下治。故圣人以治天下为事者，恶得不禁恶而劝

爱？故天下兼相爱则治，交相恶则乱。故子墨子曰：不可以不劝爱人者此也。（《兼爱上》）

惟其言兼爱，所以又言非攻。攻起于争，争起于不足，果无方法以弭不足之患，则攻战便无止日，所以他由言非攻，又进而言节用。既言节用，所以又言薄葬、短丧，所以又言非乐。这都是从兼爱出发的数个环节。其反对当时诸侯互相攻伐奢侈淫逸，可想而知。

（二）尚同与尚贤　尚同与尚贤，是墨子的政治组织的见解。第一，论社会国家的起源，《尚同上》说：

古者民始生未有刑政之时，盖其语人异义。是以一人则一义，二人则二义，十人则十义；其人兹众，其所谓义者亦兹众。是以人是其义以非人之义，故交相非也。是以内者父子兄弟作怨恶，离散不能相和合。天下之百姓，皆以水火毒药相亏害；至有余力不能以相劳，腐朽余财不以相分，隐匿良道不以相教，天下之乱，若禽兽焉。

天下既是人是其义以非人之义，于是需要一同天下之义；从事于一同天下之义的人，就是天子，所以又说：

明乎民之无正长以一同天下之义而天下乱也，是故选择天下贤良圣智辩慧之人，立以为天子，使从事乎一同天下之义。天子既以立矣，以为唯其耳目之请，不能独一同天下之义，是故选择赞阅贤良圣智辩慧之人置以为三公，与从事乎一同天下之义。（《尚同中》）

三公还不够，所以有诸侯等等，《尚同下》说：

三公又以其知力为未足独左右天子也，是以分国建诸侯。诸侯又以其知力为未足独治其四境之内也，是以选择其次立为卿之宰。卿之宰又以其知力未足独左右其君也,是以选择其次立而为乡长家君。

这样一来,行政百官都已齐备,而国家也就完成了。于是进而言天子的权力,《尚同上》说:

正长已具,天子发政于天下之百姓。言曰:闻善不善皆以告其上。上之所是,必皆是之;上之所非,必皆非之。

《尚同中》也说:

凡国之万民,上同乎天子而不敢下比。

天子权力既这样大,故其政治主张近于绝对的干涉政治。但天子权力过大,恐有为所欲为之弊,所以又抬出一个天来,以限制天子的权力,《尚同中》说:

夫既上同乎天子而未上同乎天者,则天菑犹未止也。……故古者圣王明天鬼之所欲,而避天鬼之所憎,以求兴天下之利,除天下之害。

不过墨子主兼爱,所以其政治主张,又反对私幸政治与贵族政治,而赞同贤人政治,其言曰:

今王公大人有一裳,不能制也,必藉良工;有一牛羊,不能杀也,必藉良宰。……逮至其国家之乱,社稷之危,则不知使能以治之。亲戚,则使之。无故富贵,面目姣好,则使之。(《尚贤中》)

此墨子反对私幸政治与贵族政治之言。又说:

尊尚贤而任使能。不党父兄，不偏富贵，不嬖颜色。贤者举而上之，富而贵之，以为官长。不肖者抑而废之，贫而贱之，以为徒役。(《尚贤中》)

此墨子主张贤人政治之言。

(三)天志与明鬼　《庄子·天下篇》说："其生也勤，其死也薄，其道大觳。使人忧，使人悲，其行难为也。恐其不可以为圣人之道，反天下之心，天下不堪。"此盖言墨学之弊。墨子深明此理，所以又推之于天志，申之以鬼神之赏罚。其言曰：

故天子者，天下之穷贵也，天下之穷富也。故欲富且贵者，当天意而不可不顺。顺天意者，兼相爱，交相利，必得赏；反天意者，别相恶，交相贼，必得罚。(《天志上》)

天之意不欲大国之攻小国也，大家之乱小家也，强之暴寡，诈之谋愚，贵之傲贱：此天之所不欲也。不止此而已；欲人之有力相营，有道相教，有财相分也；又欲上之强听治也，下之强从事也。上强听治，则国家治矣；下强从事，则财用足矣。若国家治，财用足，则内有以洁为酒醴粢盛，以祭祀天鬼；外有以环璧珠玉以聘挠四邻，诸侯之冤不兴矣，边境兵甲不作矣。内有以食饥息劳，持养其万民，则君臣上下惠忠，父子兄弟慈孝。故唯毋明乎顺天之意，奉而光施之天下，则刑政治，万民和，国家富，财用足，百姓皆得暖衣饱食，便宁无忧。是故子墨子曰：今天下之君子，中实将欲遵道利民，本察仁义之本，天之意不可不慎也。(《天志中》)

此言兼爱、非攻皆出于天之意。

逮至昔三代圣王既没，天下失义，诸侯力征，是以存乎为人君臣上下者之不惠忠也，父子弟兄之不慈孝悌长贞良也，正长之不强于听治，贱人之不强于从事也。民之为淫暴寇乱盗贼，以兵刃毒药水火，御无罪人乎道路术径，夺人车马衣裘，以自利者，并作。由此始，是以天下乱。此其故何以然也？则皆以疑惑鬼神之有与无之别，不明乎鬼神之能赏贤而罚暴也，今若使天下之人，皆若信鬼神之能赏贤罚暴也，则夫天下岂乱哉？（《明鬼》）

此言鬼神之能赏贤罚暴。墨子既言天志，又言明鬼，则不能不非命，盖运命之说行，则鬼神无以为赏罚。

墨子之学，已如上述。然墨学的特点，重实行，重服从，则其与儒、道相异之点。观墨子为宋以拒公输般之攻城，便可知其实行精神。而《淮南子》谓："墨子服役者百八十人，皆可使赴火蹈刃，死不旋踵。"则不但墨学重实行，而且其门徒之服从墨子，亦可想见。又墨者有钜子，即墨者的首领。墨者纪律极严，钜子对于犯墨者之法者，有生杀之权。其详可参看《吕氏春秋》"上德"、"去私"二篇及孙诒让《墨学传授考》，兹不具述。

*　　*　　*

以上述老、孔、墨三人之学竟。通常以此三人为道、儒、墨三家的开山祖师，而三家之学，亦各各不同，观以上所述自明。但三家之学，其所出生的环境，亦各有异，这或者是三家之学各各不同的原因，今分述如下：

孔子先世为宋贵族，他自己又做过鲁国的官吏，《史记》说：

孔子生鲁昌平乡陬邑。其先宋人也。……孔子年十七，鲁大夫孟釐子病不能相礼，且死，诫其嗣懿子曰："孔丘，圣人之后，灭于宋。其祖弗父何始有宋而嗣，让厉公。及正考父佐戴、武、宣公，三命兹益恭，……吾闻圣人之后，虽不当世，必有达者。今孔丘年少好礼，其达者欤！吾即没，若必师之。"……孔子贫且贱。及长，尝为委吏，料量平。尝为司职吏，而畜蕃息。由是为司空。（《孔子世家》）

孔子生息于这样的鲁国：

周礼尽在鲁矣。吾乃今知周公之德，与周之所以王也。（《左传·昭公二年》韩宣子语）

老子是周守藏室之史，《史记》：

老子者，楚苦县厉乡曲仁里人也，名耳，字聃，姓李氏，周守藏室之史也。（《老子韩非列传》）

老子生息于这样的楚国：

楚有江汉川泽山林之饶，民……食物常足。故呰窳偷生，而亡积聚。饮食还给，不忧冻饥，亦亡千金之家。（《汉书·地理志》）

墨子鲁人，或曰宋人，尝为宋大夫（《史记·孟荀列传》），而宋是这样的地方：

宋地，房心之分野也。……其民犹有先王遗风，重厚多君子，好稼穑，恶衣食，以致畜藏。（《汉书·地理志》）

孔子既出身贵族，又生息在保有周代文化的鲁国，故其学为传统的，为改良主义的。老子为史官，知天人之变，又生长在不忧冻饥的楚国，故其学为急进的，不急急于实际生活，而有余暇以探究宇宙论。墨子为宋大夫，颇受宋地的影响，而宋地"有先王遗风，重厚多君子，……恶衣食"，故其学重实行，主节用，重保守。三家之学与环境之关系，其重要如此，以下言三家之学的兴替。

老学在汉初盛行，为帝王南面之术，六朝时衍为清谈，而道教祖尚无为与清净，也多本于老子。墨学，"其道大觳"，"反天下之心"，其言兼爱、非攻、节用，又为王者诸侯所不喜，故其学至秦季而绝。只有孔学，守中庸，尊名分，重孝悌，既为帝王所喜，又适合于中国农业经济的社会组织，故经汉世表彰，其学遂支配中国学人至于二千余年之久。

六、孟子

孔子之后，儒家有孟子、荀子二大师，兹先述孟子。孟子邹人。邹与鲁近，都是儒家的根据点。孔子之志在于继周公之业，孟子之志则在于继孔子之业，所以他说：

> 昔者禹抑洪水而天下平，周公兼夷狄驱猛兽而百姓宁，孔子作《春秋》而乱臣贼子惧。……我亦欲正人心，息邪说，距跛行，放淫辞，以承三圣者。予岂好辩哉？予不得已也。（《孟子·滕文公下》）

惟其如此，所以孔子以六艺教人，孟子亦以六艺教人；孔子崇周制，孟子亦“遵先王之法”，而言仁政。（参看《离娄上》及《滕文公上》）以下就《孟子》七篇，分述其学之大概：

（一）性善　性善是孟子学的中心。当时人似乎很着重性的问题，所以《告子篇》记载论性的，共有三派：

> 公都子曰：告子曰：“性无善无不善也。”或曰：“性可以为善，可以为不善。”……或曰：“有性善，有性不善。”

孟子的答复是：

> 乃若其情，则可以为善矣。乃所谓善也。若夫为不善，非才之罪也。恻隐之心，人皆有之；羞恶之心，人皆有之；恭敬之心，人皆有之；是非之心，人皆有之。恻隐之心，仁也；羞恶之心，义也；

恭敬之心，礼也；是非之心，智也。仁义礼智，非由外铄我也，我固有之也，弗思耳矣。故曰：求则得之，舍则失之。或相倍蓰而无算者，不能尽其才者也。（《告子上》）

又曰：

富贵子弟多赖，凶岁子弟多暴，非天之降才尔殊也，其所以陷溺其心者然也。（《告子上》）

孟子在论性时，提出一个才字，才与材同义，所以朱子说："才犹材质，人之能也。"这个才，就是本质，他认为人的本质，都具有善的可能性，都有恻隐之心、羞恶之心、恭敬之心、是非之心——《公孙丑》篇把此四者名为四善端，不过把恭敬之心易作辞让之心而已，其余皆同——所以说："非由外铄我也，我固有之也。"至于人之所以为不善，却是由于"不能尽其才"，由于"陷溺其心"。

人的本质，既同具善端，所以又说：

人皆可以为尧舜。（《告子下》）

圣人与我同类。（《告子上》）

何以异于人哉？尧舜与人同耳。（《离娄》）

舜何人也，予何人也，有为者亦若是。（《滕文公上》）

他言民本主义，即根据于此。

既言性善，则必然的结果，就要归到先天的良知良能论。所以他又说：

人之所不学而能者，其良能也。所不虑而知者，其良知也。孩提之童，无不知爱其亲也。及其长也，无不知敬其兄也。亲亲，仁也；敬长，义也。（《尽心上》）

后此王阳明的良知说，即祖述于此，而略有变更。

（二）五伦　孔子未尝言五伦，至孟子始详述五伦的道理。他本于《尧典》上的五教而立论，其言曰：

> 人之有道也，饱食暖衣，逸居而无教，则近于禽兽。圣人有忧之，使契为司徒，教以人伦：父子有亲，君臣有义，夫妇有别，长幼有序，朋友有信。（《滕文公上》）

后三伦用不着详说，现在只说重要的前二伦。兹先说父子有亲。上面说过，中国特重家族主义，而家族的道德，又以孝悌为本；孟子亦信仰此传统的道德，所以说：

> 尧、舜之道，孝悌而已矣。（《告子下》）

至于孝道方面，则孟子主张顺乎亲，其言曰：

> 不得乎亲，不可以为人；不顺乎亲，不可以为子。（《离娄上》）

后来所谓“天下无不是底父母”，便以此为根据。其次，言孝必如曾子之养志，所以说：

> 曾子养曾皙，必有酒肉，将彻，必请所与。问有余，必曰有。曾皙死，曾元养曾子，必有酒肉，将彻，不请所与。问有余，曰：亡矣，将以复进也。此所谓养口体者也。若曾子，则可谓养志也。事亲若曾子者，可也。（《离娄上》）

再其次，事亲必以礼，《孟子·滕文公上》引曾子之言曰：

> 生事之以礼，死葬之以礼，可谓孝矣。

这正是孔子所谓“无违”的注脚。最后，言孝则不当绝祖先之祀。故曰：

> 不孝有三，无后为大。舜不告而娶，为无后也。君子以为犹告也。(《离娄上》)

所谓不孝有三，就是：(1)阿意曲从，陷亲不义；(2)家贫亲老，不为禄仕；(3)不娶无子，绝先祖祀。孟子言孝，以无后为大，实由于重视家族主义而来。

其次请言君臣有义。孟子拒杨、墨，说：“无父无君，是禽兽也。”(《滕文公下》)又推称孔子的正名分，说：“世道衰微，邪说暴行有作，臣弑其君者有之，子弑其父者有之。孔子惧，作《春秋》。《春秋》，天子之事也。是故孔子曰：‘知我者，其惟《春秋》乎？罪我者，其惟《春秋》乎？’”(《滕文公下》)又说：“孔子成《春秋》，而乱臣贼子惧。”(《滕文公下》)由此看来，足见孟子也重视君臣之分。虽然，孟子言性善，而侧重于万人同具善端之说，所以他力主平等，而流为民本主义的思想。故曰：

> 民为贵，社稷次之，君为轻。是故得乎丘民，而为天子。(《尽心下》)
>
> 桀、纣之失天下也，失其民也。失其民者，失其心也。得天下有道，得其民，斯得天下矣。得其民有道，得其心，斯得民矣。(《离娄上》)

惟其以民为本，所以孟子言君臣之分，有与孔子不同之处，他说：

> 君之视臣如手足，则臣视君如腹心。君之视臣如犬马，则臣视君如国人。君之视臣如草芥，则臣视君如寇雠。(《离娄下》)
>
> 君有大过则谏，反覆之而不听，则易位。(《万章下》)

但是，此民本主义，亦非孟子所发明。上古之时，所谓“天视自我民视，天听自我民听”的传统思想，即孟子民本主义之所自本。惟其以“天命”、“天意”为主，故此民本主义决非后世的民主主义。

（三）仁义　孟子言德，有仁义礼智四者，而尤着重于仁义。故孟子对梁惠王言利，则曰：

> 王何必曰利，亦有仁义而已矣。（《梁惠王上》）

何谓仁义？他说：

> 仁，人心也；义，人路也。（《告子上》）
>
> 仁，人之安宅也；义，人之大路也。旷安宅而弗居，舍正路而不由，哀哉！（《离娄上》）

由此看来，“居仁由义”，便是做人之理。他说：

> 仁之实，事亲是也。义之实，事兄是也。智之实，知斯二者弗去是也。礼之实，节文斯二者是也。乐之实，乐斯二者。（《离娄上》）

观此，更知孟子之特重仁义。

（四）存养　孟子曰：“学问之道无他，求其放心而已矣。”（《告子上》）又曰：“存其心，养其性，所以事天下。”（《尽心上》）观此，可知孟子之重视存养。孟子言存养，可分二方面述之：

（1）消极的。消极的存养法，第一在于寡欲，故曰：

> 养心莫善于寡欲。其为人也寡欲，虽有不存焉者寡矣。其为人也多欲，虽有存焉者寡矣。（《尽心下》）

其次，在于存夜气，故曰：

虽存乎人者,岂无仁义之心哉?其所以放其良心者,亦犹斧斤之于木也,旦旦而伐之,可以为美乎?其日夜之所息,平旦之气,其好恶与人相近也者几希。则其旦昼之所为,有梏亡之矣。梏之反覆,则其夜气不足以自存;夜气不足以存,则其违禽兽不远矣。人见其禽兽也,而以为未尝有才焉者,是岂人之情也哉?(《告子上》)

最后,在于思,故曰:

耳目之官,不思而蔽于物。物交物,则引之而已矣。心之官则思,思则得之,不思则不得也:此天之所与我者。(《告子上》)

(2)积极的。积极的存养法,第一在于扩充,故曰:

凡有四端(仁义礼智)于我者,知皆扩而充之矣。若火之始燃,泉之始达。(《公孙丑上》)

其次在于养气。孟子言养气,似乎注意于肉体与精神的关系,其言曰:

夫志,气之帅也。气,体之充也。夫志,至焉。气,次焉。故曰:持其志,无暴其气。既曰:志,至焉,气,次焉;又曰:持其志,无暴其气,何也?曰:志壹则动气,气壹则动志也。今夫蹶者趋者,是气也,而反动其志。(《公孙丑上》)

他所谓志,便是精神作用;所谓气,似乎是从肉体的方面来说的。观上所引用的一段,便知精神支配着肉体,而同时肉体也影响于精神。他本于这一点,主张养气为存养的方法。养气到达完满的境界,便是浩然之气。什么是浩然之气?他说:

其为气也，至大至刚，以直养而无害，则塞于天地之间。（《公孙丑上》）

至于养此浩然之气的方法，孟子则曰：

其为气也，配义与道，无是馁也。是集义所生者，非义袭而取之也。行有不慊于心，则馁矣。……必有事焉，而勿正，心勿忘，勿助长也。（《公孙丑上》）

果能至此地步，则

居天下之广居，立天下之正位，行天下之大道，得志与民由之，不得志独行其道。富贵不能淫，贫贱不能移，威武不能屈：此之谓大丈夫。（《滕文公下》）

（五）仁政　孟子言仁政，是从他的性善说而来的，性既善，所以"人皆有不忍人之心"，"以不忍人之心，行不忍人之政"（《公孙丑上》），就是仁政。仁政就是王政，所以说："以力假仁者霸，……以德行仁者王。"（《公孙丑上》）以下分述其行仁政的方法与仁政的内容：

（1）行仁政的方法。行仁政的方法，与孔子同，也是由上而下的人治主义，其言曰：

君之守，修其身而天下平。

君仁莫不仁，君义莫不义，君正莫不正。

惟仁者宜在高位。不仁者而在高位，是播其恶于众也。

惟其如此，所以他注重分工的原则，其言曰：

或劳心，或劳力；劳心者治人，劳力者治于人。治于人者食人，治人者食于人。（《滕文公上》）

至于其治民的方法，则曰：

劳之，来之，匡之，直之，辅之，翼之，使自得之。

果如此，便可以化民成俗，其结果："民日迁善而不知为之者。"但是，如前所言，孟子力崇民本主义，故其言治，虽有劳心劳力之分，然治者阶级，要皆以民意为准，所以说：

所欲，与之聚之；所恶，勿施尔也。(《离娄上》)

既以民意为准，则一切反于人民利益的设施，都应予以反对。其言曰：

"杀人以梃与刃，有以异乎？"曰："无以异也。""以刃与政，有以异乎？"曰："无以异也。"曰："庖有肥肉，厩有肥马，民有饥色，野有饿莩，此率兽而食人也。兽相食，且人恶之；为民父母行政，不免于率兽而食人，恶在其为民父母也。"(《梁惠王上》)

由此看来，所以为君者必得顺民意以尽君道，否则，便不叫做人君。所以《梁惠王下》有这样的一段：

齐宣王问曰："汤放桀，武王伐纣，有诸？"孟子对曰："于传有之。"曰："臣弑其君可乎？"曰："贼仁者，谓之贼；贼义者，谓之残。残贼之人，谓之一夫。闻诛一夫纣矣，未闻弑君也。"

(2)仁政的内容。孟子的仁政，是他理想的仁政。他以为行仁政的第一要着，就是"制民之产"，其言曰：

……明君制民之产，必使仰足以事父母，俯足以畜妻子；乐岁终身饱，凶年免于死亡。(《梁惠王上》)

要“制民之产”，他就主张行土地国有的井田制度：

方里而井，井九百亩，其中为公田。八家皆私百亩，同养公田。（《滕文公上》）

五亩之宅，树之以桑，五十者可以衣帛矣。鸡豚狗彘之畜，无失其时，七十者可以食肉矣。百亩之田，勿夺其时，八口之家，可以无饥矣。（《梁惠王上》）

但是，因为“饱食、暖衣、逸居而无教，则近禽兽”，所以又“谨庠序之教，申之以孝悌之义”。（《梁惠王上》）

仁政到了这个地步，则人民自然就

死徙无出乡，乡田同井。出入相友，守望相助，疾病相扶持，则百姓亲睦。（《滕文公上》）

七、稷下派及其他

当孟子时，齐的稷下，为学术思想的一个重要地方。《史记·孟荀列传》说：“自驺衍与齐之稷下先生，如淳于髡、慎到、环渊、接子、田骈、驺奭之徒，各著书，言治乱之事。”又《庄子·天下篇》也说：“姓宋名钘，姓尹名文，并齐宣王时人。……并齐之隐士，俱游稷下。”这些人的学说，多半是本于黄、老，而转入到“名”、“法”、“阴阳”；这个转变的关键很重要，所以以下备述各人的学术思想。

（一）驺衍　驺衍的书已经不传，只《史记》中有这样的记载：

齐有三驺子。其前驺忌，以鼓琴干威王，……先孟子。其次驺衍，后孟子。驺衍睹有国者益淫侈，不能尚德；若大雅整之于身，施及黎庶矣，乃深观阴阳消息，而作怪迂之变，《终始》、《大圣》之篇，十万余言。其语闳大不经，必先验小物，推而大之，至于无

> 垠。先序今以上至黄帝，学者所共术，大并世盛衰，因载其机祥度制，推而远之，至天地未生，窈冥，不可考而原也。先列中国名山大川通谷禽兽，水土所殖，物类所珍，因而推之及海外人之所不能睹。称引天地剖判以来，五德转移，治各有宜，而符应若兹。以为儒者所谓中国者，于天下乃八十一分居其一分耳。中国名曰赤县神州，赤县神州内自有九州，禹之序九州是也，不得为州数。中国外如赤县神州者九，乃所谓九州也。于是有裨海环之，人民禽兽莫能相通者；如一区中者，乃为一州。如此者九，乃有大瀛海环其外，天地之际焉。其术皆此类也。然要其归必止乎仁义节俭，君臣上下六亲之施，始也滥耳。……驺奭者，齐诸驺子，亦颇采驺衍之术以纪文。……驺衍之术，迂大而闳辨，奭也文具难施。……故齐人颂曰："谈天衍，雕龙奭。"(《孟荀列传》)
>
> 自齐威、宣时，驺子之徒论著终始五德之运，……驺衍以阴阳主运显于诸侯。(《封禅书》)

由上所述，可知驺衍的"深观阴阳消息"，颇受道家的影响；而"五德转移"之说，则系阴阳家言，故《汉书·艺文志》把他列为阴阳家。

驺衍的学说，在于运用阴阳五行的思想，以形成一种宇宙观。他的方法是"先验小物，推而大之，至于无垠"。他用这方法，在时间上，从现在推到黄帝，更推到天地未生时，在空间上，从中国推到海外的大九州。他以"机祥制度"、"符应"、"五德转移"为本，而归到"仁义节俭，君臣上下六亲之施"。他这种思想，在汉代发生很大的影响，以后再来详说。

(二)慎到　慎到的学说，是由道家到法家的一个转机，故其学说兼有道法两家的思想。其学见于后人所辑的《慎子》与《庄子·天下篇》。《天下篇》说：

> 公而不党，易而无私，决然无主，趣物而不两，不顾于虑，不谋于知，于物无择，与之俱往。古之道术有在于是者，彭蒙、田骈、慎到闻其风而悦之。齐万物以为首。曰："天能覆之而不能载之，地

能载之而不能覆之，大道能包之而不能辩之。”知万物皆有所可，有所不可，故曰：“选则不遍，教则不至，道则无遗者矣。”是故慎到弃知去已而缘不得已，冷汰于物，以为道理。曰：“知不知，将薄知而后邻伤之者也。”谍髁无任，而笑天下之尚贤也。纵脱无行，而非天下之大圣。椎拍輐断，与物宛转。舍是与非，苟可以免。不师知虑，不知前后，魏然而已矣。推而后行，曳而后往，若飘风之还，若羽之旋，若磨石之隧。全而无非，动静无过，未尝有罪。是何故？夫无知之物，无建己之患，无用知之累，动静不离于理，是以终身无誉。故曰：“至于若无知之物而已，无用圣贤。夫块不失道。”豪杰相与笑之曰：“慎到之道，非生人之行，而至死人之理，适得怪焉。”田骈亦然，学于彭蒙，得不教焉。彭蒙之师曰：“古之道人，至于莫之是莫之非而已矣。”其风窢然，恶可而言？常反人，不见观，而不免于輐断。其所谓道非道，而所言之韪，不免于非。彭蒙、田骈、慎到不知道。虽然，概乎皆尝有闻者也。

由上所述，得知慎到之学，多本于道家。所谓“齐万物以为首”，便是庄子的“齐物”，即视万物为齐一平等。所谓“于物无择，与之俱往”，所谓“决然无主”，便是老子所谓任自然，任其自尔。他主张法治起于因势，因势要平等，都是由这里出发的。至于慎到的法家思想，则可分为以下二点：

（1）尚法。他说：“法者所以齐天下之动，至公大定之制也。故智者不得越法而肆谋，辩者不得越法而肆议，士不得背法而有名，臣不得背法而有功。我喜可抑，我忿可窒，我法不可离也。骨肉可刑，亲戚可灭，至法不可阙也。”——此言法之重要。又说：“法虽不善，犹愈于无法，所以一人心也。夫投钩以分财，投策以分马，非钩策为均，使得美者不知所以美，得恶者不知所以恶，此所以塞愿望也。”——此言法之效力。但是，由他这两段话，已可看出他尚客观任自然的道理。

（2）因势。他说：“天道因则大，化则细。因也者，因人之情也。人莫不自为也。化而使之为我，则莫可得而用。是故先王不受禄者不臣，不厚禄者不与；人人不得其所以自为也，则上不取用焉。故用人之自为，不用人之为我，则莫不可得而用矣：此之谓因。”此言因势，便完全是自然主义，盖随事之势，因人之自为，便是“无为而无不为”的道理。

他如慎到不尚贤，则是由于尚法而来，在法家学理中也颇重要。

彭蒙、田骈之学，其得力于道家，与慎到同，俱见《天下篇》，故不赘述。

（三）宋钘　宋钘即宋牼，在稷下派中，另成一系，其学说大要，也见于《庄子·天下篇》：

> 不累于俗，不饰于物，不苟于人，不忮于众，愿天下之安宁以活民命，人我之养毕足而止，以此白心，古之道术有在于是者，宋钘、尹文闻其风而悦之，（马国瀚《玉函山房辑佚书宋子序》，谓《天下篇》所述为宋钘的主张，非尹文的主张。今以马氏说为本，用《天下篇》所述代表宋钘的学说。）作为华山之冠以自表。接万物，以别宥为始。语心之容，命之曰心之行。以聏合驩，以调海内，请欲置之以为主。见侮不辱，救民之斗。禁攻寝兵，救世之战。以此周行天下，上说下教，虽天下不取，强聒而不舍者也。故曰：“上下见厌而强见也。”虽然，其为人太多，其自为太少，曰：“请欲固置五升之饭足矣。先生恐不得饱。弟子虽饥，不忘天下。”日夜不休，曰：“我必得活哉！”图傲乎救世之士哉！曰：“君子不为苛察，不以身假物。”以为无益于天下者，明之不如已也。以禁攻寝兵为外，以情欲寡浅为内。其小大精粗，其行适至是而止。

由上所述，可知宋钘之学，不外：“接万物，以别宥为始”，“情欲寡浅”，“见侮不辱，禁攻寝兵”三者。别宥的宥字，毕沅“疑宥与囿同，谓有所拘碍，而识不广也”（《吕氏春秋校正注》）。由此看来，宥就是蔽的意思。《吕氏春秋·去宥篇》有一段，和宋钘的别宥相同，现在把它引用在下面：

> 夫人有所宥者，因以昼为昏，以白为黑，以尧为桀：宥之所败

亦大矣。亡国之主，其皆甚有所宥邪？故凡人必别宥而后知。

观此，则宋钘所谓别宥，就不外是别万物，而与慎到诸人之言齐万物者不同。至于他言“情欲寡浅”，则颇受道家的影响；言非攻，则颇受墨家的影响。

（四）《尹文子》　《尹文子》一书据说是尹文作的，但据唐钺（《清华学报》第四卷第一期《尹文及尹文子》，顾实《〈汉书·艺文志〉讲疏》）的考证，均谓此书为伪作。所以我们这里所讲的，只可看作是《尹文子》的思想，不可看作是尹文的思想。《尹文子》中最重要之处，就是论名与法的关系，它说：

名者，名形者也；形者，应名者也。……万物具存，不以名正之则乱，万名具列，不以形应之则乖。……善名命善，恶名命恶。故善有善名，恶有恶名。圣贤仁智，命善者也。顽嚚凶愚，命恶者也。……使善恶尽然有分，虽未能尽物之实，犹不患其差也。……名称者何？彼此而检虚实者也。自古及今，莫不用此而得，用彼而失。失者由名分混，得者由名分察。今亲贤而疏不肖，赏善而罚恶；贤不肖善恶之名宜在彼，亲疏赏罚之称宜属我。……名宜属彼，分宜属我。我爱白而憎黑，……白……彼之名也，爱……我之分也。定此名分，则万事不乱也。故人以度审长短，……以法定治乱，以简治烦惑，以易御险难。万事皆归于一，百度皆准于法。归一者简之至，准法者易之极。如此，顽嚚聋瞽可与察慧聪智同其治也。

观其正名，实类于名家，故《汉书·艺文志》以《尹文子》列名家。但是，所谓“万事皆归于一，百度皆准于法”，却是法家之所本。

以上述稷下派竟；惟淳于髡、接子、环渊，以其书不传，故不具述。

（五）许行、陈相　许行与孟子同时，其学见于《孟子》中：

有为神农之言者许行，自楚之滕，踵门而告文公曰：“远方之人，闻君行仁政，愿受一廛而为氓。”文公与之处，其徒数十人，皆衣褐捆履织席以为食。陈良之徒陈相，与其弟辛，负耒耜而自宋之滕，曰：“闻君行圣人之政，是亦圣人也，愿为圣人氓。”陈相见许行而大悦，尽弃其学而学焉。陈相见孟子，道许行之言曰：“滕君则诚贤君也。虽然，未闻道也。贤者与民并耕而食，饔飧而治。今也滕有仓廪府库，则是厉民而以自养也。恶得贤？……从许子之道，则市价不贰，国中无伪，虽使五尺之童适市，莫之或欺。布帛长短同，则价相若；麻缕丝絮轻重同，则价相若；五谷多寡同，则价相若；履大小同，则价相若。”（《滕文公上》）

《汉书·艺文志》把许行列为农家，并谓：“无所事圣王，欲使君臣并耕，诗上下之序。”

由上所述，可知许行之说，近于无政府主义，受道家影响颇深。

（六）陈仲子　陈仲子也与孟子同时，其学也见于《孟子》中：

仲子，齐之世家也。兄戴，盖禄万钟。以兄之禄，为不义之禄，而不食也。以兄之室，为不义之室，而不居也。辟兄离母，处于於陵。

居於陵，三日不食，耳无闻，目无见也。井上有李，螬食实者过半矣，匍匐往将食之，三咽，然后耳有闻，目有见。

仲子所居之室，……所食之粟，……彼身织屦，妻辟纑，以易之也。（以上《滕文公下》）

由上所述，可知陈仲子是极端的个人主义者，自食其力，而反对社会性的生活，或者也受有道家的影响。

（七）杨朱　杨朱学说，在当时很流行，所以孟子说：“杨、墨之言盈天下。天下之言，不归杨，则归墨。杨氏为我，是无君也。”而孟子亦以“距杨、墨”为己任（以上《滕文公下》）。其学不传（《列子·杨朱篇》是魏晋人所作，以后再讲），据孟子言：“杨子取为我，拔一毛而利天下，不为也。”（《尽心下》）《淮南子》言：“全形葆真，不以物累形，杨子之所立也。”

(《泛论》)则杨朱实一顺世的个人主义者,而受老子思想的影响颇深。

(八)它嚣、魏牟 二人为战国时持极端的纵欲主义者,荀子说:“纵情性,安恣睢,禽兽之行,不足以合文通治。然而其持之有故,其言之成理,足以欺惑愚众,是它嚣,魏牟也。”(《非十二子篇》)

此外还有别墨一派及辩者公孙龙、惠施,都于名学上有贡献,详见胡适《中国哲学史大纲》及冯友兰《中国哲学史》,兹不赘述。

八、庄子

庄子有书五十二篇,今存三十三篇,属道家(见《汉书·艺文志》),其学有与老子相同之处,亦有与老子相异之处,今分述之如下:

(一)道 庄子以道为宇宙万物所以发生之理,所以说:“道无不在。”(《知北游》)他所谓道,是无始无终而永存的,故曰:

> 夫道有情有性,无为无形,可传而不可受,可得而不可见。自本自根,未有天地,自古以固存;神鬼神地,生天生地。在太极之先而不为高,在六极之下而不为深,先天地生而不为久,长于上古而不为老。(《大宗师》)

此言道之性质,至于道之作用,则与老子所说相同,也是法自然的,所以说:

> 技兼于事,事兼于义,义兼于德,德兼于道,道兼于天。(《天地》)(案天即自然,故《天地》又说:“无为为之谓天。”)

此言“道兼于天”,即老子“道法自然”之理。惟其如此,所以万物之生,都是“自化”,都是“自取”,其言曰:

> 物之生也,若骤若驰,无动而不变,无时而不移。何为乎,何

不为乎？夫固将自化。(《秋水》)

夫吹万不同，而使其自已也，咸其自取，怒者其谁邪？(《齐物论》)

(二)政治论　万物之生，既是“咸其自取”，所以把此理运用到政治方面，则为极端的不干涉主义，绝对放任，使社会复归于自然，案此点亦与老子同，其言曰：

马，蹄可以践霜雪，毛可以御风寒，龁草饮水，翘足而陆，此马之真性也。虽有义台路寝，无所用之。及至伯乐曰：“我善治马。”烧之，剔之，刻之，雒之，连之以羁絷，编之以皂栈，马之死者十二三矣。饥之，渴之，驰之，骤之，整之，齐之，前有橛饰之患，而后有便策之威，而马之死者已过半矣。……然且世世称之曰：“伯乐善治马，……”此亦治天下者之过也。(《马蹄》)

(三)人生观　庄子的人生观，与老子不同，老子言处世之道，庄子却是十足加一的达观主义。庄子的达观主义，是由他的齐物主义而来的，其言曰：

可乎可，不可乎不可。道行之而成。物谓之而然。恶乎然？然于然。恶乎不然？不然于不然。物固有所然，物固有所可。无物不然，无物不可。(《齐物论》)

既然“物固有所然，物固有所可，无物不然，无物不可”，则天下万事万物都各有其存在之理，是这样便是这样，用不着来区别。惟其如此，所以他又说：

天地莫泰于秋毫之末，而大山为小；莫寿乎殇子，而彭祖为夭。天地与我并生，而万物与我为一。(《齐物论》)

达观到了这地步，自然就会形成一种"安时而处顺"、"依乎天理，因其固然"的人生观，故曰：

古之真人，不知说生，不知恶死。其出不䜣，其入不距。翛然而往，翛然而来而已矣。不忘其所始，不求其所终。受而喜之，忘而复之。是之谓不以心捐道，不以人助天，是之谓真人。(《大宗师》)

庄子这种思想，后来在六朝很有势力，与老子并称，衍而为清谈。

九、荀子

荀子与孟子，同为孔子以后的大儒。孟子死后，儒业寖衰，至荀子出，而儒学大振。

荀子晚出，对于以前各派都有批评，他说它嚣、魏牟、陈仲、史鳝、墨翟、宋钘、慎到、田骈、惠施、邓析十子，都"足以欺惑愚众"(《非十二子》)，而对于儒家子思、孟轲，也很反对，其言曰："略法先王而不知其统，然而犹材剧志大，闻见杂博，案往旧造说，谓之五行，甚僻违而无类，幽隐而无说，闭约而无解，案饰其辞而祗敬之曰：'此真先君子之言也！'子思唱之，孟轲和之。世俗之沟犹瞀儒讙讙然不知其所非也，遂受而传之，以为仲尼、子游为兹厚于后世。是则子思、孟轲之罪也。"(《非十二子》)他反对这十二子，却推崇孔子，其言曰："若夫总方略，齐言行，壹统类，而群天下之英杰，而告之以大古，教之以至顺，奥窔之间，簟席之上，歙然圣王之文章具焉，佛然平世之俗起焉，……仲尼、子弓是也。"(《非十二子》)由此看来，他实系孔门杰出之士，在孔门中能独树一帜，今就《荀子》一书，述其学之大概如下：

(一)天论　孔子言天，为主宰的天；孟子有时亦言主宰的天；(孟子曰："仁或使之，止或尼之，行止非人所能也。吾之不遇鲁侯，天也，臧氏之子，焉能使予不遇哉？"即此孟子言主宰的天之证。)荀子则不然，而以自然释天，此或受老、庄的影响，其言曰：

天行有常,不为尧存,不为桀亡。应之以治则吉,应之以乱则凶。强本而节用,则天不能贫。养备而动时,则天不能病。循道而不忒,则天不能祸。(《天论》)

此言天与人事无关。又曰:

列星随旋,日月递炤,四时代御,阴阳大化,风雨博施,万物各得其和以生,各得其养以成,不见其事而见其功:夫是之谓神。皆知其所以成,莫知其无形:夫是之谓天功。唯圣人为不求知天。(《天论》)

此言天之变化,都是自然的运行,其何以致此之故,虽圣人亦不求知。惟其不求知,所以特重人事,其言曰:

若夫志意修,德行厚,知虑明,生于今而志乎古,则是其在我者也。故君子敬其在己者而不慕其在天者;小人错其在己者而慕其在天者。(《天论》)

当时"营于巫祝,信机祥"(《史记·孟荀列传》),所以荀子以自然释天,力排当时的宿命说以及对于天变之迷信的解释——其言俱见《天论》,兹不赘——又作《非相》,以斥相法。

(二)性恶　孟子言性善,荀子则言性恶,其言曰:

人之性恶,其善者伪也。(《性恶》)

然而何谓性?何谓伪?其言曰:

不可学,不可事,而在人者,谓之性。(《性恶》)

生之所以然者,谓之性。(《正名》)

可学而能,可事而成之在人者,谓之伪。(《性恶》)

心虑而能为之动，谓之伪。虑积焉，能习焉，而后成，谓之伪。(《正名》)

如此，则性与伪又有什么关系呢？其言曰：

性者，本始材朴也。伪者，文理隆盛也。无性则伪之无所加，无伪则性不能自美。性伪合然后成圣人之名。(《礼论》)

性与伪之关系既明，请进而言何谓善恶，其言曰：

凡古今天下之所谓善者，正理平治也；所谓恶者，偏险悖乱也：是善恶之分也已。(《性恶》)

观此，则是以行为的结果，去判断善恶，而不是以行为的动机，去判断善恶。但人为何而为恶呢？则以性为恶故。其言曰：

今人之性，生而有好利焉，……生而有疾恶焉，……生而有耳目之欲。(《性恶》)

目好色，耳好声，口好味，心好利，骨体肤理好愉佚：是皆生于人之性情者也。(《性恶》)

惟其如此，所以用得着"伪"，其言曰：

故枸木必将待檃括烝矫然后直，钝金必将待砻厉然后利，今人之性恶，必将待师法然后正，得礼义然后治。……古者圣人以人之性恶，以为偏险而不正，悖乱而不治。是以为之起礼义，制法度，以矫饰人之性情而正之，以扰化人之性情而导之也。(《性恶》)

(三)礼乐　荀子既言性恶而重人为，而"矫饰人之性情而正之，扰化人之性情而导之"的工具，便是礼乐。其论礼曰：

礼起于何也？曰：人生而有欲，有欲不得，则不能无求，求而无度量分界，则不能不争，争则乱，乱则穷。先人恶其乱也，故制礼义以分之，以养人之欲，给人之求。使欲必不穷乎物，物必不屈于欲，两者相持而长，是礼之所起也。故礼者，养也。……君子既得其养，又好其别。曷谓别？曰：贵贱有等，长幼有差，贫富轻重，皆有称者也。（《礼论》）

贵贵、尊尊、老老、长长，义之伦也。行之得其节，礼之序也。（《大略》）

此言礼之起源，而其作用，在于“分”、“别”与“序”。其论乐曰：

夫乐者，乐也，人情之所不能免也。故人不能无乐。乐则必发于声音，形于动静，人之道也。故人不能无乐，乐则不能无形。形而不为道，则不能无乱。先王恶其乱也，故制雅颂之声以道之，使其声足以乐而不流；使其文足以纶而不息，使其曲直繁省、廉肉节奏，足以感动人之善心；使夫邪污之气无由得接焉。……故乐者，所以道乐也。金石丝竹，所以道德也。……故乐者，治人之盛者也。（《乐论》）

此言乐之起源，而其作用，在于涵养节制人的情欲。

（四）政治　荀子言政治，很有精到之处，分述如下：

（1）社会之组织。社会之所以组成的原因，就为着是“人生不能无群”。（《王制》与《富国》二篇述此意甚详，可参考。）如果能群，便能应付外界，故曰：

力不若牛，走不若马，而牛马为用，何也？曰：人能群，彼不能群也。……和则一，一则多力，多力则强，强则胜物，故宫室可得而居也。（《王制》）

人类为着应付外界而团结为群，但是一群之中，如果杂乱无章，则依然不足以应付外界，所以进而又言各守其分，其言曰：

> 人之生不能无群，群而无分则争，争则乱，乱则穷矣。（《富国》）

既要各守其分，于是不得不采分业之制，故曰：

> 百技所成，所以养一人也。而能不能兼技，人不能兼官，离居不相待则穷，群而无分则争。穷者，患也；争者，祸也。救患除祸，则莫若明分使群矣。（《富国》）

（2）国家之成立。其次，言国家之成立。荀子认为国家成立的要素有四，即：土地、人民、法制、君主四者，其言曰：

> 无土则人不安居，无人则土不守，无道法则人不至，无君子则道不举。故土之与人、道之与法也者，国家之本作也；君子也者，道法之总要也。（《致士》）

四者之中，土地人民，用不着多说。今请进而言法制。荀子所谓礼，本来含有政治的与伦理的二义，因此，所谓“道法”，就是政治的礼，也就是法制。其言曰：

> 国无礼则不正。礼之所以正国也，譬之犹衡之于轻重也，犹绳墨之于曲直也，犹规矩之于方圆也。（《王霸》）

他把礼比做衡，比做绳墨与规矩，所以礼含有法制之意。惟其如此，故治国必以礼，其言曰：

> 礼者，治辨之极也，强国之本也，威行之道也，功名之总也。（《议兵》）

人之命在天，国之命在礼。（《强国》）

既以礼为治国之本，则违礼者必有罚，所以又论到赏罚，其言曰：

王者之论，无德不贵，无能不官，无功不赏，无罪不罚。朝无幸位，民无幸生。尚贤使能，而等位不遗。析愿禁悍，而刑罚不过。百姓晓然，皆知夫为善于家，而取赏于朝也；为不善于幽，而蒙刑于显：夫是之谓定论。（《王制》）

赏重者强，赏轻者弱；刑威者强，刑侮者弱。（《议兵》）

他这样重赏罚，以及主性恶说，后来很影响于韩非。其次请言君主。其言君主之职分曰：

君者何也？曰：能群也。能群也者何也？曰：善生养人者也，善班治人者也，善显设人者也，善藩饰人者也。善生养人者，人亲之；善班治人者，人安之；善显设人者，人乐之；善藩饰人者，人荣之。四统者俱，而天下归之，夫是谓能群。（《君道》）

虽然，荀子亦尝言："君者仪也；仪正而景正；君者槃也，槃圆而水圆；君者盂也，盂方而水方。"（《君道》）是则荀子言政，仍不失儒家从上而下的政治之主张。

（3）民政。国家既已成立，则对民政的设施当如何？《王制》曰：

王者之法，等赋政事，财（同裁）万物，所以养万民者也。田野什一，关市几而不征；山林泽梁，以时禁发而不税。相地而衰政（政读为征），理道之远近而致贡。通流财物粟米，无有滞留，使相归移也。四海之内若一家。

观此，则与孟子言仁政，实大同而小异。

十、韩非

韩非是法家的建立者。前此如管仲、申不害、商鞅、慎到的政治主张，虽近于法家，但是，他们只可算法理学者，并不曾树立有体系的法治主义。至韩非出，始集前此诸子的大成，本于荀子与道家之言(参看荀子及稷下派二节)，而建立一学派。

法家能成立一学派，与当时社会政治经济的转变很有关系。前此贵族政治赖以维系主属的关系的东西，就是礼。春秋战国之世，此种政治，业已崩坏，而渐趋于集权的君主专制政治，并且，新有产阶级勃兴，以前备受压迫的人民，渐次抬头，而获得独立与自由，于是前此维系主属关系的礼，便不足以言治，而不得不尚法，观管仲治齐，子产治郑，即可想见。所以说法家的产生，是与当时社会政治经济的转变有关；而贵族之恶法家与秦皇之信法家，其原因也就从此可以明白了。

以下就《韩非子》一书，述韩非之学的大要如下：

(一)历史观　前此学者，如孔子、孟子，无不道尧、舜、周公，而赞美古代的政治，并且，想把所谓古代的仁政实现起来。但是，韩非却与此相反，而力言历史的进化观，其言曰：

> 今有构本钻燧夏后氏之世者，必为鲧、禹笑矣。有决渎于殷、周之世者，必为汤、武笑矣。然则今有美尧、舜、禹、汤、文、武之道于当今之世者，必为新圣笑矣。是以圣人不务循古，不法常可。论世之事，因为之备。(《五蠹》)
>
> 夫古今异俗，新故异备，如欲以宽缓之政治急世之民，犹无辔策而御骍马，此不知之患也。(同上)

这种说法，在《商君书·更法篇》中，也可找到。韩非的主要意思，就是“论世之事，因为之备”，就是“古今异俗，新故异备”，时代不同，政制与治法自然也随之不同。李斯的政治主张，便受了这种历史观的影响。

(二)法治主义　他以为法治是最可靠的,儒家的人治,却不免有“人存政举人亡政息”之病,所以力言法治之重要。其言曰:

且夫尧、舜、桀、纣,千世而一出。……中者上不及尧、舜,而下者亦不为桀、纣。抱法则治,背法则乱。背法而待尧、舜,尧、舜至乃治,是千世乱而一治也。抱法而待桀、纣,桀、纣至乃乱,是千世治而一乱也。(《难势》)

此言人治之不可靠。又曰:

释法术而任心治,尧不能正一国。去规矩而妄意度,奚仲不能成一轮。……使中主守法术,拙匠执规矩尺寸,则万不失矣。(《用人》)

此言法治之万不失。法既定立,则不论何人均须遵守,故曰:

人主虽使人,必以度量准之,以刑名参之。以事遇于法则行,不遇于法则止。(《难二》)

由此看来,法实高出一切;惟其如此,所以凡言行不著于法令者,都在禁止之列。其言曰:

明主之国,无书简之文,以法为教;无先王之语,以吏为师。(《五蠹》)

李斯焚书,便套着这个调子。

(三)严赏罚　法家重威势,因为推行法治,无威势是不可能的,所以他说:

夫马之所以能任重引车致远道者,以筋力也。万乘之主,千

乘之君，所以制天下而征诸侯者，以其威势也。威势者，人主之筋力也。（《人主》）

人主威势之表现于外者，就是赏罚，其言曰：

明主之所导制其臣者，二柄而已矣。二柄者，刑德也。何谓刑德？杀戮之谓刑，庆赏之谓德。为人臣者，畏诛罚而利庆赏，故人主自用其刑德，则群臣畏其威而归其利矣。（《二柄》）

此二柄操在君主手里，君主利用臣民畏罚利赏的心理，而自执二柄以责其效，则法治可以推行而无阻。

以上所述系韩非之学的几个要点；此外他也言性恶（见《六反》），则与荀子同；也言无为（见《大体》与《扬权》），则与老子同；也言功利（见《五蠹》），则与墨子同；兹不具述。由此看来，便可知法家所受儒墨道三家的影响。

十一、六艺之学及其他

六艺为儒家之学，影响于后世者甚大，故略述之如下：

孔子虽以六艺教人，然未立六艺之名。六艺之名并提，见于《庄子·天下篇》。其言曰：

《诗》以道志，《书》以道事，《礼》以道行，《乐》以道和，《易》以道阴阳，《春秋》以道名分。

而司马迁言六艺之内容与性质，更为扼要，其言曰：

《易》著天地、阴阳、四时、五行，故长于变；《礼经》纪人伦，故长于行；《书》纪先王之事，故长于政；《诗》记山川、溪谷、禽兽、草木、牝牡雌雄，故长于风；《乐》所以立，故长于和；《春秋》辨是非，故长于治人。是故《礼》以节人，《乐》以发和，《书》以道事，《诗》以达意，《易》以道化，《春秋》以道义。（《史记·太史公自序》）

此六艺经汉武推崇以后，于是成为儒家的经典，而为学人所必诵。六艺之中，以《易》与宋儒理学有关，故略述其大意如下：

《易》有三义，即简易、变易、不易三者（见《易纬乾凿度》）。宇宙现象与人事，如昼夜的运行，如人生由幼少而老死，都是变化不居，此之谓变易。但是，变易虽多，其间却有一定不易的理法，如天尊地卑，如君臣父子的关系者是，此之谓不易。此种理法，极明且简，此之谓简易。明此三义，可以知《易》。

《易》为阴阳二元论，它用此以说明宇宙万有的现象及社会的人事，所以《系辞》说："一阴一阳之谓道。"天地间一切的对立，都归之于阴阳的对立，如次表所示：

宇宙现象	阳	天、日、明、暑	阴	地、月、晦、寒
时		春、夏、昼		秋、冬、夜
场所		上、前、高、东、南		下、后、低、西、北
人伦		父、君、夫、男		子、臣、妇、女
人事		贵、尊、吉、福		贱、卑、凶、祸

它以阴阳对立的矛盾，去说明宇宙一切变化，故曰：

天地絪緼，万物化醇，男女构精，万物化生。（《系辞》）

宇宙之二元的说明，并不充分，所以《易》学者，又认为阴阳是从太极而来的，故曰：

易有太极，是生两仪。（《系辞》）

这便是包含的一元论，和老子所说的"道生一，一生二，二生三，三生万物"，有些相似。

阴阳对立的矛盾，在这矛盾中展开变化，便是《易》的宇宙观与人生观之根本，今列举几条如次：

> 天地睽而其事同也，男女睽而其志通也，万物睽而其事类。睽之时用大矣哉！（《睽象》）
>
> 天地解而雷雨作，雷雨作而百果草木皆甲坼。（《解象》）
>
> 天地革而四时成。（《革象》）
>
> 阖户谓之坤，辟户谓之乾，一阖一辟谓之变，往来不穷谓之通。（《系辞》）
>
> 日中则昃，月盈则食，天地盈虚，与时消息。（《丰象》）
>
> 善不积不足以成名。恶不积不足以灭身。小人以小善为无益而弗为也，以小恶为无伤而弗去也。故恶积而不可掩，罪大而不可解。（《系辞》）

凡此，都是从对立的矛盾中去看出变化，《易》之有变易之意即指此，《易》之有辩证法的预知即指此。

但是，万事万物，虽有变化，却都有一定的秩序，《易》之有不易之意即指此，《易》之有简易之意即指此，故曰：

> 天地以顺动，故日月不过，而四时不忒。（《豫象》）
>
> 天地之道，恒久而不已也。利有攸往，终则有始也。日月得天而能久照，四时变化而能久成。……观其所恒，而天地万物之情可见矣。（《恒象》）

阴阳对立，本是生殖器的象征，后来把这对立的矛盾，推到万物的生成、人事的变化，都无不正确，于是这种宇宙观人生观，便充满着辩证法的展开。但是讲到这里，提出一个“恒”的道理，就渐次把相对变成绝对而丧失了辩证法的意义了。因此，《易》在伦理上在人事上，便承认有固定的阶级，故曰：

天尊地卑，乾坤定矣。卑高以陈，贵贱位矣。(《系辞》)

家人，女正乎内，男正乎外；男女正，天地之大义也。家人有严君焉，父母之谓也。父父、子子、兄兄、弟弟、夫夫、妇妇，而家道正，正家而天下定矣。(《家人彖》)

以上述《易》之大意竟。不过我们要明白，《易》本来是为筮所用的东西，充分地含有宗教的迷信；而以上所引的这些文句，却都是儒家的《易》学。

*　*　*

又《小戴礼记》中的《礼运》、《大学》、《中庸》，亦与后此儒家的思想有关，兹分述之如次：

(一)《礼运》　其言曰：

孔子曰："大道之行也，与三代之英，丘未之逮也，而有志焉。"大道之行也，天下为公，选贤与能，讲信修睦。故人不独亲其亲，不独子其子，使老有所终，壮有所用，幼有所长，矜寡孤独废疾者皆有所养，男有分，女有归，货恶其弃于地也，不必藏于己，力恶其不出于身也，不必为己。是故谋闭而不兴，盗窃乱贼而不作，故外户而不闭，是谓大同。今大道既隐，天下为家，各亲其亲，各子其子，货力为己，大人世及以为礼，城郭沟池以为固，礼义以为纪，以正君臣，以笃父子，以睦兄弟，以和夫妇，以设制度，以立田里，以贤勇智，以功为己。故谋用是作，而兵由此起；禹、汤、文、武、成王、周公由此其选也。此六君子者，未有不谨于礼者，以著其义，以考其信，著有过，刑仁讲让，示民有常；如有不由此者，在势者去，众以为殃，是谓小康。

清世今文学家，言三世，言大同小康，即本于此。然观《礼运》所言大同，实受道家政治哲学影响甚深。

（二）《大学》　《大学》，朱熹以为是曾子之作，汉贾逵与宋王柏以为是子思之作，其重要处在三纲领八条目，其言曰：

> 大学之道，在明明德，在亲民，在止于至善。知止而后有定，定而后能静，静而后能安，安而后能虑，虑而后能得。物有本末，事有终始。知所先后，则近道矣。古之欲明明德于天下者，先治其国。欲治其国者，先齐其家。欲齐其家者，先修其身。欲修其身者，先正其心。欲正其心者，先诚其意。欲诚其意者，先致其知。致知在格物，物格而后知止，知止而后意诚，意诚而后心正，心正而后身修，身修而后家齐，家齐而后国治，国治而后天下平。自天子以至庶人，一是皆以修身为本。其本乱而末治者，否矣。其所厚者薄而其所薄者厚，未之有也。此谓知本，此谓知之至也。

今表列如下：

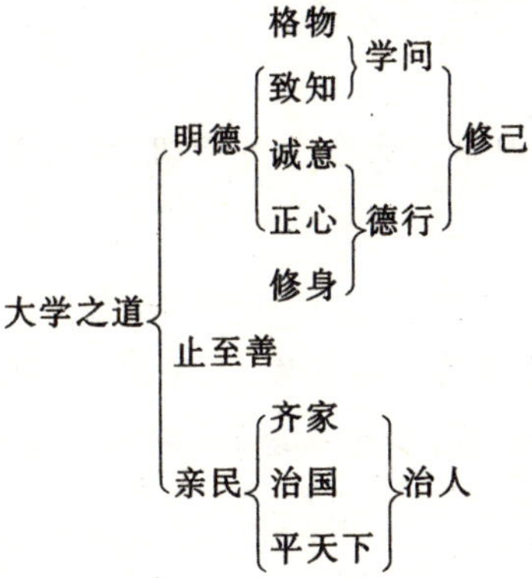

由上所述，可知修己治人之道，尽在这一段中，所以子程子曰："《大学》，孔氏之遗书，而初学入德之门也。"此书经程子表彰，遂与《中庸》、《论语》、《孟子》并列为四书。而宋儒言致知格物，全本于此。

（三）《中庸》　《中庸》据《史记》说，是子思所作。《中庸》影响于后儒的，约有数端。第一，言天、道与性。《中庸》第一句就说：

> 天命之谓性，率性之谓道。

这就是说：性是天赋的，循性便是道。道虽至尊至大，然在吾人本性之外，实无所谓道。因此，天道便是人道，人道也就是天道。换言之：天地的法则，即是人之本性，也就是诚，故曰：

诚者，天之道也；诚之者，人之道也。

诚是天地自然的法则，是无始无终恒久不变的，故曰：

至诚无息，不息则久，久则征，征则悠远，悠远则博厚，博厚则高明。博厚所以载物也，高明所以覆物也，悠久所以成物也。博厚配地，高明配天，悠久无疆。

天地的法则既然是诚，则不但人之本性是诚，天地万物之本性，也莫不诚，所以说：

诚者，物之终始，不诚无物。

这就是说：诚不但是天人合一的契机，而且是内外物我合一之枢纽，故曰：

唯天下之至诚为能尽其性，能尽其性，则能尽人之性，能尽人之性，则能尽物之性，能尽物之性，则可以赞天地之化育，可以赞天地之化育，则可以与天地参矣。

《中庸》这种见解，后来经过李翱的发挥，程颢的提倡，遂成为理学中的主要要素。

第二，修养。对于修养工夫，《中庸》提出二大纲领，即“尊德性而道学问”。这是德育与智育两方面的修养，二者并重，不可偏废。道学问的细目，就是“博学之，审问之，慎思之，明辨之，笃行之”。学与问，属于外的知识；思与辨，属于内的知识；至于行，就是去实行所知的东西。若拿“诚之者，人之道也，……诚之者，择善而固执之者也”这段话来说，则道学问的五个细目，恰如次表所示：

- 道学问
  - 知（择善）
    - 外的
      - 博学之
      - 审问之
    - 内的
      - 慎思之
      - 明辨之
  - 行……笃行之……固执

这“尊德性、道学问”的修养工夫，到宋儒手里，便各有偏重，结果成朱陆之争。

此外还有“中庸”一个根本观念，也很重要，原是本于孔子之说而来的（孔子说中庸见前），限于篇幅，只好从略。

第三讲 学术思想的混合与儒家的独尊

一、概论

上一讲，已经把学术思想分野的情形说过了。这个时期，起自公元前6世纪至公元前3世纪，约有三百年之久。但是，到了这时期之末，学术思想界就呈现着由分化而混合的趋势；上一讲所述的法家的学术思想，便表现了这种混合的趋势。接着所谓杂家的《吕氏春秋》出世（书成于公元前239年），更明显地表现着这种趋势。

到公元前230年至前221年之间，秦以武力平定了六国，建立空前的统一的大帝国。这帝国之所以强，很得力于法家，所以秦皇时，法家就成了"显学"。荀子的学生李斯，便本着韩非的学说，大做其学术上"别黑白而定一尊"的工作。这工作的结果，就是"儒表法里"。

这帝国只有十多年（前222—前207）的寿命，接着革命军蜂起，推倒了这帝国；经过十五年（前209—前195）的战乱，第二次统一的帝国又出现了。高祖即位以后，实行"飞鸟尽良弓藏"的政策，在这专制淫威之下，又哪有思想的自由呢？接着文帝（前179—前157）窦太后（她当国二十多年，自前156—前135）又好那和阴阳家有密切关系的黄老之学，于是黄老之学又成为"显学"。所谓杂家的《淮南子》，就在这时出世——《淮南子》只存《淮南内》二十一篇，其余均失传，而此二十一篇之成，约在公元前140年——这又是学术思想的一大混合。

等到窦太后死了（前135），武安侯田蚡做丞相，才绌黄老刑名百家之言，力崇儒家。前134年，武帝用董仲舒之策，"诸不在六艺之科、孔子之术者，皆绝其道，勿使并进"。于是儒家独尊；而董仲舒辈以阴阳家言糅合于儒学，遂使这一尊的儒家，又成为儒家与阴阳家的混合物。

及刘歆佐王莽篡汉(公元1—7),倡“六经皆史”之说,于是儒家与阴阳家分;但是,因为阴阳家言已深入儒者的思想里,所以大儒如郑玄说经,也未能完全遵守纯儒家的态度。直到王充出来——王充生于公元27年,死于和帝永和(89—105)中,年七十余——树立自然主义的旗帜,中古的学术思想界才放出一道异彩。

由上所述,便可看到这四百多年学术思想混合的大势。以下就学者或著作出世的先后,分项述之。

二、《吕氏春秋》

代表杂家的著作有两部,即:秦皇时的《吕氏春秋》与汉武时的《淮南子》。何谓杂家?《汉书·艺文志》说:

> 杂家者流,盖出于议官。兼儒、墨,合名、法,知国体之有此,见王治之无不贯,此其所长也。及荡者为之,则漫羡而无所归心。

这个定义,并不见得十分正确。其实《吕氏春秋》与《淮南子》乃是以老、庄思想作中心而综合儒、墨、阴阳、名、法各家的杂家,我们在以下便可以看到这所谓杂家的内容。现在先说《吕氏春秋》。

《吕氏春秋》是秦国丞相吕不韦的宾客所作。

《序意》说:

> 盖闻古之清世,是法天地。凡十二纪者,所以纪治乱存亡也,所以知寿夭吉凶也。上揆之天,下验之地,中审之人,若此,则是非可不可遁矣。天曰顺,顺维生;地曰固,固维宁;人曰信,信维听。三者咸当,无为而行。行也者,行其理也。行(其)数,循其礼,平其私。夫私视使目盲,私听使耳聋,私虑使心狂。三者皆私设,精则智,无由公。智不公则,福日衰,灾日隆。

这是全书的大意，而其主旨在于“法天地”。“法天地”就是老子的自然主义的根本观念。以下就《吕氏春秋》的主要思想，分为五项述之：

(一)贵生　上面引用文中，有“天曰顺，顺维生”之语，这就是说，人要顺天，而顺天之道在于贵生。其言曰：

> 圣人深虑天下，莫贵于生。……尧以天下让于子州支父，子州支父对曰：“以我为天子，犹可也；虽然，我适有幽忧之病，方将治之，未暇在天下也。”天下，重物也，而不以害其生，又况于他物乎？惟不以天下害其生也者，可以托天下。(《贵生》)
>
> 倕，至巧也；人不爱倕之指而爱己之指，有之利故也。人不爱昆山之玉，江、汉之珠，而爱己之一苍璧小玑，有之利故也。今吾生之为我有而利我亦大矣！论其贵贱，爵为天子不足以比焉。论其轻重，富有天下不可以易之。论其安危，一曙失之，终身不复得。此三者，有道者之所慎也。(《重己》)

这是个人主义的思想。杨朱思想在战国时代很流行，《吕氏春秋》的贵生，或者受了杨朱思想的影响。

(二)重孝　《吕氏春秋》和儒家一样，也重孝行，其言曰：

> 夫执一术而百善至、百邪去，天下从者，其惟孝也。(《孝行览》)

不过儒家言孝重在己身所自生的父母，《吕氏春秋》主贵生，其言孝则重在我自己，所以它很着重曾子所说的“身者，父母之遗体也；行父母之遗体，敢不敬乎”，这一类全生重身的话。

(三)五德终始　《吕氏春秋》亦言五德终始之说，《应同》说：

> 凡帝王之将兴也，天必先见祥乎下民。黄帝之时，天先见大螾大蝼。黄帝曰：“土气胜。”土气胜，故其色尚黄，其事则土。及

禹之时，天先见草木，秋冬不杀。禹曰："木气胜。"木气胜，故其色尚青，其事则木。及汤之时，天先见金，刃生于水。汤曰："金气胜。"金气胜，故其色尚白，其事则金。及文王之时，天先见火，赤乌衔丹书集于周社。文王曰："火气胜。"火气胜，故其色尚赤，其事则火。代火者必将水；天且先见水气胜。水气胜，故其色尚黑，其事则水。

又《月令》一篇，不知何人所作，见于《洪范》与《礼记》，而《吕氏春秋》亦引用之，要之都是阴阳五行家之言。此种天人之际的思想，后来很影响于汉世的儒者。又《吕氏春秋》有《有始览》一篇，亦言大九州之说，也是阴阳家言，兹不具述。

（四）变法　《吕氏春秋》为秦学，很与韩非相似，也言变法，《察今》说：

……故治国无法则乱，守法而弗变则悖；悖乱不可以持国。世易时变，变法宜矣。譬之若良医，病万变，药亦万变。病变而药不变，向之寿民，今变为殇子矣。故凡举事必须法以动，变法者因时而化。若此论则无过举矣。

夫不敢议法者，众庶也。以死守（法）者，有司也。因时变法者，贤主也。是故有天下七十一圣，其法皆不同，非务相反也，时势异也。

李斯为吕不韦的门客，不用说，也抱着这种见解。

（五）功利主义的政治论　《吕氏春秋》为秦学，主贵生，故其言政治为功利主义的。《恃君》说：

凡人之性，爪牙不足以自守卫，肌肤不足以捍寒暑，……然而犹裁万物，制禽兽，……不唯先有其备而以群聚耶？群之可聚也，相与利之也。利之出于群也，君道立也。故君道立则利出于群，而人备可完矣。

此言政府的起源，由于全生，由于利群。惟其如此，所以说：

天下非一人之天下也，天下之天下也。（《贵公》）

惟其如此，所以又说：

圣人南面而立，以爱利民为心，号令未出，天下皆延颈举踵矣。（《精通》）

综上所述，可知《吕氏春秋》实综合了各派的思想，然其中心的思想，则为法天地的自然主义。

三、李斯

李斯是荀子的学生，韩非的学友，吕不韦的门客，他变法的观念，便是从这三人得来的。（荀子有法后王之说，韩非及《吕氏春秋》言变法见前）。他的焚书议，代表了他的思想，也就代表了大一统的秦国的思想。其言曰：

五帝不相复，三代不相袭，各以治。非其相反，时变异也。今陛下创大业，建万世之功，固非愚儒所知。且越言（淳于越反对他变法，其言曰："事不师古而能长久者，非所闻也。"）乃三代之事，何足法也。异时诸侯并争，厚招游学。今天下已定，法令出一，百姓当家则力农，士则学习法令、辟禁。今诸生不师今而学古，以非当世，惑乱黔首。丞相臣斯昧死言：古者天下散乱，莫之能一，是以诸侯并作，语皆道古以害今，饰虚言以乱实。人善其所私学，以非上之所建立。今皇帝并有天下，则黑白而定一尊。而私学相与非法教。人闻令下，则各以其学议之；入则心非，出则巷议；夸主以为明，异取以为高，率群下以造谤。如此弗禁，则主势降于上，

> 党与成乎下。禁之便。臣请史官非秦纪，皆烧之。非博士官所职，天下敢有藏诗书百家语者，悉诣守尉杂烧之。有敢偶语诗书，弃市。以古非今者族。吏见知不举者，与同罪。令下三十日不烧，黥为城旦。所不去者医、药、卜、筮、种树之书。若有欲学法令，以吏为私。”（《史记·始皇本纪》）

始皇焚书，是否灭绝古学，关于这问题，编者在拙著《本国文化史大纲》中有详细的解答，这里用不着再说。现在要说明的，就是李斯的反对“不师今而学古”。以前不论是儒、墨、道哪一家，其言政治，都无不抬出一个“先生”来，以重其言。韩非早看到了这个弊病，所以说：

> 孔子、墨子俱道尧、舜，而取舍不同，皆自谓真尧、舜。尧、舜不复生，将谁使定儒、墨之诚乎？……不能定儒、墨之真，今乃欲审尧、舜之道于三千岁之前，意者其不可必乎？无参验而必之者愚也，弗能必而据之者诬也。故明据先王必定尧、舜者，非愚即诬也。（《显学》）

韩非这见解，实足以打破那托古改制、捏造证据、以耳为目、不察实际以及迷古守旧的心理。李斯根据这见解，而反对“不师今而学古”的陋见，在学术思想史上，实占重要地位，且值得后人的崇仰。

李斯这“别黑白而定一尊”的工作，虽受了韩非的影响，但这工作，却与秦国政治上的大一统有密切的关系，这是我们所不可忽略的。

李斯之学，虽与法家有关，然其统一学术，则为“儒表法里”，故夏曾佑说：“观其大一统，尊天子，抑臣下，制礼乐，齐律度，同文字，攘夷狄，信灾祥，尊贞女，重博士，无不同于儒术。……本孔子专制之法，行荀子性恶之旨。”（见《中国历史教科书》第二篇第一章第六节）

四、陆贾与贾谊

汉初儒者，有陆贾与贾谊，但都不是纯粹的儒者。陆贾有《新语》，《汉书·艺文志》列为儒家，然其言历史近于荀子、韩非，其言政治又与老子相似，则实非纯儒，今分述如次：

（一）历史观　陆贾的历史观，自一方面言，则与荀子法后王之说相合，其言曰：

> 善言古者，合之于今；能述远者，考之于近。……道近不必出于久远，取其致要而有成。《春秋》上不及五帝，下不至三王，述齐桓、晋文之小善，鲁之十二公，至今之为政，足以知成败之效，何必于三王？故古人之所行者，亦与今世同。……万世不异法，古今同纪纲。

但在他方面言，却又与韩非的见解相同，其言曰：

> ……制事者因其则，服药者因其良。书不必起仲尼之门，药不必出扁鹊之方。合之者善，可以为法，因世而权行。

（二）政治论　陆贾的政治论，是无为的，颇与老子相似，而鼎革之变以后，国家元气未复，也是促成这种政治论的原因，我们看汉初施行六十多年的无为政治，便可知当时时势的需要了。陆贾说：

> 道莫大于无为，……何以言之？昔虞舜治天下，弹五弦之琴，歌南风之诗，寂若无治国之意，漠若无忧民之心，然天下治。……故无为也，乃无不为。
>
> 是以君子之为治也，块然若无事，寂然若无声，官府若无吏，亭落若无民。……不言而信，不怒而威。岂恃坚甲利兵深刑刻法

朝夕切切而后行哉?

* * *

贾谊有《新书》五十八篇,《汉书·艺文志》列为儒家。然贾谊实非纯儒,司马迁谓“贾生明申、商”(《太史公自序》),即其近似法家之证,而其言道术,则有时似老有时似儒,由此看来,贾生之学,实杂而不纯。《新语·道术》说:

“数闻道之名矣,而未知其实也。请问道者何谓也?”对曰:“道者,所从接物也。其本者谓之虚,其末者谓之术。虚者,言其精微也,平素而无设施也。术也者,所从制物也,动静之数也。凡此皆道也。”曰:“请问虚之接物如何?”对曰:“镜仪而居,无执不臧。美恶毕至,各得其当。衡虚无私,平静而处。轻重毕悬,各得其所。明主者,南面而正,清虚而静。命名自宣,命物自定。如鉴之应,如衡之称。有亹和之,有端随之。物鞫其极,而以当施之。此虚之接物也。”

案此即老子所谓“我无为而民自化,我好静而民自正”之意。《道术》又说:

“请问术之接物何如?”对曰:“人主仁,而境内和矣,故其士民莫弗亲也;……举贤则民化善,使能则官职治。英俊在位则主尊。……术者接物之遂。凡权重者必谨于事,令行者必谨于言,则过败鲜矣,此术之接物之道也。”

案此即孔子所谓“政者正也,子帅以正,孰敢不正”之意。

五、黄老之学

黄、老之学，始于六国末年，成于秦、汉之际，大盛于文、景之时。它是由阴阳家驺衍之流的五行终始与道家的清静无为、天道观念、自然主义糅合而成的，它和儒墨"托古改制"言必称尧、舜一样，也抬出一个远古的黄帝来，与老子合称，所以叫做黄、老之学。《史记·乐毅传》记这派的传授道：

> 乐臣公学黄帝、老子，其本师号曰河上丈人，不知其所出。河上丈人教安期生，安期生教毛翕公、毛翕公教乐瑕公，乐瑕公教乐臣公，乐臣公教盖公。盖公教于齐、高密、胶西，为曹相国师。

黄、老之学，在秦皇时代，"求神仙及不死之药"的运动很流行，但自此以后，直到汉武求仙为止，这七十多年间，却不曾发生这运动；而黄、老之学的无为的政治观，却支配了这时期至六十多年之久。黄、老之学的这政治观能在这期间发生很大的作用，自有它的根本原因，《汉书·食货志》说：

> 汉兴，接秦之敝，诸侯并起，民失作业，而大饥馑，凡米石五千。人相食，死者过半。……天下既定，民亡盖尽，自天子不能具驿驷，而将相或乘牛车。

像这样的经济状况，在政治上自然不能有所作为，而高祖的专制淫威与吕后的污秽昏乱，更使一班有思想的人都感觉到多一事不如少一事，其结果必然要走到无为的政治观一条路上去。在高祖时，曹参治齐治汉，便已本于他的先生盖公的黄、老术，而实行无为的政治，以不扰民为主。文帝治国，以慈俭为宗旨，废除肉刑，减赋税，对南越及匈奴取和平政策，都是这无为政治的表示。皇后窦太后更笃信黄、老之学，所以《史记》说："窦太后好黄帝、老子言，帝（景帝）及太子（武帝）、诸窦不得不读黄帝、老子，尊其术。"她做了二十三年的皇后，十六年的皇太后，六年的太皇太后，先后共四十五年；在这期间，她的黄、老之术，战胜了儒家的政治观，当时儒家赵绾、王臧竟因推行儒术而被迫自杀，黄、老之学的独占，可想而知。这种无为政治施行了六十多年，结果竟弄到家给人足的地步。等到窦太后一死，"武安侯田蚡为丞相，绌黄、老、刑、名之言"（《史记》），而武帝崇儒术，儒家始为之一振。自是儒家独尊，而与阴阳家糅合；至于黄、老的无为思想，直到六朝才得到复兴的机会。

六、《淮南子》

《淮南子》是淮南王刘安的门客所作，其性质与《吕氏春秋》同，也是属于杂家。它包罗万有，当得起杂家一个名称。它的内容，见于《要略》，其言曰：

> 若刘氏之书，观天地之象，通古今之事，权事而立制，度形而施宜。原道之心，合三王之风，以储与扈冶。玄眇之中，精摇靡览，弃其畛挈，斟其淑静，以统天下，理万物，应变化，通宇殊类。非循一迹之路，守一隅之指，拘系牵连于物而不与世推移也。故置之寻常而不塞，布之天下而不窕。

这段话明白地表示着它是各派学术思想的混和物。兹分述如下：

（一）道 《淮南子》言道，与老、庄相似，也认为是宇宙万物所以生之理，其言曰：

> 夫道也者，覆天载地，廓四方，斥八极，高不可际，深不可测，包裹天地，禀授无形，源流泉浡，冲而徐盈，混混汩汩，浊而徐清。故植之而塞于天地，横之而弥于四海，施之无穷，而无所朝夕，舒

之幎于六合，卷之不盈于一握。约而能张，幽而能明，弱而能强，柔而能刚。横四维而含阴阳，纮宇宙而章三光。甚淖而滒，甚纤而微。山以之高，渊以之深，兽以之走，鸟以之飞，日月以之明，星历以之行，麟以之游，凤以之翔。(《原道训》)

(二)宇宙论 《淮南子》宇宙论见于《俶真训》中，其言曰：

有始者，有未始有有始者，有未始有夫未始有有始者，有有者，有无者，有未始有有无者，有未始有夫未始有有无者。所谓有始者，繁愤未发，萌兆芽蘖，未有形埒，冯冯蠕蠕，将欲生兴，而未成物类。有未始有有始者，天气始下，地气始上，阴阳错合，相与优游竞畅于宇宙之间，被德含和，缤纷茏苁，欲与物接，而未成兆朕。有未始有夫未始有有始者，天含和而未降，地怀气而未扬，虚无寂寞，萧条霄霓，无有仿佛，遂气而大通冥冥者也。有有者，言万物掺落，根荄枝叶，青葱苓茏，萑扈炫煌，蠉飞蠕动，蚑行哙息，可切循把握，而有数量。有无者，视之不见其形，听之不闻其声，扪之不可得也，望之不可极也，储与扈冶，浩浩瀚瀚，不可隐仪揆度，而通光耀者。有未始有有无者，包裹天地，陶冶万物，大通混冥，深闳广大，不可为外，析毫剖芒，不可为内，无环堵之宇，而生有无之根。有未始有夫未始有有无者，天地未剖，阴阳未判，四时未分，万物未生，汪然平静，寂然清澄，莫见其形。若光耀之间于无有，退而自失也。

这宇宙论中的七个层次，本于《庄子》的《齐物》。要之，都是以自然的演化，去说明宇宙万物的起源。又有《天文训》，言天地之所以生成，《地形训》言人物之所以变化，兹不具述。

(三)政治观 《淮南子》的政治观，也是无为主义的，其言曰：

万物固以自然，圣人又何事焉？

是故圣人内修其本而不外饰其末，保其精神，偃其智故；漠然无为而无不为也，澹然无治而无不治也。所谓无为者，不先物为也。所谓无不为者，因物之所为也。所谓无治者，不易自然也。所谓无不治者，因物之相然也。(以上《原道训》)

虽然，其言不法先王，则有类于荀子，其言变法，则有类于李斯、韩非(以上均参看《汜论训》与《修务训》)，其言民本，则有类于孟子(参看《主术训》)，是则《淮南子》的政治观，实不全与老、庄相合。

(四)天人感应说　《淮南子》受了阴阳家的影响，一方面主神仙家的人生观(参看《原道训》与《精神训》)，同时又主天人感应说，其言曰：

物类相动，本标相应。故阳燧见日则燃而为火，方诸见月则津而为水。虎啸而谷风至，……贲星坠而渤海决。人主之情上通于天，故诛暴则多飘风，枉法则多虫螟，杀不辜则国赤地，令不收则多淫雨。(《天文训》)

天之与人，有以相通也。故国危亡而天文变，世惑乱而虹蜺见。(《泰族训》)

他如《地形训》、《时则训》(即《月令》)、《览冥训》、《人间训》诸篇，也力言这天人感应说。这思想竟支配了西汉时代，直到王充出来，才把它渐次廓清。

七、董仲舒

董仲舒和李斯一样，都是做那"别黑白而定一尊"的工作的人。上面说过，汉初黄、老之学特盛，儒家退处，毫无势力。窦太后死后，始黜黄、老之学；武帝即位，举贤良对策，因董仲舒之言，才正式把儒家定为一尊。董仲舒的对策说：

《春秋》大一统者，天地之常经，古今之通谊也。今师异道，人异论，百家殊方，指意不同。是以上亡以持一统，法制数变，下不知所守。臣愚以为，诸不在六艺之科、孔子之术者，皆绝其道，勿使并进。邪僻之说灭息，然后统纪可一，而法度可明，民知所从矣。（《史记·董仲舒传》）

自此以后，儒家即居独占地位，于是代表儒家之学的六经遂成为学人必读的经典，自董仲舒以下，直至康有为，凡著书立说，欲以取信于人，也无不本诸六经。但是，自经董仲舒以阴阳家言与儒糅合以后，所谓儒家，却不是本来面目的儒家了。（不要忘记，这一次的定于一尊，也与这大帝国的大一统的局势有关，当时家给人足，正是武帝有为之时，所以黜黄、老的无为而力崇儒术。其详可参看拙编《本国文化史大纲》）

仲舒著作，今传《春秋繁露》八十二篇，兹分述其学说如下：

（一）天　仲舒学说的基础，就是“天”。分述如下：

（1）天为万物之本。他说：“天者群物之祖也，故遍覆包函，而无所殊。”（《贤良对策三》）又说：“父者子之天也，天者父之天也。无天而生，未之有也。天者万物之祖，万物非天不生。”（《顺命》）

（2）天人相类。他说：“天地之精，所以生物者，莫贵于人。……物疢疾莫能偶天地，唯人独能偶天地。人有三百六十节，偶天之数也。形体骨肉，偶地之厚也。上有耳目聪明，日月之象也。体有空窍理脉，川谷之象也。心有哀乐喜怒，神气之类也。……天以终岁之数，成人之身，故小节三百六十六，副日数也；大节十二分，副月数也。内有五脏，副五行数也。外有四肢，副四时数也。乍视乍瞑，副昼夜也。乍刚乍柔，副冬夏也。乍哀乍乐，副阴阳也。心有计虑，副度数也。行有伦理，副天地也。”（《人副天数》）

（3）王者为天所命。他说：“天以天下予尧、舜，尧、舜受命于天，而王天下。”（《尧舜汤武》）又说：“德侔天地者，称皇帝，天佑而子之，号称天子。”（《三代改制质文》）

（4）瑞祥为受命之符。他说：“臣闻天之所大奉使之王者，必有非人力所能致而自至者，此受命之符也。天下之人同心归之若归父母，故天瑞应诚而至。《书》曰：‘白鱼入于王舟，有火复于王屋，流为乌。’此盖受命之符也。周公曰：‘复哉！复哉！’”（《贤良对策一》）又说：“有非力之所致而自至者，西守获麟，受命之符是也。”（《符瑞》）

（5）王者以天为法，而奉戴天意。他说：“受命之君，天意之所予也。故号为天子者，宜事天如父，事天以孝道也。”（《深察名号》）又说：“天者群物之祖也，故遍覆包函，而无所殊，建日月风雨以和之，经阴阳寒暑以成之。故圣人法天而立道，亦博爱而亡私，布德施仁以厚之，设谊立礼以导之。春者天之所以生也，仁者君之所以爱也。夏者天之所以长也，德者君之所以养也。霜者天之所以杀也，刑者君之所以罚也。由此言之，天人之征，古今之道也。”（《贤良对策三》）王者既以天为法，所以国家设官，亦以天为法。他以为三（天地人曰三才、日月星曰三光）、四（春夏秋冬为四时）、十（天地阴阳火金木水土人为十端）、十二（十二月为一岁）为天数，故三公、三卿、三大夫、三士，均从三之数；公、卿、大夫、士四阶级，从四之数；三公、三卿、三大夫、三士，这四选十二臣，取四时十二个月之意；三公、九卿、二十七大夫、八十一元士，共百二十臣，取十端十二个月之意，即取百二十个月之意。此与《左传》所说“天有十日民有十等”（《左传·昭公七年》）相合。

（6）以天为最高之神。他说：“天者百神之君也，王者之所最尊也。”（《郊义》）又说：“天者百神之大君也，事天不备，虽百神犹无益也。”（《郊语》）

（7）天人感应。他说：“臣谨案《春秋》之中，视世已行之事，以观天人相与之际，甚可畏也。国家将有失道之败，而天乃先出灾害，以谴告之。不知自省，又出灾异，以警惧之。尚不知变，而伤败乃至。以此见天心之仁爱人君，而欲止其乱也。”（《贤良对策一》）又说：“王者与臣无礼，貌不肃敬，则木不曲直，而夏多暴风。言不从，则金不从革，而秋多霹雳。视不明，则火不炎上，而秋多电。听不聪，则水不润下，而春夏多暴雨。心不能容，则稼穑不成，而秋多雷。”（《五行五事》）

（8）道本于天。他说：“道之大原出于天。天不变，道亦不变。”（《贤良对策三》）道是什么呢？他说：“夫仁义礼智信，五常之道，王者所当修饰也。”（《对策一》）而五常是本于五行而来，所以说：“东方者木,农之本,司农尚仁。南方者火也,本朝司马尚智。中央者土,君官也,司营尚信。西方者金,大理司徒也,司徒尚义。北方者水,执法司寇也,司寇尚礼。”(《五行相生》)

(二)三纲 何为三纲?他说:“阳兼于阴,阴兼于阳。夫兼于妻,妻兼于夫。父兼于子,子兼于父。君兼于臣,臣兼于君。君臣父子夫妇之义,皆与诸阴阳之道。……天为君而覆露之,地为臣而持载之,阳为夫而生之,阴为妇而助之,春为父而生之,夏为子而养之。……王道之三纲,可求于天。”(《基义》)他又言五纪,惟不见于《春秋繁露》,而《白虎通》有三纲六纪之说,其言曰:“三纲者,何谓也?谓君臣父子夫妇也。六纪者,谓诸父兄弟族人诸舅师长朋友也。……君为臣纲,父为子纲,夫为妻纲。……敬诸父兄,六纪道行,诸舅有义,族人有序,昆弟有亲,师长有尊,朋友有信。”此六纪是否含有董氏所谓五纪,不可得而知。

董氏学说,大致如此。他如言性,亦本诸阴阳,以性为阳,以情为阴,性为善,而情为恶,兹不具述。又他答江都王,有“正其谊不谋其利,明其道不计其功”之语,则多本于孟子之说义利,亦不赘述。但是,观上所述各点,即知董氏虽力崇儒,而其言阴阳五行,却受阴阳家影响甚深。所以自董氏以后,直到古文家出现为止,所谓儒家,也不过儒其表而阴阳其里罢了。而董氏尝言“以无为为道”(《离合根》),“人君者,居无为之位,行不言之教”(《保位权》),则又近于老子之说。①

八、司马迁

司马迁是西汉首屈一指的学者,是中国史学之祖。在他以前,虽

① 西汉诸儒,受老子影响者不止仲舒一人,他如司马谈、扬雄亦莫不如此。司马谈《论六家之要指》,甚称扬道家(见《史记·太史公自序》),则其倾向于道家可知。扬雄拟《易》作《太玄》,取老、庄之旨以释玄,其《法言·问道篇》更说:“夫老子之言道德,吾有取焉耳。及搥提仁义,灭绝礼学,吾无取焉耳。”而《法言》拟《论语》,则其学之兼孔、老又可想而知。兹为篇幅所限,未能具述,特附记于此。

有《尚书》、《春秋》、《国语》诸史书，但都偏于政治，而鲜及于学术。自他的《史记》出，始集前此学术的大成，而为中国史学界别开一新局面。以体例言，《春秋》一书为编年体之祖，而《史记》则为传记体之祖。至《史记》作十表八书，历叙天文历数各项，则又《春秋》所无，而后此《汉书》诸史之作，亦莫不沿其体例，少有变更。所以说：他是中国史学之祖。今依《太史公自序》分述他之所以作《史记》及《史记》之内容如下：

（一）《史记》之所由作。他说："先人有言：'自周公卒五百岁而有孔子。'孔子卒后，至于今五百岁，有能绍明世，正《易传》，继《春秋》，本《诗》、《书》、《礼》、《乐》之际，意在斯乎！意在斯乎！小子何敢让焉。"又其父谈"执迁手而泣曰：'余先，周室之太史也。自上世常显功名于虞、夏，典天官事，后世中衰，绝于予乎？汝复为太史，则续吾祖矣。……幽、厉之后，王道缺，礼乐衰，孔子修旧起废，论《诗》、《书》，作《春秋》，则学者至今则之；自获麟以来，四百有余岁，而诸侯相兼，史记放绝，今汉兴，海内一统，明主贤君、忠臣死义之士，余为太史而弗论载，废天下之史文，余甚惧焉，汝其念哉！'""迁俯首流涕曰：'小子不敏，请悉论先人所次旧闻，弗敢阙。'"——观此，则《史记》之作，实欲承父志以继周、孔之业。

（二）《史记》之内容。他说："网罗天下放失旧闻，王迹所兴，原始察终，见盛观衰，论考之行事，略推三代，录秦、汉，上记轩辕，下至于兹，著十二本纪。既科条之矣，并时异世，年差不明，作十表。礼乐损益，律历改易，兵权山川鬼神天人之际，承敝通变，作八书。二十八宿环北辰，三十辐共一毂，运行无穷，辅拂股肱之臣配焉，忠信行道以奉主上，作三十世家。扶义俶傥，不令已失时，立功名于天下，作七十列传。凡百三十篇，五十二万六千五百字。为史太公书序，略以拾遗补艺，成一家之言；厥协六经异传，整齐百家杂语。"

至于《史记》的特点，则梁启超言之颇详，兹录于下：

> 《史记》千古之绝作也，……其寄意深远，其托义皆有所独见，而不徇于流俗。本纪之托始尧、舜（《五帝》）也，世家之托始《泰伯》也，列传之托始伯夷也，皆贵其让国让天下，以诛夫民贼之视

国土为一姓产业者也。陈涉而列诸世家也，项羽而列诸本纪也，尊革命之首功，不以成败论人也。孔子而列诸世家也，仲尼弟子而为列传也，尊教统也。《孟荀列传》而包含余子也，著两大师以明群学末流之离合也。老子、韩非同传，明道法二家之关系也。游侠有传，刺客有传，厉尚武之精神也。龟策有传，日者有传，破宗教之迷信也。货殖有传，明生计学之切于人道也。（见《中国古代思潮》）

《史记》而后，班固有《汉书》之作，全仿《史记》体例，而断代为史，无复相因之义，亦自固始。

九、刘向　刘歆

刘歆为向之子，系汉宗室。他父子在学术界的地位，就是校理旧籍。原来自孔子删述六经以后，中经秦火，楚、汉相争之际，又多亡佚，至向父子出，始校理旧籍，把中国学术理出一个头绪来。《汉书·艺文志》说：

至成帝时，以书颇散亡，使谒者陈农求遗书于天下，诏光禄大夫刘向校经传诸子诗赋，步兵校尉任弘校兵书，太史尹咸校数术，侍者李柱国校方技，每一书已，向辄条其篇目，撮其旨意，录而奏之。会向卒，哀帝复使向子待中奉车都尉歆卒父业。歆于是总群书而奏其《七略》，故有《辑略》，有《六艺略》，有《诸子略》，有《诗赋略》，有《兵书略》，有《术数略》，有《方技略》。

这种校理工作，有两大好处。第一，把中国古代学术理出一个系统来，“提要钩玄，洞明流变”。第二，把中国的古籍，普及民间，所以章炳麟说：

> 书布天下，功由仲尼，其后独有刘歆而已。微孔子则学皆在官，民不知古，乃无定臬。然自秦皇以后，书复不布。汉兴，虽除挟书之禁，建元（武帝年号）以还，百家尽黜，民间唯有五经、《论语》，犹非师授不能得，自余竟无传者。东平王求《史记》于汉廷，桓谭假《庄子》于班嗣，明其得书之难也。向、歆理校雠之事，书既杀青，复可移写，而书贾亦赁鬻焉。故后汉之初，王充游洛阳，书肆已见有卖书者。其后郑卿章句之儒，而见《周官》；康成草莱之氓，而窥《史记》，是则书之传者广矣。（《检论订孔上》）

上面说过，阴阳五行之说，很为儒家所信奉。像这样的风气，差不多支配了一切的儒者。大儒如董仲舒，固不用说，他如京房以日月失明星辰逆行，由于信任石显；翼奉以山崩地动，由于二后之党满朝；刘向著《洪范五行传》（书已亡佚），以言符瑞灾异，都无不本诸阴阳五行之说，以言人事。到哀、平之际，谶纬盛行。原来谶是立言于前有征于后的预言，秦有"亡秦者胡"之谶，是谶之由来已久，不过没有用阴阳五行之说把它缘饰起来。至汉，谶便与阴阳家言附合，而与纬并行。纬是因经而立名，即所谓"经阐其理，纬绎其象；经陈其常，纬究其变"。由是而有五经六纬之名。哀、平之际，以通七纬（《易纬》、《书纬》、《礼纬》、《乐纬》、《诗纬》、《孝经纬》、《春秋纬》）者为内学，通五经者为外学。谶纬之说，盛极一时，"王莽藉之，以移汉祚。已既为之，则必防人之效已，此人之常情也；故有宜绝其原之命。然此时符命之大原，则实由于六艺。六艺为汉人之国教，无禁绝之理；则其为计，惟有入他说以乱之耳。刘歆为莽腹心，亲典中书，必与闻莽谋，且助成莽事。故为莽杂糅古书，以作诸古文经。其中至要之义，即'六经皆史'一语。盖经既为史，则不过记已往之事，不能如西汉之演图比谶，预解无穷矣。"（夏曾佑著《中国历史教科书》第二篇第一章第六十二节）这样一来，儒家始与阴阳家分离，孔子之学，遂渐次得以恢复；而握此转变的枢纽者，则为刘歆一人。

十、王充

王充的思想,接近老子,是廓清两汉迷信之说的战士,今本《论衡》一书,分述其思想如下:

(一)万物生成说　王充以为万物生成,皆由于气,故曰:

万物之生,皆禀元气。(《言毒》)

夫天覆于上,地偃于下,下气蒸上,上气降下,万物自生其中间矣。(《自然》)

万物之生,虽本于气,但气有阴阳之分,故曰:

夫人所以生者,阴阳气也。阴气生为骨肉,阳气生为精神。(《订鬼》)

观此,可知他言阴阳,全本于《易》。人与物都是禀阴阳之气而生,所以人与物是一,《论死》也说"人物也"。果如此,则人与物有何分别呢?他认为人是有智慧的,而万物则无,所以说:

夫倮虫三百六十,人为之长;人,物也,万物之中,有智慧者也。(《辨崇》)

但是,人为什么又有贤愚之差呢?他以禀气的多少,来解答这问题,其言曰:

至德纯渥之人,禀天气多,故能则天自然无为。禀气薄少,不遵道德,不似天地,故曰不肖。……天地为炉,造化为工,禀气不一,安能皆贤?(《自然》)

但是，又为什么会有禀气之差呢？关于这问题，他却不曾解答出来。不过要注意的，就是他言天生万物，全系自然，这便与老子之说相似，其言曰：

> 儒者论曰："天地故生人。"此言妄也。夫天地合气，人偶自生也。犹夫妇合气，子则自生也。夫妇合气，非当时欲得生子。情欲动而合，合而生子矣。且夫妇不故生子，以知天地不故生人也。然则人生于天地也，犹鱼之于渊、虮虱之于人也。因气而生，种类相产，万物生天地之间，皆一实也。……夫天地不能故生人，则其生万物，亦不能故也。天地合气，物偶自生矣。(《物势》)

(二)论命　王充主有命说，以为死生贵贱均由于命，故曰：

> 操行有常贤，仕官无常遇，贤不贤才也，遇不遇时也。(《逢遇》)
>
> 凡人遇偶及遭累害，皆由命也。有死生寿夭之命，亦有贵贱贫富之命。(《命禄》)

惟其主命，故坦然恬淡，不怨不尤，以到达"不贪进以自明，不恶退以怨人，同安危而齐死生，钧吉凶而一败成"(《自纪》)的境界。观此，其受老子思想的影响可知。不过他以禀气的多少，以定人之终身，则人之命，亦有定数，所以说"用气为性，性成命定"(《无形》)。盖他的宇宙论，即以气与自然为中心，则其推论必连类至此。他如言相法，亦莫不由此中心思想出发，所以也说："人命禀于天，则有表候于体。……表候者，骨法之谓也。"(《骨相》)

(三)论性　王充有《率性》、《本性》二篇，《率性》述他自己的见解，《本性》叙述以前关于论性的各说，并各各加以批评，以确固他自己的主张。《本性》说：

> 周人世硕以为"人性有善有恶。举人之善性，养而致之，则善

长；性恶，养而致之，则恶长”。如此，则性各有阴阳善恶，在所养焉。故世子作《养书》一篇。密子贱、漆雕开、公孙尼子之徒，亦论性情，与世子相出入，皆言“性有善有恶”。

接着他历叙孟子言性善，告子言性无善恶之分，荀子言性恶，陆贾言“天地生人以礼义之性”，董仲舒言情性之说，刘向言“性在于身而不发情接物而然”之说，都予以一个“未能得实”、“竟无定是”的批评，而谓世硕之说，“颇得其正”。于是他本于世硕之说，而提出他的主张，其言曰：

酆文茂记，繁如荣华，诙谐剧谈，甘如饴蜜，未必得实。实者，人性有善有恶，犹人才有高有下也。高不可下，下不可高。谓性无善恶，是谓人才无高下也。禀性受命，同一实也。命有贵贱，性有善恶。谓性无善恶，是谓人命无贵贱也。（《本性》）

此言人性有善有恶，而恶亦可变为善，故曰：

人性善者，固自善矣。其恶者故可教告率勉，使之为善。

人之性善可变为恶，恶可变为善。

尧、舜之民，可比屋而封。桀、纣之民，可比屋而诛。竟在化不在性。（以上《率性》）

是则他虽主性有善恶，然亦非谓性之善恶不可移。而他言“人之善恶，共一元气，气有多少，故性有贤愚”（《率性》），则实与他的万物禀气而生之说相合，而宋儒言气禀说，却早为他所道破。

（四）破除迷信　《论衡》中《九虚》、《三增》、《订鬼》、《论死》以下诸篇，均叙当时的迷信，而一一予以反驳。他第一反对天人感应之说，《变虚》说：

夫天体也，与地无异。诸有体者，耳咸附于首。体与耳殊，未之有也。天之去人，高数万里。使耳附天，听数万里之语，弗能闻也。人坐楼台之上，察地之蝼蚁，尚不见其体，安能闻其声。何则？蝼蚁之体细，不若人形大，声音孔气，不能达也。今天之崇高，非直楼台，人体比于天，非若蝼蚁于人也。谓天非若蝼蚁于人也。谓天闻人言，随善恶为吉凶，误矣。

第二，他反对有鬼，《论死》说：

世谓死人为鬼，有知能害人。试以物类验之，死人不为鬼，无知不能害人。何以验之？验之以物。人，物也；物，亦物也。物死不为鬼，人死何故独能为鬼？世能别人物不能为鬼，则为鬼不为鬼，尚难分明。如不能别，则亦无以能知其为鬼也。人之所以生者，精气也，死而精气灭。能为精气者，血脉也。人死血脉竭，竭而精气灭，灭而形体朽，朽而成灰土，何用为鬼。人无耳目，则无所知。故聋盲之人，比于草木。精气去人，岂徒与无耳目同哉？

此言无鬼。但世间竟有生而见鬼者，却又是什么道理呢？他因以生理上与心理上的理由，以解答这问题，《订鬼》说：

凡天地之间有鬼，非人死精神为之也，皆人思念存想之所致也。致之何由？由于疾病。人病则忧惧，忧惧则鬼出。凡人不病，则不畏惧。故得病寝衽，畏惧鬼至，畏惧则存想，存想则目虚见。……夫精念存想，或泄于目，或泄于口，或泄于耳。泄于目，目见其形；泄于耳，耳闻其声；泄于口，口言其事。昼日则觉见，暮卧则梦闻。独卧空室之中，若有所畏惧，则梦见夫人据案其身，哭矣。觉见卧闻，俱用精神。畏惧存想，同一实也。

但是，他所谓无鬼，只言无能为人形的鬼，至于阴阳鬼神之论，却并不废弃，所以《论死》又说：

> 鬼神，荒忽不见之名也。人死精神升天，骸骨归土，故谓之鬼。鬼者，归也；神者，荒忽无形者也。或说："鬼神，阴阳之名也。"阴气逆物而转，故谓之鬼；阳气导物而生，故谓之神。神者，申也；申复无已，终而复始。人用神气生，死复归神气。阴阳称鬼神，人死亦称鬼神。气之生人，犹水之为冰也。水凝为冰，气凝为人；冰释为水，人死复神。其名为神也，犹冰释更名水也。人见名异，则谓有知能为形而害人，无据以论之也。

此外，尚有《四讳》、《讥日》、《卜筮》、《辨祟》、《诘术》、《解除》诸篇，要皆历举当时各种迷信，而一一予以反驳。又有王符与桓谭，亦均立论以破迷信，惟不如王充的周详，故略而不述。

总上所述，可知王充的思想，实足以破除当时的迷信；不过因为当时科学不发达，所以他持论亦不免有前后矛盾之处。但是，他的著述体例，多半先陈述反对派的意见，然后予以反驳，再申述自己的主张，则似亦合于科学方法。

十一、郑玄

后汉儒学，在郑玄以前，如郑兴及其子郑众、贾逵、卫宏、许慎、马融、卢植、服虔，均为古文大师；而李育、何休、范升则治今文，至郑玄出，遍注群经，不主一家，始集经学的大成。

> 《后汉书·郑玄传》："玄师事京兆第五元先，始通京氏《易》、《公羊春秋》、三统历、九章算术，又从东郡张恭祖受《周官》、《礼记》、《左氏春秋》、《韩诗》、《古文尚书》。"

案京氏《易》、《公羊春秋》、《礼记》、《韩诗》均为今文，《周官》、《左氏春秋》、《古文尚书》均为古文，观此，则他从师之时，已不主家法，而今古文并采。

《郑玄传》:"玄所注《周易》、《尚书》、《毛诗》、《仪礼》、《礼记》、《论语》、《孝经》、《尚书大传》、《中候乾象历》,又著《政论》、《鲁礼禘祫义》、《六艺论》、《毛诗谱》、《驳许慎五经异义》、《答临孝存周礼问难》,凡百余万言。"

观此,可见他学成之后,遍注群经,著作的丰富,两汉当推第一,而其内容,则今古文兼采。如笺《诗》,以毛本为主,而又兼采齐、鲁、韩三家。如《春秋》,虽主《左传》,而又兼取《公羊》、《谷梁》。如注《尚书》用古文,而又与马融不同,或马从今而郑从古,或马从古而郑从今。如注《仪礼》也兼用今古文。自是以后,今古文家法混,而今文经也就从此绝了。直到清季,才有今文学的复兴运动。

不过,郑玄学问渊博,所注群经,又能网罗众说,删裁荒芜,所以郑注一出,能够支配学人至数十年之久,及王肃出,始发生反郑学的运动。

郑玄学说,散见于各书之注,不易窥其全豹,故略而不述。惟玄以纬释经,却是他的坏处。如《周礼·春官小宗伯》"兆五帝于四郊",注云:"苍帝灵威仰,赤帝赤熛怒,黄帝含枢纽,白帝白招注,黑帝叶光纪",即他以纬释经之证。

十二、经学

六经中,乐本无经——说详邵懿辰《礼经通论》——其他五经,在西汉均由师传授,今分述如下:

(一)《易》 《易》为卜筮之书,免于秦火,其传不绝。孔子六传为田何,汉初言《易》,都以田何为祖。武帝时,田何再传杨何,始立博士。宣帝时,田何三传弟子施雠、孟喜、梁丘贺,始立学官。元帝时,又立京房《易》,京房为杨何弟子,又学于焦延寿。民间又别有费直《易》,后汉时大行,马融、郑众、郑玄、荀爽等,均传费氏《易》。民间又有高相《易》,专说阴阳灾异,传高康《毋将永》,与费氏《易》均未立学官,惟不及费氏《易》之盛。晋永嘉之乱,施、梁丘二氏之《易》亡;孟、京、费三氏之《易》不传。南北朝时，只郑玄注与王弼注行世。唐世，孔颖达取王注作《正义》，而郑注亦微。今列汉初《周易》传经表如下：

孔子→商瞿→桥庇子庸→馯臂子弓→周丑→孙虞→田何

→王同→杨何→京房→丁宽→田王孙→施雠
田王孙→孟喜
田王孙→梁丘贺

（二）《书》《尚书》原有百篇，秦火时，博士伏生（胜）窃之藏诸壁中，汉兴，《书》出，得二十九篇，即：《尧典》、《皋陶谟》、《禹贡》、《甘誓》、《汤誓》、《盘庚》、《高宗肜日》、《西伯戡黎》、《微子》、《大誓》、《牧誓》、《洪范》、《金縢》、《大诰》、《康诰》、《酒诰》、《梓材》、《召诰》、《雒诰》、《多士》、《无逸》、《君奭》、《多方》、《立政》、《顾命》、《费誓》、《吕刑》、《文侯之命》、《泰誓》。其书以隶文书写，为《今文尚书》，其传经图如下：

伏生→晁错
伏生→张生→百子侯都尉→夏侯始昌→夏侯胜→夏侯建
伏生→欧阳生→兒宽→欧阳生子→欧阳高

汉武时，鲁恭王坏孔子宅，得《古文尚书》。孔安国以之与今文比较，多十六篇，即：《舜典》、《汨作》、《九共》、《大禹谟》、《益稷》、《五子之歌》、《胤政》、《汤诰》、《咸有一德》、《典宝》、《伊训》、《肆命》、《原命》、《武成》、《旅獒》、《冏命》。然所传者只二十九篇，贾逵、马融、郑玄均有注，至于所多十六篇则失传，其传经图如次：

孔安国→兒宽
孔安国→都尉朝→庸谭→胡常→徐敖→王璜
徐敖→涂恽→桑钦
涂恽→贾徽→贾逵
孔安国→司马迁

成帝时，诏征《古文尚书》，东莱、张霸以伪作古文《百两篇》进，经刘向与宫中所藏古文对校，多不合，遂黜其书。东晋元帝时，梅颐得《孔安国传尚书》五十八篇，即所谓《伪孔传》者是。南北朝时，南朝主梅本《伪孔传》；北朝主郑玄注。唐世，孔颖达作《正义》，本《伪孔传》，由是《伪孔传》盛行。宋吴才老、朱子均疑《孔传》，至清阎若璩作《尚书古文疏证》，始定《孔传》为伪作。

（三）《诗》　《诗》三百五篇，汉兴，传《诗》分齐、鲁、韩及毛诗四家，皆出于子夏，前三家《诗》为今文，《毛诗》为古文，东汉时，《毛诗》盛而三家衰，其后三家失传。兹列各家传经图如下：

齐诗辕固生⟶夏侯始昌⟶后苍⟶翼奉

鲁诗浮丘伯⟶申公⟶王臧 / 赵绾 / 孔安国

韩诗韩婴⟶韩商⟶涿韩生⟶赵子⟶蔡谊

毛诗大毛公亨⟶小毛公苌

（四）《礼》　周政衰微，诸侯欲逾法度，恶礼之害己，多去其典籍，故孔子之时，《礼》已不具。秦兴，力改周制，由是《礼经》更多崩坏。汉初，鲁高堂生传《士礼》十七篇，即今《仪礼》。孝文时，鲁徐生善为颂，传子至孙延、襄，惟不能通经。高堂生三传至后苍，始立学官，宣帝时，其弟子戴德、戴圣，并立学官。又别有鲁恭王得古文于壁间，较高堂生所传多三十九篇，即所谓《逸礼》，后郑玄注《仪礼》止及十七篇，而此三十九篇遂佚。又河间献王与鲁恭王共得《礼记》二百十五篇，戴德删为八十五篇，即所谓《大戴礼》；戴圣又删八十五篇为四十九篇，即所谓《小戴礼》，又名《礼记》。又《周礼》本名《周官》。河间献王广开献书之路，李氏上《周官》五篇，佚《事官》一篇，因取《考工记》，以备六官之数。这书藏在秘府，诸儒不得见。王莽时，刘歆始以之立于学官，即《汉书·艺文志》所谓《周官经》六篇。刘歆授杜子春，杜子春授郑兴、郑众，贾逵作《周官解诂》，马融作《周官传》，马融授郑玄，玄作《周官注》。《周官》晚出，汉林孝存、何休，清万斯大、崔述，均有著作以疑《周官》。《周官》并《仪礼》、《礼记》称为三礼。今将《仪礼周官》传经图列于下：

高堂生⟶萧奋⟶孟卿⟶后苍⟶闻人通汉 / 戴德 / 戴圣 / 普庆

（五）《春秋》　传《春秋》者有左氏、公羊、谷梁、邹氏、夹氏五家。邹氏、夹氏书早佚。汉兴，公羊先出，谷梁次之，左氏最后。《公羊传》

由子夏传之公羊高，其后四传至公羊寿，始著于竹帛，胡毋生、董仲舒皆其弟子。《谷梁传》本于子夏弟子谷梁赤，其传授不明。《左氏传》出自孔子弟子左丘明，十四传得刘歆、贾护，其学大昌。公羊家范升述左氏失十四事以难左氏，陈元为之辩。其次，李育又陈难左氏义四十一事，而贾逵著《左氏长义三十事》以驳之。其次，何休著《公羊墨守》、《左氏膏肓》、《谷梁废疾》以张《公羊》，而郑玄又著《箴膏肓》、《发墨守》、《起废疾》以辩之。后《左氏》独盛，余二家浸衰，至清季，《公羊》始复兴。兹将三传经授图列下：

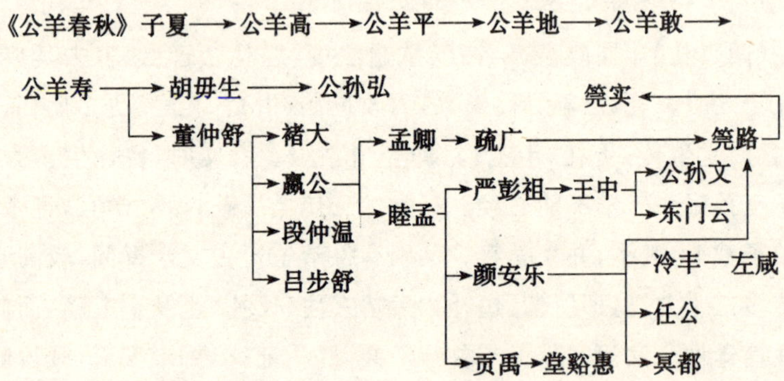

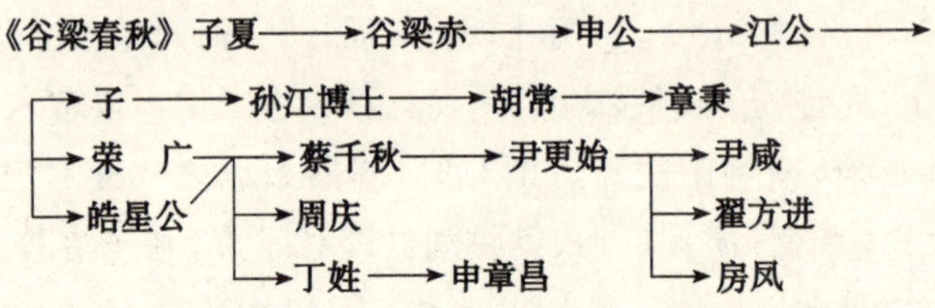

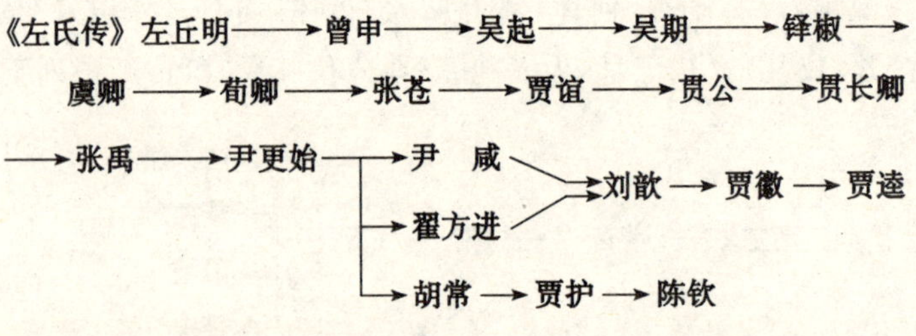

经有今古文之异，用隶书写者为今文经，用籀文写者为古文经，今本友人周予同所作《经今古文学》，将西汉今文十四博士与西汉末所发

现的古文经传表列如下：

<table>
<tr><th rowspan="2">经</th><th colspan="2">今　文</th><th colspan="2">古　文</th></tr>
<tr><th>家</th><th>备　记</th><th>家</th><th>备　记[①]</th></tr>
<tr><td rowspan="2">《易》</td><td rowspan="2">施雠(1)
孟喜(2)
梁丘贺(3)
京房(4)</td><td rowspan="2">四家同出于田何。武帝时立易经博士，宣帝时分立为施、孟、梁丘三家，元帝时又立京氏。</td><td>费氏(直)</td><td>《汉书·儒林传》:“费直字长翁，东莱人。……亡章句，徒以彖象系辞十一篇文言解说上下经。”</td></tr>
<tr><td>高氏(高相)(附)</td><td>《汉书·儒林传》:“高相，沛人……亡章句，专说阴阳灾异。”</td></tr>
<tr><td>《书》</td><td>欧阳(生)(5)
大夏侯胜(6)
小夏侯建(7)</td><td>三家同出于伏胜。武帝时立书欧阳氏博士，宣帝时添立大小夏侯。</td><td>《古文尚书》(孔安国)</td><td>《汉书·艺文志》:“古文尚书者，出孔子壁中。武帝末，鲁恭王坏孔子宅，欲以广其宫，而得古文尚书，……经凡数十篇，皆古字也。……孔安国者，孔子后也，悉得其书，以考二十九篇，多得十六篇。”</td></tr>
<tr><td>《诗》</td><td>鲁(申公)(8)
齐(辕固生)(9)
韩(韩婴)(10)</td><td>《鲁诗》、《韩诗》文帝时立博士，《齐诗》景帝时立。</td><td>《毛诗》(毛公)</td><td>《汉书·儒林传》:“毛公，赵人也；治诗，为河间献王博士。”又《艺文志》:“自谓子夏所传，而河间献王好之。”</td></tr>
<tr><td rowspan="2">《礼》</td><td rowspan="2">《大戴》(德)(11)
《小戴》(圣)(12)
庆(普)[②]</td><td rowspan="2">三家同出于高堂生。武帝时立礼经博士，宣帝时分立为二家。</td><td>逸礼</td><td>刘歆《让太常博士书》:“鲁恭王得古文于坏壁，逸礼有三十九篇。”又《汉书·艺文志》:“礼古经者，出于鲁淹中。”</td></tr>
<tr><td>周官</td><td>贾公彦序《周礼·废兴》引《马融传》云:“至孝成皇帝，达才通人，刘向子歆，校理秘书，始得序著于录略。”</td></tr>
</table>

① 古文经传的备记，都采自刘歆、班固、许慎诸人的话。

② 庆氏礼本今文学，据《后汉书·儒林传》，未立于学官，所以不在十四博士之内。

续表

<table>
<tr><td colspan="2" rowspan="2">经</td><td colspan="2">今　文</td><td colspan="3">古　文</td></tr>
<tr><td>家</td><td>备　记</td><td colspan="2">家</td><td>备　记</td></tr>
<tr><td rowspan="3">《春秋》</td><td>《公羊》</td><td>严（彭祖）(13)
颜（安乐）(14)</td><td>二家同出于胡毋生董仲舒。武帝时立春秋公羊博士。宣帝时分立为严颜二家。</td><td colspan="2">左氏
（左丘明）</td><td>《汉书·儒林传》：“汉兴，北平张苍及梁太傅贾谊、京兆尹张敞、大中大夫刘公子皆修《春秋左氏传》。”《说文序》：“北平侯张苍献《春秋左氏传》。”</td></tr>
<tr><td rowspan="2">《谷梁》①</td><td rowspan="2"></td><td rowspan="2">《汉书·儒林传》：“瑕丘江公受谷梁春秋于鲁申公。”按谷梁宣帝时始立博士。</td><td>郑氏
（附）</td><td></td><td>《汉书·艺文志》：“无师。”</td></tr>
<tr><td>夹氏
（附）</td><td></td><td>《汉书·艺文志》：“未有书。”</td></tr>
</table>

其次就今古文学的不同，表列如下：

今文学	古文学
(1)崇奉孔子。 (2)尊孔子为受命之素王。 (3)视孔子为哲学家、政治家、教育家。 (4)以孔子托古改制。 (5)以六经为孔子作。 (6)以《春秋公羊传》为主。 (7)为经学派。 (8)经的传授多可考。 (9)西汉皆立于学官。 (10)盛行于西汉。 (11)斥《古文经传》为刘歆伪作。 (12)今存《仪礼》、《公羊传》、《谷梁传》及《韩诗外传》。 (13)信纬书，以为孔子微言大义间有存者。	(1)崇奉周公。 (2)尊孔子为先师。 (3)视孔子为史学家。 (4)以孔子为信而好古，述而不作。 (5)以六经为古代史料。 (6)以《周礼》为主。 (7)为史学派。 (8)经的传授不大可考。 (9)西汉多行于民间。 (10)盛行于东汉。 (11)斥《今文经传》为秦火残缺之余。 (12)今存《毛诗》、《周礼》、《左传》。 (13)斥纬书为诬妄。

今古文经之争，自西汉末季至东汉末年二百多年间，共经四次，今本友人周予同《经今古文学》所述，表列如下：

① 《春秋·谷梁传》，宣帝甘露间始立为博士，不在十四博士之内。

次第	时期	人物		对象	结果
		今	古		
第一次	西汉哀帝建平元寿间(公元前6—公元1)	太常博士 孔光 龚胜 师丹 公孙禄(附)	刘歆	《古文尚书》(古) 《逸礼》(古) 《左氏春秋》(古) 《毛诗》(古)	古文经传不得立
第二次	东汉光武建武间(公元25—55)	范升	韩歆 许淑 陈元 李封	费氏《易》(古) 《左氏春秋》(古)	左氏春秋立于学官旋废(注)
第三次	东汉章帝建初元年至四年(公元76—79)	李育	贾逵	《左氏春秋》(古) 《春秋公羊传》(今)	(注)
第四次	东汉桓帝至灵帝光和五年(公元147—182)	何休 羊弼	郑玄	同上	(注)

注：第二、三、四次之争，参看上述《春秋》条。

最后就东西两汉经学之异点，分述如下：

第一，西汉以一经为专门之学，兼通数经者甚少，如申公通《诗》与《春秋》，韩婴通《诗》与《易》，孟卿通《礼》与《春秋》，都是稀有之事，至于夏侯始昌通五经，则更是绝无仅有之事。东汉却不然，兼通五经者甚多。

第二，西汉主今文，东汉主古文。

第三，西汉专凭口述，墨守师法，罕有撰述，可数者止有京房的六十六篇、董仲舒的《春秋繁露》、韩婴的《诗内外传》、后苍的《曲台记》。东汉则不一定遵守师法，可以参酌各家，以为经说。

第四，西汉虽言训诂，然用力不多；东汉则训诂大昌，说五字之文，至于二三万言。

第五，西汉传经之业在学官，东汉则散诸民间。

要之，两汉经学凡三变，西汉主今文，而董仲舒糅合阴阳五行家于儒，于是说经非纯本孔子之见，是为一变；刘歆倡古文，使儒与阴阳五行家分，于是说经渐次回复孔子之本来面目，而古文学大昌于东汉，是为一变；郑玄遍注群经，不主一家，混合今古文家法，于是郑说行，而今文绝，是为一变。

第四讲　道教的兴起及其变革

一、概论

道教起于东汉桓帝时代(147—167),首创者为张道陵,至魏伯阳、葛洪而一变,至寇谦之而其基础始固,自是以后,道教成为民间信仰,而其势力遂不可侮。

道教的兴起,自然有它的社会的存在根据①,但是,在学术思想上,却有它的蜕变的脉络可寻。在未说到道教的兴起之先,还得研究当时的学术思想怎样地会蜕变为道教这个问题。

原来齐地的宗教思想很浓厚,齐民族的原始宗教有八神将:天主、地主、兵主、阴主、阳主、月主、日主、四时主。阴阳五德之说和神仙之说都起于这个地方,原不足奇。《史记·封神书》说:“蓬莱、方丈、瀛洲,此三神山者,……诸神仙及不死之药皆在焉。其物禽兽尽白,而黄金银为宫阙。未至,望之如云;及到,三神山反居水下。临之,风辄引去,终莫能至云。”又说:“自齐威、宣之时,驺子之徒论著终始五德之运,及秦帝,而齐人奏之,故始皇采用之。而宋毋忌、正伯侨、充向,羡门子高最后,皆燕人,为方仙道,形解消化,依于鬼神之事。驺衍以阴阳主运显于诸侯,而燕、齐海上之方士传其术,不能通;然则怪迂阿谀苟合之徒自此兴,不可胜数也。”——这便是阴阳家一流的宗教思想。

这种宗教思想,因为不曾具备宗教的组织与仪式,所以没有成为一种宗教。但是,这思想却为秦皇、汉武所信仰,那时方士入海求神仙及不死之药,以及炼丹,都是由这宗教思想而发生的。其后,儒家又把

---

① 参看拙编《本国文化史大纲》二五七页、二五八页。

驺衍的阴阳五行说，附会到《周易》、《春秋》、《洪范》一类的经典上去，到董仲舒的时候，儒家便完全与阴阳家糅合在一起，再加上谶纬的流行，于是灾异神怪之说，盛极一时。自刘歆倡古文经，主“六经皆史”之说，而儒家始与阴阳家分离。因为经既是史，则不能如西汉所持的今文经，得以演图比谶，预解于无穷。但是，灾异神怪之说，依旧为社会所欢迎，并不因儒家与阴阳家的分离而随之消灭。这样一来，持阴阳谶纬的方术者便自成一家，据《后汉书·方术传》所载风角、遁甲、七政、元气、六日七分、逢占、日者、挺箒、须臾、孤虚、云气诸术，都是在这时候发生的，而杨原、郎颛、襄楷便是精通这些方术的名家，此外还有精通长生不死之术的，又有精通容成公补导之术的。更有费长房等，能够驱使鬼神，迷信的风气，弥漫于社会，所以当时虽有王充、王符著论力排迷信，终究没有什么力量。而桓帝与楚王英却都在这个时候崇奉黄、老——桓帝奉黄、老始于延熹九年(166)，《后汉书·襄楷传》也说：“闻宫中立黄、老、浮屠之祠。”不过这时的黄、老，还是被目为清虚无为的黄、老，却不是日后道教中之所谓黄、老——由此更可想见当时迷信之风的厉害了。

现在所要讲的道教，就是在这种迷信风气极浓厚的环境中产生出来的。

二、道教的开创

道教创始于东汉桓帝时代的张道陵①。道陵生于沛国丰邑，晚年学长生之道，得金丹，入鹄鸣山(一说龙虎山)，著道书二十四篇，引诱人民，入道者出米五斗，所以叫做五斗米道。道陵死后，其子衡及孙鲁，三世均修此术，称道陵为天师，衡为嗣师，鲁为孙师。五斗米道的

---

① 案《三国志》裴注云：“张陵汉顺帝时人。”《茶香室三钞》引宋陈元静《岁时广记·汉天师家传》则谓：“真人讳道陵，……于光武建武十年甲午正月望日，生于吴地天目山。”建武十年为公元 34 年，顺帝时代为公元 126 年至 144 年，两者相差几百年。今依日本小柳司气太考证，断为是桓帝时人。

方法：凡有病者则使饮符水；或书病者的姓名作三通，揭其一于山上，埋其一于地中，沉其一于水中，叫做祈祷三官。若病不愈，则谓其人未信道。鲁又自号师君，称初学者为鬼卒，信徒为奸令，又为祭酒。教鬼卒读《老子》，又于各地建设免费的旅舍，置免费的米肉，任旅客自由取用。鲁子盛，又移居江西龙虎山，世世相传，称为天师，而以剑、印及都功箓三者为传家之宝。

又有张角者，创太平道。案《后汉书·襄楷传》说："初，琅邪宫崇诣阙，上其师于吉于曲池泉水上所得神书百七十卷，号《太平清令书》，其言阴阳五行为家，而多巫觋杂语，有司奏崇所上，妖妄不经，乃收藏之，后张角颇有书焉。"看到这个记载，便知道张角之术所自本了。又案《皇甫嵩传》说："巨鹿张角自称大贤良师，奉事黄、老道，畜养弟子，跪拜首过，符水咒说以疗病。"观此，便知张角的天师道，是属于符箓一派。不过张角一派，其传不如张道陵一派之盛，所以道陵一派竟成为日后正统派的道教。

以上这两派，都是教匪，都属于符箓派，拿宗教的力量，去笼络愚民，所以五斗米道又叫做米贼，张角一派又叫做黄巾贼或蛾贼。他们用宗教来倡乱，是与当时社会的紊乱政治的腐败生活的不安有关系的，关于这点，读者可参看拙编《本国文化史大纲》六三页、六四页、二五七页及二五八页，这里用不着赘述。这两派在当时并不曾正式形成为道教，道教正式的确立，还是以后的事。至于他们托于黄、老，却有两个原因：第一，取黄、老的虚无主义，以笼络不平之徒；第二，灾异鬼神之术，自东汉以来，已为儒家所摈弃，自度其说不足以取重于士大夫，所以不得不自托于黄、老。

三、魏伯阳与葛洪

张道陵的五斗米道，固然是道教之始，但道教的学理的基础，却是由魏伯阳与葛洪建立起来的，今分述如下：

（一）魏伯阳　伯阳生平不可考，葛洪《神仙传》说："魏伯阳，上虞人，通贯诗律，文辞赡博，修真养志，约《周易》作《参同契》，桓帝时以授同郡淳于叔通。”据五代后蜀彭晓的考证，断定他是东汉桓帝时代的人。他对于道教最大的贡献，就是把老子的修真养性之说，附会到道教里面去，他所著的《参同契》，便是后世道教言炼养之所自本。他说：“将欲养性，延命却期。审思后末，当虑其先。”又说：“惟昔圣贤，怀玄抱真。含精养神，通德三光。津液腠理，筋骨至坚。众邪辟除，正气长存。”又说：“黄、老自然，含德之厚，归根返元，近在我心，不离己身，抱一毋舍，可以长存。”——这便是专以阴阳消息之道，发明长生久视之理。

（二）葛洪　葛洪字稚川，丹阳句容人，少时博览多识，不求闻达，尤好神仙炼养之法。其从祖葛玄，是左慈的弟子，即世称为葛仙公仙术家。仙公传郑隐，隐又传洪，洪更问学于鲍玄。当时干宝很器重葛洪，推荐于东晋元帝，洪固辞不就。后闻交趾产丹砂，乞为句漏县令，为刺史所留。不得已隐居罗浮山，著《抱朴子》行世。《抱朴子》分《内篇》、《外篇》，《外篇》论人事，《内篇》论神仙术，兹就其论神仙一部分略述如下：

第一，他认神仙为必有，《论仙篇》说：“或问：‘神仙不死，信可得乎？’抱朴子答曰：‘虽有至明，而有形者不可毕见焉。虽禀至聪，而有声者不可尽闻焉。虽有大章竖亥之足，而所常履者，未若所不履之多。虽有禹益齐谐之识，而所识者，未若所不识之众也。万物云云，何所不有？不死之道，曷为无之？夫仙人以药物养身，以术数延命。使内疾不生，外患不入。虽久视不死，而旧身不改。苟有其道，无以为难也，而浅识之徒，拘俗守常。咸曰世间不见仙人，便云天下必无此事。夫目之所曾见，尝何足言哉？天地之间，无外之大，其中殊奇，岂遽有限。诣老戴天，而或莫知其为上。终身履地，而或莫识其为下。形骸，己所自有也，而莫知其心志之所以然。寿命，在我者也，而莫知其修短之所至焉。况乎神仙之远理，道德之幽玄；仗其浅短之耳目，以断微妙之有无，岂不悲哉？’”

第二，既有神仙，则修道自有成仙之法。葛洪定修道之法有二，一为胎息与房中术（见《释滞篇》），这是属于内的；一为服药，这是属于外的。《仙药》一篇，即言制药的方法与服药的方法，而重要者，则莫如金丹。魏伯阳亦言炼丹之术，然全为譬况之说，不易明白，至葛洪作《金丹》、《黄白》二篇，始详载药品的分量与制法，而集炼丹说的大成，后此言炼丹者，无不本于葛洪。其言金丹之重要，则曰："余考览养性之书，鸠聚久视之方；曾所披涉，篇卷以千数矣。莫不皆以还丹金液为大要者焉。然则此二事，盖仙道之极也。"其言金丹之性质与作用，则曰："夫金丹之为物，烧之愈久，变化愈妙。黄金入火百炼不消，埋之毕天不朽。服此二药，炼人身体。故能令人不老不死。此盖假求于外物，以自坚固。有如脂之养火，而不可灭。铜青涂脚，入水不腐。此是借铜之劲，以扞其肉也。金丹入身中，沾洽荣卫，非但铜青之傅矣。"（以上《金丹篇》）他这些话虽怪诞可笑，但是，后此道教能取得一般愚民的信仰，亦未始不由于此。

第三，以上所述，固是学仙之法，然学仙亦不可不讲求心意修养之法，所以他又说："人能淡默恬愉，不染不移；养其心以无欲，颐其神以粹素；扫涤诱慕，收之以正；除难求之思，遣害真之累，薄喜怒之邪，灭爱恶之端：则不请福而福自来；不禳祸而祸去矣。何也？命在其中，不系于外，道存乎此，无俟于彼也。"（《道意篇》）

以上系葛洪言神仙的大旨。然洪生长晋世，正老、庄学流行的时候，所以他于长生久视之道，言术则有丹诀，言理则取老、庄，以投合时好，所以《至理》一篇，明无为之旨，更为明显。其言曰："夫有因无而生焉，形非神而立焉。有者，无之宫也；形者，神之宅也。故譬之于堤，堤坏则水不流矣；方之于烛，烛糜则火不居矣。身劳则神散，气竭则命终。根竭枝繁，则青青去木矣；气疲欲胜，则精灵离身矣。夫逝者无返期，既朽无生理。达道之士，良所悲矣。轻璧重阴，岂不有以哉。故山林养性之家，遗俗得志之徒，比崇高于赘疣，方万物乎蝉翼；岂苟为大言，而轻薄世事哉？诚其所见者了，故弃之如忘耳。是以遐栖幽遁，韬鳞掩藻。遏欲视之目，遗损明之色；杜思音之耳，远乱听之声。涤除玄览，抱雌守一。专气致柔，镇以恬素。遣欢戚之邪情，外得失之荣辱。割厚生之腊毒，谧多言于枢机。反听而后所闻彻，内视而后见无朕。养灵根于冥钧，除诱慕于接物。削斥浅务，御以愉漠。为乎无为，以全天理。"

由上所述，可知道教自得魏、葛二氏在学理上的建立以后，除符箓为固有外，又加上了清静、炼养、服食诸说，而道教学理乃渐趋完备，其教理亦渐接近于老子。

四、道教的完成

道教虽经魏、葛二氏对于学理的发挥，然尚未具备宗教的体系与仪式，至南北朝时，佛、道两教并盛，于是道教剽窃佛教的经典而作诸经，模仿佛教的仪式而定道教的仪式，道教至此，才俨然成一大宗教。

据唐玄嶷的《甄正论》，谓"洞真部"多为葛玄、陆修静、顾欢等所作，"洞神部"为张道陵所作，《本际经》为隋刘进喜、李仲卿等所作，《海空经》为黎兴、方长所作，《洗沐经》为李荣所作，《大献经》、《九幽经》为刘无待所作。又据道世的《法苑珠林》，列举《洞玄经》(汉王褒作)、《灵宝经》(张道陵)、《上清经》(吴葛洪先)、《化胡经》(晋王浮)、《三皇经》(鲍静)、《六十四真步虚品》(齐陈显明)、《太清经》及《众醮仪》(梁陶弘景)、《长安经》(隋辅惠祥)等书名。此外更有《高上玉皇本行集经》、《太上老君父母恩重经》、《道士法轮经》、《智慧观身大戒经》、《老子大权菩萨经》及《灵宝法论经》等。这些经典，多半是南北朝时人所作，或系魏、晋、南北朝人的伪托。更重要者，如梁陶宏景所作的《真诰》二十卷，《登真隐诀》三卷，《真灵位业图》一卷，都是道教中的名著，也出生在南北朝这个时代。这些经典，多有模仿佛经之处，例如《真步虚品偈》云："有见过去尊，自然成真道，身色如金山，端严甚微妙，如净琉璃中，内现元始真，圣尊在大众，敷衍化迷强。"便完全是模拟《妙法莲华经》所云"又见诸如来，自然成佛道，身色如金山，端坐甚微妙。如净琉璃中，内现真金像，世尊在大众，敷衍深法意"一段而来。又如《本相经》所云："天尊说法时，乾闼婆及人非人等，六牙白象，四众围绕，一百数匝，天尊以中夏一音，演说此义，众生随言类解。"便是拟佛经所谓天尊在林中，出眉间白毫，光明照南方大千国土。其他拟佛经之处很多，限于篇幅，不及备举。至于道教的仪式，亦多有模仿佛教之处，其详可参看日本小柳司气太所著的《道教概说》。

道教的经典与仪式虽已确立，然使道教能在社会上占有强固的基础者，则不能不归功于元魏寇谦之。谦之字辅真，夙好仙道，修张鲁之术，后入嵩山修道，自言尝遇老子，得《云中首诵新科戒》二十卷，又得服气导引的秘传，使清整道教。后又从李谱文受《录图真经》六十卷及劾召鬼神法、金丹云英八石玉浆秘法。谦之得宰相崔浩的推荐，遂为元魏太武帝所信用，于魏都平城建立天师道场，作五层的重坛，集道士百二十人，每日为祈祷六次，一时朝野上下，无不信道，而韦文秀、祁缵、绛略、吴劭、阎平、鲁祈、王道翼、罗崇之等，便是当时有名的道士。道教自经谦之提倡并得帝王信用以后，于是在社会上遂俨然成立为一有势力的大宗教，而斋醮科仪、辟谷修养、烹炼丹药与老、庄之学，糅杂混合，遂成为道教的教理。

唐代虽佛教颇盛，然以道教得帝王的崇奉，故其势力终不敌道教。相传唐高祖时，有晋州人吉善行自言于羊角山见白衣老父，曰："为吾语唐天子，吾而祖也。"由是诏于其地立庙。后高宗至亳州，谒老子庙，上尊号曰太上玄元皇帝，诏王公以下皆习《道德经》，免道士赋役，以道士隶宗正寺，班在诸侯王之次。玄宗亲为《道德经》注疏，两京诸州，各诏立玄元庙，依道法斋醮；又立崇玄馆，置崇玄博士；崇玄学生得应贡举，叫做道举。又尊玄元为大圣祖，庄子、文子、列子、庚桑子为真人，其书为真经，以《道德经》列群经之首。当时道士有张果、刘进喜、叶法善、赵归真等，而李筌、孙思邈、司马承祯、张志和、罗隐、谭峭、无能子、天隐子等，则为道教中的著名学者。当时朝野上下争奉道教，其盛达于极点。

五代及宋，道教文献上的著名者，有孙光庭、吕纯阳、张君房、林灵素诸人；当时帝王，亦多有崇奉道教者，道教势力，并未稍衰。

五、道教的分派

宋室南渡以后，道教分为南北二宗：南宗主性，属于丹鼎一派；北宗主命，属于符箓一派。二宗之中，以北宗王嘉为最著。嘉字知明，号重阳子，生于宋徽宗政和三年(1113)，死于孝宗乾道六年(1170)，咸阳人。自言遇吕纯阳的化身，而得仙术。其立教，先使人读《孝经》及《道德经》，而修孝谨纯一之德，立说多及于六经。称为全真教。门人谭处端、刘处元、马钰、邱处机最有名，而全真教之大盛，尤以邱处机之力为多。

二宗之外，金世刘得仁又创真大道教。得仁自言遇一老叟，得《道德要言》，而玄学大进。其教以苦节危行为主，不妄享施与。五传至郦希诚，元宪宗(1251—1259)赐以真大道教之名。

此外更有正一教与太一教。正一教即张道陵一派，其第三十六代张宗演，得元世祖(1260—1294)之命，总领江南道教。其门人以张留孙与吴全节为最有名。太一教起于金天眷年间(1138—1140)，为萧抱珍所创，传授太一三元法箓之术。四传至萧辅道，甚得元世祖信用，其门人以李居寿为最有名。

明世，道教中的最著名者有张三丰，至世宗时(1522—1566)，陶仲文、邵元节最得帝之信仰，元节仕至礼部尚书，总领天下道教；仲文仕至少保礼部尚书；其推尊道教，不亚唐代。清代又设官以督统道士，张天师一派，为民间所最信仰。至民国十五年革命军北伐，龙虎山的法坛，始被破坏；然民间信仰道教，至今不衰。

第五讲　自然主义的特盛

一、概论

魏、晋、南北朝是自然主义特盛的时代，这时代足有三百多年，学术消沉，达于极点，但在思想上，却由儒学独占，而得到解放。代表这时代的思想的，从来叫做清谈，但这用语，并不能整个地代表这时代的思想，例如陶渊明和鲍敬言的思想，就不是这用语所能包括的。这时代老、庄思想很盛，几个代表时代的人物，无不受老、庄思想的影响；而老、庄思想正表现着自然主义的色彩，因此本讲就标题为“自然主义的特盛”。

这时代自然主义的特盛，当然也是时代的产物。第一，自汉季而后中经三国直到八王五胡这三百多年的扰乱，经济的动摇与生活的不安，使学者思想发生厌世之观。第二，汉儒治经，确守门户，囿于训诂，使那处在生活不安定中的学者，顿生厌倦。第三，曹氏欲谋篡夺，毁坏礼法，“崇奖跅弛之士”，于是节义之防失，而风俗大败。第四，司马氏篡魏，禁网日密，使学者不敢过问实际的政治，只好纵酒清谈，以保性命。第五，汉代外戚宦官，更迭用事，方正之士，频遭惨祸，使人人感到生命的危险。以上这些事实，都足以使学者厌世而遁入于虚无，但从学术思想本身的蜕变说来，却也有可寻的脉络。原来汉儒治经，囿于训诂章句，牵于五行灾异，在王充时代，就已举起叛旗，而趋向于自然主义，而他的《变虚》、《异虚》诸篇，且以老子为上德。这种对汉儒的反动的潜流，遇着魏、晋这个时代，受着环境的激刺，就必然展开起来，群趋于老、庄，而汇成为自然主义的思想，何况佛教业已输入，其出世思想更与这时代思潮以助力呢？

二、代表这时代思潮的《杨朱篇》

伪《列子·杨朱篇》，多半是魏、晋人伪作，很足以代表这时代的思潮。兹分述如下：

（一）人生的无常　《杨朱篇》："百年，寿之大齐，得百年者，千无一焉。设有一者，孩提以逮昏老，几居其半矣；夜眠之所弭，昼觉之所遗，又几居其半矣；痛疾哀苦亡失忧惧，又几居其半矣。量一数年之中，逌然而自得，亡介焉之虑者，亦亡一时之中尔。则人之生也，奚为哉？奚为哉？"又曰："十年亦死，百年亦死，……生则尧、舜，死则腐骨，生则桀、纣，死则腐骨。腐骨一矣。"

（二）人生既无常，就只得纵欲　《杨朱篇》："太古之人，知生之暂来，知死之暂往，故从心而动，不违自然。"又曰："恣耳之所欲听，恣目之所欲视，恣鼻之所欲向，恣口之所欲言，恣体之所欲安，恣意之所欲行。夫耳之所欲闻者音声，而不得听，谓之阏聪。目之所欲见者美色，而不得视，谓之阏明。鼻之所欲向者椒兰，而不得嗅，谓之阏颤。口之所欲道者是非，而不得言，谓之阏智。体之所欲安者美厚，而不得从，谓之阏适。意之所欲为者放逸，而不得行，谓之阏往。凡此诸阏，废虐之主。去废虐之主，熙熙然以俟死，一日一月，一年十年，吾所谓养。拘此废虐之主，录而不舍，戚戚然以至久生，百年、千年、万年，非吾所谓养。"

（三）人生且无常，还有什么圣哲，所以进而又排圣哲　《杨朱篇》："天下之美，归之舜、禹、周、孔；天下之恶，归之桀、纣。然而舜，……天民之穷毒者也；……禹，……天民之忧苦者也；……周公，……天民之危惧者也；孔子，……天民之遑遽者也：凡彼四圣者，生无一日之欢，死有万世之名。名者固非实之所取也，虽称之弗知，虽赏之不知，与株块无以异矣。桀，……天民之逸荡者也；纣，……天民之放纵者也，彼二凶也，生有从欲之欢，死被愚暴之名。实者固非名之所与也，虽毁之不知，虽称之弗知，此与株块奚以异矣。"

(四)既排圣贤,自然没有旧道德　《杨朱篇》:“忠不足以安君,适足以危身;义不足以利物,适足以害生。安上不由于忠,而忠名灭焉;利物不由于义,而义名绝焉。君臣皆安,物我兼利,古之道也。”

(五)既知人生无常,便只有一任自然,群趋于无为。既无为,则一面固不受道德的束缚,而他面也就不作恶　《杨朱篇》:“生民之不得休息,为四事故:一为寿,二为名,三为位,四为货。有此四者,畏鬼、畏人、畏威、畏刑,此之谓遁人也。可杀可活,制命在外。不逆命,何羡寿;不矜贵,何羡名;不要势,何羡位;不贪富,何羡货,此之谓顺民也。”

(六)既主无为而一任自然,所以又反对自杀　《杨朱篇》:“孟孙阳曰:‘若然,速亡愈于久生,则践锋刃,入汤火,得所志矣。’杨子曰:‘不然,既生则废而任之,究其所欲以俟于死;将死则废而任之,究其所之以放于尽。无不废,无不任,何遽迟速于其间乎?’”

(七)不侵人的为我主义　《杨朱篇》:“古之人,损一毫利天下,不与也;悉天下奉一人,不取也。人人不损一毫,人人不利天下,天下治矣。”

以上所述,都是这时代思潮的特征,以下就代表这时代思潮的人物分别述之,便可看见这些特征之所在。

三、倡清谈之风的何晏、王弼

原来自魏武帝、文帝提倡文学以来,士风就渐趋于浮华,到废帝正始中(240—248),何晏、王弼出,始祖述老、庄立论,而开清谈之风。何晏字叔平,南阳人,有《道德论》及《论语集解》。王弼字辅嗣,山阳人,有《易注》、《老子注》。《晋书·王衍传》:“晏、弼祖述老、庄,谓天地万物,皆以无为本。无也者,开物成务,无往不存者也。阴阳恃以化生,万物恃以成行,贤者恃以成德,不肖恃以免身。故无之为用,无爵而贵矣。”老、庄盛行从此始。自此以后,六经中除《易》以外,尽皆阁束不观,而学者群趋于《老》、《易》,《老》、《易》并称,便成为当时最流行的名词。

清谈之风，虽开自何晏、王弼，但他们并不遗落世事，所以何晏说："善为国者，必先治其身。治其身者，慎其所习。所习正，则其身正。身正则不令而行。所习不正，则其身不正。其身不正，则虽令不从。是故为人君者，所与游，必择正人。所观览，必察正象。放郑声而勿听，远佞人而弗近。然后邪心不生，而正道可宏也。"（《三国志·齐王芳传》）至于何的《论语集解》与王的《易注》、《老子注》，能够不囿于训诂章句，而别有心得，却较之东汉儒者的咬文嚼字要高明得多。

四、阮籍

清谈之风，虽开自何、王，但其流不广，至阮籍、嵇康诸人出，其风始炽。以下拿阮籍为代表，以见这时代一般人的行动与思想。

《晋书·阮籍传》："阮籍字嗣宗，陈留尉氏人也。……籍容貌环杰，志气宏放，傲然独得，任性不羁，而喜怒不形于色。或闭户视书，累月不出；或登临山水，经日忘归。博览群籍，尤好《庄》、《老》。嗜酒，能啸，善弹琴。当其得意，忽忘形骸。……籍本有济世志，属魏、晋之际，天下多故，名士少有全者。籍由是不与世事，遂酣饮为常。……籍嫂尝归宁，籍相见与别。或讥之，籍曰：'礼岂为我设耶？'邻家少妇有美色，当垆沽酒。籍尝诣饮，醉，便卧其侧。"从这段话看来，便知嗣宗由于深恐触犯禁网，所以才纵酒放浪，遗弃世事；既然遗弃世事，所以他的行动也就非礼法所能拘束的了。他又作《大人先生传》，以讥弹礼法，其言曰："世之所谓君子者，惟法是修，惟礼是克，手执圭璧，足履绳墨，行欲为目前检，言欲为无穷则，少称乡党，长闻邻国，上欲图王公，下不失九州牧。不见群虱之处裈中，逃乎深缝，匿乎坏絮，自以为吉宅也；行不敢离缝际，动不敢出裈裆，自以为得绳墨也。然炎丘火流，焦邑灭都，群虱处裈中而不能出也。君子之处域内，何异虱之处裈中乎？"

嗣宗又与嵇康、阮咸、山涛、向秀、王戎、刘伶相友善，都蔑弃礼法，纵酒昏酣，好言老、庄，崇尚虚无，当时慕其放达，叫做"竹林七贤"。不过阮籍一班人的放诞，都是有所托而然；到了以后，清谈之风，日盛一日，就不一定有所寄托，也都专务玄谈放诞不羁起来了。如王衍、乐广、阮瞻、王澄诸人，就是这样的。王衍被石勒所擒，快到死的时候，便说："呜呼！吾曹虽不如古人，向若不祖尚浮虚，戮力以匡天下，犹可不至今日。"《晋书·王衍传》由此足见清谈的毒害，竟使居高位的王衍，也感觉着了。渡江以后，元嘉之间(424—453)，竟专立玄学，把《老子》、《庄子》、《周易》总为三玄，以相教授。在这个时候，一般读书人更不必懂得多少《老》、《庄》、《周易》，更不明白何、王所说所道，也就手捉麈尾，自称谈士了。所以清谈之风，虽开自何、王，但至阮籍而一变，至王、乐又一变，渡江以后，便已经三变了。不过崇尚虚无，一任自然，却是他们共通的倾向。

五、陶渊明

陶渊明字元亮，或云潜，字渊明，浔阳柴桑人。渊明的思想，也受了老、庄的影响，很趋向于自然主义，不过他和清谈者流不同，他虽放达，却不似阮籍一般人的放诞不羁，更没有阮瞻一般人"脱衣服、露丑恶"的行径。他有一篇《五柳先生传》，是他的自传，很足以表现他的为人，现在把它写在下面：

> 先生不知何许人，亦不详姓氏。宅边有五柳树，因以为号焉。闲静少言，不慕荣利，好读书，不求甚解，每有会意，欣然忘食。性嗜酒，而家贫不能恒得。亲旧知其如此，或置酒招之，造饮辄尽，期在必醉，既醉而退，曾不吝情去留。环堵萧然，不蔽风日。短褐穿结，箪瓢屡空，晏如也。尝著文章自娱，颇示己志。忘怀得失，以此自终。

他这种人生，完全是乐自然的人生，在他的《归去来辞》中，也表现得很明白。其言曰：

归去来兮！田园将芜胡不归？既自以心为形役，奚惆怅而独悲？……实迷途其未远，觉今是而昨非。……木欣欣以向荣，泉涓涓而始流，羡万物之得时，感吾生之行休。已矣乎！寓形宇内复几时，曷不委心任去留，胡为遑遑欲何之？富贵非吾愿，帝乡不可期。怀良辰以孤往，或植杖而耘耔。登东皋以舒啸，临清流而赋诗。聊乘化以归尽，乐夫天命复奚疑？

他这种任自然的人生，很表现老、庄的思想，而他理想的乌托邦，却在《桃花源记》一篇，从这篇文章中，更知道他受老、庄思想的影响最深，其言曰：

晋太元中，武陵人捕鱼为业，缘溪行，忘路之远近，忽逢桃花林，夹岸数百步，中无杂树。……渔人甚异之。复前行，欲穷其林。林尽水源，便得一山。山有小口，仿佛若有光。便舍船从口入。初极狭，才通人，复行数十步，豁然开朗。土地平旷，屋舍俨然，有良田美池桑竹之属，阡陌交通，鸡犬相闻。其中往来种作，男女衣著，悉如外人。黄发垂髫，并怡然自乐。见渔人，乃大惊。问所从来，具答之。便邀还家，为设酒杀鸡作食。村中闻有此人，咸来问讯。自云："先世避秦时乱，率妻子邑人，来此绝境，不复出焉，遂与外人间隔。"问今是何世。乃不知有汉，无论魏、晋。此人一一为具言所闻，皆叹惋。余人各复延至其家，皆出酒食。停数日，辞去。此中人语云："不足为外人道也。"

渊明这种乌托邦，正和老子所说的"甘其食，美其服，安其居，乐其俗；邻国相望，鸡狗之声相闻，民至老死不相往来"相合；不过渊明虽服膺老、庄，然亦未尝忘孔氏，我们从他的诗句中，便可以看得出来。例如"游好在六经"(《饮酒》)，"诗书敦夙好"(《辛丑岁七月赴假还江陵夜行途中》)，"先师遗训，予岂之坠"(《荣木》)，"所说圣人篇"(《答庞参军》)，都无不表示他未尝忘孔的意思。从这一点看来，他的自然主义就更和阮籍一般人不同了。

六、葛洪

以上所述，王弼、何晏、阮籍一派的清谈，可以叫做玄理派；陶渊明的自然主义，可以叫做纯粹的达观派；要皆受老、庄思想的影响很深。此外还有葛洪一派，却除掉老、庄思想以外，还杂有方士神仙之说；关于这一派，在第四讲中已经说过，这里用不着再述。此外又有鲍敬言一派，则受老、庄的影响最深，生当乱离之世，而力唱无君论。

鲍敬言的生平及著作均不可考，只有葛洪《抱朴子·诘鲍篇》中就记载着他的无君论，其言曰：

儒者曰："天生蒸民而树之君。"岂其皇天谆谆言，亦将欲之者为辞哉，夫强者凌弱，则弱者服之矣。智者诈愚，则愚者事之矣。服之，故君臣之道起焉。事之，故力寡之民制焉。然则隶属役御，由乎争强弱而校智愚，彼苍天果无事也。……夫役彼黎蒸，养此在官，贵者禄厚，而民亦困矣。夫死而得生，欣喜无量，则不如向无死也。让爵辞禄，以钓虚名，则不如本无让也。天下逆乱焉，而忠义显矣，六亲不和焉，而孝慈彰矣。曩古之世，无君无臣，穿井而饮，耕田而食，日出而作，日入而息。泛然不系，恢尔自得。不竞不营，无荣无辱。山无径蹊，泽无舟梁。川谷不通，则不相并兼。士众不聚，则不相攻伐。……势利不萌，祸乱不作，干戈不用，城池不设。万物玄同，相忘于道。疫疠不流，民获考终。纯白在胸，机心不生。含哺而熙，鼓腹而游。其言不华，其行不饰。安得聚敛以夺民养？安得严刑以为阬阱？降及叔季，智用巧生。道德既衰，尊卑有序。繁升降损益之礼，饰绂冕玄黄之服。起土木于凌霄，构丹绿于棼橑。倾峻搜宝，泳渊采珠。聚玉如林，不足以极其变；积金成山，不足以赡其费。澶漫于淫荒之域，而叛其大始之本。去宗日远，背朴弥增。尚贤，则民争名，贵货，则盗贼起，见可欲，则真正之心乱，势利陈，则劫夺之途开。造剡锐之器，长侵割之患。弩恐不劲，甲恐不坚，矛恐不利，盾恐不厚。若无凌暴，此皆可弃也。故曰："白玉不毁，孰为珪璋？道德不废，安取仁义？"使夫桀、纣之徒得燔人，辜谏者，脯诸侯，葅方伯，剖人心，破人胫，穷骄淫之恶，用炮烙之虐。若令斯人并为匹夫，性虽凶奢，安得施之？使彼肆酷恣欲，屠割天下，由于为君，故得纵意也。君臣既立，众慝日滋。而欲攘臂乎桎梏之间，愁劳于涂炭之中，人主忧栗于庙堂之上，百姓煎扰乎困苦之中，闲之以礼度，整之以刑罚。是犹辟滔天之源，激不测之流，塞之以撮壤，障之以指掌也。……群臣既立，而变化遂滋。夫獭多则鱼扰，鹰众则鸟乱，有司设则百姓困，奉上厚则下民贫。壅崇宝货，饰玩台榭。食则方丈，衣则龙章。内聚旷女，外多鳏男。采难得之宝，贵奇怪之物，造无益之器，恣不已之欲。非鬼非神，财力安出哉？夫谷帛积，则民有饥寒之俭，百官备，则坐靡供奉之费。宿卫有徒食之众，百姓养游手之人。民乏衣食，自给已剧，况加赋敛，重以苦役。下不堪命，且冻且饥，冒法斯滥，于是乎在。王者忧劳于上，台鼎颦顾于下，临深履薄，惧祸之及。恐智勇之不用，故厚爵重禄以诱之；恐奸衅之不虞，故严城深池以备之。而不知禄厚则民匮而臣骄，城严则役重而攻巧。故散鹿台之金，发巨桥之粟，莫不欢然；况乎本不聚金而不敛民粟乎？休牛桃林，放马华山，载戢干戈，载櫜弓矢，犹以为泰；况乎本无军旅而不战不戍乎？茅茨土阶，弃织拔葵，杂囊为帷，濯裘布被，妾不衣帛，马不秣粟。俭以率物，以为美谈。所谓盗跖分财，取少为让，陆处之鱼，相煦以沫也。夫身无在公之役，家无输调之费，安土乐业，顺天分地，内足衣食之用，外无势利之争；操杖攻劫，非人情也。象刑之教，民莫之犯，法令滋彰，盗贼多有。岂彼无利性而此专贪残，盖我清净则民自正，下疲怨则智巧生也。任之自然，犹虑凌暴。劳之不休，夺之无已。田芜仓虚，杼柚乏空，食不充口，衣不周身，欲令勿乱，其可得乎？所以救祸而祸弥深，峻禁而禁不止也。关梁所以禁非，而猾吏因之以为非焉；衡量所以检伪，而邪人因之以为伪焉；大臣所以扶危，而奸臣恐主之不危；兵革所以静难，而寇者盗之以为难，此皆有君之所致也。

由鲍氏这段话看来，便知其思想的激烈，为当时人所无；而他反对君主与一任自然的精神，也完全流露在这段话里面。

七、反对清谈的范甯与傅玄

当清谈之风初起的时候，儒学就已消沉达于极点，所以鱼豢的《魏略》说："从初平元年(190)，至建安之末(219)，天下分崩，人怀苟且，纲纪既衰，儒道尤甚。……正始中(240—248)，有诏议圜丘普延学士，是时郎官及司徒，领吏二万余人。……而应书与议者，略无几人。又是时朝堂公卿以下四百余人，其能操笔者，未有十人；多皆相从，饱食而退。嗟呼！学业沉陨，乃至于此。"但当时尚能替儒学保持残垒的，如贾洪之流，对于儒学也有相当的贡献，至于一面为儒学保持残垒一面又反对清谈的，却要推范甯与傅玄。

范甯字武子，南阳顺阳人，所著有《春秋谷梁传集解》。他以当时士尚虚浮儒术衰替的罪过，归于何晏、王弼，其言曰："王、何蔑弃典文，不遵礼度，游辞浮说，波荡后生。饰华言以翳实，骋繁文以惑世。搢绅之徒，翻然改辙。洙泗之风，缅焉将坠。遂令仁义幽沦，儒雅蒙尘。礼坏乐崩，中原倾覆。古之所谓言伪而辨、行僻而坚者，其斯人之徒欤？……王、何叨海内之浮誉，资膏粱之傲诞，画魑魅以为巧，扇无检以为俗。郑声之乱乐，利口之覆邦，信矣哉！吾固以为一世之祸轻，历代之罪重，自丧之衅小，迷众之衍大也。"他这样地崇儒排俗，所以他终身事业，差不多都用在教授生徒振兴儒学上面。

傅玄字休奕，北地泥阳人，所著有《傅子》数十万言，《文集》百余卷，但多亡佚，今有叶德辉所辑《傅子》、《傅玄集》各三卷行世。当清谈之风特盛时，他也上疏晋武帝，排斥当时的士风，其言曰："先王之御天下也，教化隆于上，清议行于下。近者魏武好法术，而天下贵刑名；魏文慕通达，而天下贱守节。其后纲维不摄，虚无放诞之论，盈于朝野，使天下无复清议；而亡秦之病，复发于今。"(《晋书·傅玄传》)他一方面力斥当时清谈之风，他方面却提出儒家修己治人之说，其言曰："立德之本，莫尚乎正心。心正而后身正，身正而后左右正，左右正而后朝廷正，朝廷正而后国家正，国家正而后天下正。故天下不正，修之国家；国家不正，修之朝廷；朝廷不正，修之左右；左右不正，修之身；身不正，修之心。所修弥近，而所济弥远。禹、汤罪己，其兴也勃焉，正心之谓也。心者神明之主，万理之统；动而不失正，天地可感，而况于人乎？况于万物乎？夫有正心，必有正德。以正德临民，犹树表望影，不令而行。《大雅》云：'仪刑文王，万邦作孚。'此之谓也。"（《正心篇》）他这段话，无异是《大学》正心、诚意、修己治人的注脚。他又阐明儒家之所谓仁，其言曰："夫仁者盖推己以及人也。故己所不欲，无施于人；推己所欲，以及天下。推己心孝于父母，以及天下，则天下之为人子者，不失其事亲之道矣。推己心有乐于妻子，以及天下，则天下之为人夫者，不失其室家之欢矣。推己之不忍于饥寒，以及天下，之心含生无冻馁之忧矣。"（《仁论篇》）（之心二字疑当在饥寒之下）他这些话，完全是儒家言论。不过当时老、庄思想很流行，他有时也受老、庄思想的影响，所以他也说："天下之福，莫大于无欲；天下之祸，莫大于不知足。"

此外尚有裴頠著《崇有论》，以排何、王之所谓无，其言曰：

> 夫至无者，无以能生。故始生者，自生也。自生而必体有，则有遗而生亏矣。生以有为已分，则虚无是有之所遗者也。故养既化之有，非无用之所能全也。理既有之众，非无为之所能循也。心非事也，而制事必由于心。然不可以制事以非事，谓心为无也。匠非器也，而制器必须于匠。然不可以制器以非器。谓匠非有也。是以欲收重泉之鳞，非偃息之所能获也。陨高墉之禽，非静拱之所能捷也。审投弦饵之用，非无知之所能览也。由此而观，济有者，皆有也。虚无奚益于已有之群生哉？

以上所述三人，都是当时攻击清谈之风最有力的人，不过他们所持的理由，或过于薄弱，或囿于常识，所以对于清谈之风无损于毫末。

八、经学及其他

魏、晋经学，不及两汉之盛，而且两汉家法，也为魏、晋人所败坏；不过王弼、何晏诸人，多衍空理，不守训诂，却是晋、魏经学的一大变革。今将魏、晋经学的几个特点，分述如下：

（一）今文学的绝灭　经今文学盛于西汉，哀、平之际，古文学兴，今文学就渐次衰落。当时天下大乱——汉末黄巾、董卓之乱，三国的纷争，西晋时外族的蹂躏——学者流离失所，经籍灭裂焚毁，人人救死惟恐不暇，所以谈不到古籍的保存与发扬。据史籍所载：《齐诗》魏时已亡；永嘉（311）之乱，《易》亡施氏、梁丘，《书》亡欧阳、大小夏侯，《诗》亡《鲁诗》、《韩诗》，孟氏《易》、京氏《易》无传人；《春秋公羊传》、《谷梁传》寖衰，虽存若亡。到东晋元帝设立博士，置《周易》王氏（弼）、《尚书》郑氏（玄）、《古文尚书》孔氏（伪孔安国）、《毛诗》郑氏、《周官礼记》郑氏、《春秋左传》杜氏（预）服氏（虔）、《论语》、《孝经》郑氏博士各一人，于是西汉今文十四博士已无一存，而今文学由是绝灭。直到清季，始有今文学的复兴。

（二）反郑学运动　原来自东汉郑玄兼采今古文遍注群经以后，今古文的家法，就已淆然混乱。当时学者苦于今古文家法的繁琐，震于郑氏经术的洽博，也就翕然宗从。郑学因此就独盛一时。但不到数十年的光景，就发生反郑学的运动。这运动的开始者是王肃。肃兼通今古文，不主一家。他反对郑学，并无一定的立场：或用今文说以驳郑氏的古文说，或用古文说以驳郑氏的今文说。郑主六天说，王则主一天说；郑主帝王感生说，王则祖述《毛传》否认郑氏这种说法。他反郑学的专著，叫做《圣证论》；又伪作孔安国《尚书传》、《论语》、《孝经注》、《孔子家语》、《孔丛子》五书，以互相证明。他为晋武帝外祖，因此借帝王的威权，把他的《尚书》、《诗》、《论语》、《三礼》、《左氏解》及其父朗的《易传》，都立于学官，而且当时朝廷典制、宗庙丧纪轻重之礼，也都尊王说，不用郑义。郑学由是大受打击，今古文的家法，从此无人过问，而当时儒者,也就只知斤斤于郑、王之辩了。

(三)魏、晋人说经多衍空理,不讲训诂,开后此南朝经学一派。皮锡瑞《经学历史》说:“世传十三经注,止一《孝经》,为唐明皇御注;其余汉人与魏、晋人各居其半。郑君笺《毛诗》,注《周礼》、《仪礼》、《礼记》;何休注《公羊传》;赵岐注《孟子》,凡六经,皆汉人。孔安国《尚书注》,王肃伪作;王弼《易注》;何晏《论语集解》。凡三经,皆魏人注。杜预《左传集解》、范甯《谷梁集解》、郭璞《尔雅注》,凡三经,皆晋人注。以注而论,魏、晋人似不让汉人矣;而魏、晋人注,卒不能及汉者。《孔传》多同王肃,孔《疏》已有此疑,宋吴棫与朱子及近人阎若璩、惠栋,历诋其失,以为伪作。……王弼、何晏祖尚玄虚,……王弼《易注》,空谈名理,与汉儒朴实说经不似;……何晏《论语集解》,合包、周之《鲁论》,孔、马之《古论》,而杂糅莫辨。……杜预《左传集解》,多据前人说解,而没其名,后人疑其杜撰。……范甯《谷梁集解》,虽存《谷梁》旧说,而不专主一家,序于三传皆加诋諆;……郭璞《尔雅注》,亦没前人说解之名,余萧客谓为攘善无耻。此皆魏、晋人所注经,准以汉人著述体例,大有径庭,不止商、周之判。”皮氏批评魏、晋人注经的坏处,可说是深中其弊;但是魏、晋人说经不主家法,专尚空理,却不能不说是汉儒治经的一个反动,而南朝一派的经学,则更是由魏、晋人所开端。

魏、晋经学已如上述,现在进而说南北朝的经学。《北史·儒林传序》说:“江左,《周易》则王辅嗣,《尚书》则孔安国,《左传》则杜元凯;河洛、《左传》则服子慎,《尚书》、《周易》则郑康成,《诗》则并主于毛公,《礼》则同遵于郑氏。南人约简,得其英华;北学深芜,穷其枝叶。”我们看到这段话,便可知南北学派不同之所在。大抵北人俗尚纯朴,无浮华的习气,而经学又专宗郑、服,远有师承,所以能够穷理尽微。南人尚虚谈,宗老、庄之说,而治经又守魏、晋经师之说,所以喜谈新理。兹分述之如下:

(一)北朝经学　晋室东迁以后,北朝经过五胡十六国的争乱,到了北魏的时候,道武帝才设太学,置五经博士。天兴二年,太学生增至三千人。后又设立乡学、小学,教养诸生,优待学者,奖励儒学,由是学者辈出。其最著名的,有魏刘献之、徐遵明,齐李铉,周沈重、熊安生等。刘氏著有《三礼大义》四卷及《三传略例》、《毛诗序义》，徐氏著有《春秋义章》三十卷，李氏著有《孝经》、《论语》、《毛诗》、《三礼义疏》及《三传异同》、《周易义例》，沈氏著有《三礼》、《毛诗义》，熊氏著有《周礼》、《礼记》、《孝经义疏》。其中以徐氏讲学最久，为海内所宗。郑注《周易》、《尚书》、《三礼》及服注《春秋》，皆徐氏所传。（只有《毛诗》，则为刘氏所传。）据《北齐书・儒林传序》，徐氏门下，如下所示：

郑注《周易》：

- 徐遵明
  - →卢景裕→权会→郭茂
  - →崔瑾

郑注《尚书》：

- 王聪→徐遵明
  - →李周仁
  - →张文敬
  - →李　铉
  - →权　会

三礼：

- 徐遵明
  - →李　铉
    - →刁　柔
    - →张买奴
    - →鲍季祥
    - →邢　峙
    - →刘　昼
    - →熊安生
      - →孙灵晖
      - →郭仲坚
      - →丁恃德
  - →祖　隽
  - →田元凤
  - →冯　伟
  - →纪显敬
  - →吕黄龙
  - →夏怀敬

服注《春秋》：

徐遵明→张买奴、马敬德、邢峙、张思伯、张奉礼、张彫、刘昼、鲍长宣、王元则

其后又有刘焯、刘炫。刘焯著《稽极》十卷、《历书》十卷及《五经述义》。刘炫著有《论语述议》十卷、《春秋攻昧》十卷、《五经正名》十二卷、《孝经述议》五卷、《春秋述议》四十卷、《尚书述议》二十卷、《毛诗述议》四十卷、《诗序》一卷、《算序》一卷。惟二刘崇信伪书，又传南人费

彪之学，是为北学折入于南之一证。

（二）南朝经学 东渡以后，宋、齐之间，虽开国学，但未普及。至梁武帝天监四年，始开五馆，立国学，置五经博士各一人。其后，武帝尊信佛教，儒学也就随着寖衰了。然当时大儒，尚有梁崔灵恩、皇侃，陈沈文阿、戚衮、张讥诸人。崔氏著有《三礼义宗》四十七卷、《左氏经传义》二十二卷、《左氏条例》十卷及《毛诗集注》、《周礼集注》、《公羊谷梁文句义》等。皇氏著有《论语义疏》十卷、《礼记义疏》五十卷。沈氏著有《春秋》、《礼记》、《孝经》、《论语义记》、《仪礼》、《经典大义》。张氏著有《周易》、《尚书》、《毛诗》、《孝经》、《论语义》等。都无不遵守魏、晋经师之说，侈谈新理。惟严植之习郑氏《礼》、《易》、《毛诗》，却有北学之风。

南北朝经学家为义疏之学颇多，观上所述诸氏的著作，即可概见。后此唐人义疏之风特盛，实由南北朝人开端。惟诸氏著作，已多亡佚，只有皇侃的《论语义疏》及《礼记义疏》尚存，熊安生的《义疏》，则多见于《礼记疏》中。

* * *

这个时代，学术上还有一件值得特书的，就是音韵学的发达。颜之推论韵学的历史有云："九州之人，言语不同。自《春秋》标'齐言'之传，《离骚》目《楚辞》之经，此盖其较明之初也。后有扬雄著《方言》，其书大备，然皆考名物之同异，不显声读之是非也。迨郑玄注《六经》，高诱解《吕览》、《淮南》，许慎造《说文》，刘熹制《释名》，始有譬况假借，以证音字耳。而古语与今殊别，其间轻重清浊，犹未可晓；加以外言、内言、徐言、读若之类，益使人疑。但孙叔然（炎）创《尔雅音》，是汉末人独知反语。至于魏世，此事大行，高贵乡公不解反语，以为怪异。自兹厥后，音韵锋出，各有土风，递相非笑。指马之喻，未知孰是，共以帝王都邑，参校方俗，考核古今，为之折衷。权而量之，独金陵与洛下耳。"（《家训·音辞篇》）由此看来，便知古人音书，止为譬况之说，到孙炎始为反语。但据郑樵《通志·艺文略》，却谓"切韵之学，起自西域所传十四字贯一切音，文省而音博，谓之《婆罗门书》”。而前《汉书·地理志》，广汉郡梓潼下应劭注，也明载：“潼水所出，南入垫江。垫音徒浃反。”似此则在孙炎之前，或许就有了反切之法，而且是从西域得来的；不过到孙炎手上，才把它整齐划一以代直音罢了。南北朝时，南齐周颙又著四声切韵，梁沈约更撰《四声谱》，于是又有平上去入四声之分。当时沙门神珙称沈约创立纽字之图，并且因之更立《五音图》。后唐僧守温即藉这反纽之法，以定见、溪、群、疑、端、透、定、泥、帮、滂、并、明、非、敷、奉、微、知、澈、澄、娘、精、清、从、心、邪、照、穿、床、审、禅、晓、匣、影、喻、来、日三十六字母。现今注音字母的声母，就是损益这三十六字母而成的。

最后，还有一点要说明的，就是魏、晋、南北朝伪书之作，很为流行。上面所说的《列子》，其中有些部分，便是魏、晋人的伪作。王肃的伪作孔安国《尚书传》等五书，在上面已经说过了。后来刘炫看见朝廷下诏求天下遗书，也就伪造书百余卷，题名《连山易》、《鲁史记》等。又如《汉魏丛书》中所收集的两汉、六朝的小说，其中也有很多伪作，例如陶潜的《搜神后记》，便是魏、晋以后人所作；尤其是其中托名汉人所撰的，大抵不可靠，而是魏、晋时人或魏、晋以后人的伪造。以上所述，不外是几个例子，至于其他多数伪书，更是不胜枚举，只得从略。

第六讲　佛教的输入及其在中国的发展与影响

一、概论

上面说过，魏、晋、南北朝是自然主义特盛的时代，是老、庄学说特盛的时代；但是，到了南北朝时，佛教就已特别发达，降至隋、唐，更是光焰万丈，发展达于极点，宋、元以下，便不过补苴而已。因此，本讲所要叙述的，就是从东晋到唐末这六百年间佛教的发展和它在中国学术上所发生的影响。

中国在魏、晋、南北朝时代，固有的儒学消沉达于极点，除了老、庄思想的猖披，学术界差不多成了僵冻状态。但是，自佛教输入并经过这长期的发展以后，中国学术界却生了一个激变。以后我们讲到宋、明理学的时候，便可以看到理学所受到佛教的影响是怎样的厉害。不但如此，就是文学、建筑、雕刻、绘画、音乐、宗教各方面，也因佛教的影响，而生出了变化。我们可以说，中国学术界几百年来的僵冻状态，简直是因佛教的影响才苏醒过来。这是中国学术思想史上的一大关键，研究中国学术思想史的人，决不可看轻这个关键。

二、佛教的输入

关于佛祖的生平，因为限于篇幅，只得从略；读者可参看我所编的《本国文化史大纲》二五〇页及二六〇页与夏曾佑《中国历史教科书》第二册第二篇第一章第六十三节。以下就佛教输入的历史，加以叙述：

鱼豢《魏略·西戎传》说:“汉哀帝元寿元年(公元前2年),博士弟子秦景宪从大月氏王使伊存口受《浮屠经》。”案当时罽宾为佛教最盛之地,而罽宾正为大月氏王丘就却所征服,则大月氏王使对于佛教有信仰,而秦景宪从之问业,或真有其事。似此,则秦景宪为中国人诵佛经之始。《后汉书·楚王英传》说:“英晚节更喜黄、老学,为浮屠斋戒祭祀。永平八年(65),诏令天下死罪皆入缣赎。英……奉送缣帛赎愆。……诏报曰:‘楚王诵黄、老之微言,尚浮屠之仁慈。洁斋三月,与神为誓。何嫌何疑,当有悔吝?其还赎以助伊蒲塞、桑门之盛馔!’”——案此为中国人祀佛之始。《后汉书·襄楷传》载桓帝延熹七年(164)楷上疏云:“闻宫中立黄、老、浮屠之寺。”——案此为帝王奉佛之始。《文献通考》说:“至桓帝时(160年顷),有安息国沙门安静赍经至洛,翻译最为通解。灵帝时(168—189)有月氏沙门支谶、天竺沙门竺佛朔等,并翻佛经;而支谶所译《泥洹经》二卷,学者以为大得本旨。”——案此为译经之始。《后汉书·陶谦传》说:“丹阳人笮融,在徐州、广陵间,大起浮屠祠,上累金盘,下为重楼。……作黄金涂像,……”——时公元195年,案此为中国人建塔造像之始。《文献通考》说:“甘露中,有朱士行者,往西域,至于阗国,得经九十章,题曰《放光般若经》。”又《历代三宝记》卷三年表中于魏甘露五年(260)条下注云:“朱士行出家,汉地沙门之始。——案此为中国人西行求法之始,亦即中国人出家之始。由上所述,可知佛教输入中国,当在西汉之末。到了晋世,佛教就渐次发达起来了。

晋武帝泰始中(265—274),月氏沙门竺法护,西游诸国,得了很多佛经,携至洛阳翻译,所译有《光赞般若》、《新道行》、《渐备一切智》、《正法华》等二百十部,佛法由是广布中土。晋末(310年顷),天竺沙门佛图澄至洛阳,后为后赵石勒(319—333)所推尊,号为大和尚,替勒力改从来的暴政;佛图澄更大建佛寺,多至八百九十三所,其弟子以万计,而以道安为最有名。道安为中国佛教界第一建设者:符秦时代(351—394)的译业,实由道安主持;符坚之迎鸠摩罗什,实由道安建议;四阿含、阿毗昙的创译,由安组织,翻译文体,由安厘正。道安弟子有惠远者,结白莲社于庐山,定心念佛,以期往生静土,是为中国净土宗的初祖。又有法显者，于东晋隆安三年(399)游印度求经典，义熙十二年(416)归国，在印共十五年，历三十余国。著有《佛国记》，今存藏中；治印度学的人，视此书为最古的宝典。在印得《摩诃僧只律》、《杂阿含》、《方等泥洹》诸梵本。《僧只律》由觉贤译出，《杂阿含》由求那跋陀罗译出，显自译《方等泥洹》。自显归国后，西行求法的风气大开；除与显同行的法勇、智严、宝云、慧景、道整、慧应、慧嵬、僧绍七人外，其最著者还有智猛、道普、道泰、惠生、智周诸人。中、印交通，一时颇盛。当显去国后二年，龟兹国鸠摩罗什来长安，后秦姚兴待以优礼。什译书三百余卷，其主要者有《中论》、《百论》、《十二门论》、《智度论》、《十住毗婆娑论》、《阿弥陀经》、《法华经》等，龙树派的大乘教义由是入中土，成实宗与三论宗亦因之传入。什弟子数千人，最著名的有僧肇、僧睿、道生、道融，时号四圣。北凉元始元年(412)，中印度昙无谶为凉主沮渠蒙逊迎至中国，译《大般涅槃经》，于是我国始有涅槃宗。后又译《大集》、《大云》、《悲华》、《地持》、《金光明》诸经，复六十余万言。

南北朝时，南朝以梁武帝最崇信佛教，当时受戒者达四万八千人。武帝大通元年(527)，达摩从天竺由海来中国，著《悟性论》、《破性论》诸书，为中国禅宗的始祖。武帝大同十二年(546)，西天竺真谛来中国，武帝迎召于法云殿；真谛译有《摄大乘论》、《唯识论》、《俱舍论》等六十四部二百七十八卷。俱舍宗与摄论宗由是入中国，陈代(557—588)更有智𫖮，创立天台宗。至于北朝，则后魏宣武帝永平元年(508)有北印度菩提流支来朝，译《十地论》、《净土论》诸书，光统依其译本，而地论宗始入中国。

降至隋、唐，佛教益加发达。隋开皇间(581—600)，南山宣明《四分律》(《四分律》为曹魏时昙摩阿罗所译)，而律宗以完。又有嘉祥，为隋一代大师，著述甚多，其主要的有《中论疏》、《百论疏》、《十二门论疏》、《三论玄义》等书。唐代太宗时(627—649)有杜顺，著《五教止观》、《法界观门》各书，为华严宗的始祖。又有玄奘三藏，于太宗贞观二年(629)出游印度，十九年归，从彼土大师戒贤受学，邃达法相。归国后，从事翻译，十九年间(645—663)所译经论七十四部一千三百三十八卷，其最重要的有《大般若经》六百卷、《大毗婆娑》二百卷、《瑜伽师地论》百卷、《顺正理论》八十卷及《俱舍论》三十卷。玄奘与其高足窥基(即慈恩大师),为中国法相宗的始祖。唐武后证圣间(695),于阗人实叉难陀重译《华严经》及《大乘起信论》等书。又有义净三藏,以高宗咸亨二年(671)出游印度,历三十七年始归。归后专事翻译,所译五十六部二百三十卷。律部之书,至净始备;密宗教义,至净始传。玄宗时(713—755),金刚智及其弟子不空来中国,合译《金刚顶经》,为中国真言宗的始祖。

总上所述,佛教十三宗,均初起于东晋至隋、唐之时,其发达情形,由此可以窥见。晚唐以后,无大发展,故略而不述。

以上十三宗,除涅槃归入天台、地论归入华严、摄论归入法相外,其余十宗,均经过极光大的时代,今按其所属教乘,表列如下:

- 教理
  - 小乘教
    - 俱舍宗
    - 成实宗
  - 权大乘教
    - 律　宗
    - 法相宗
    - 三论宗
  - 大乘教
    - 华严宗
    - 天台宗
    - 真言宗
    - 净土宗
    - 禅　宗

三、诸宗的教义

诸宗的教义,很为繁复,非这里所能详述,现在只将诸宗教义的梗概,分述如下:

(一)俱舍宗　佛灭九百年后,世亲菩萨依《四阿含经》作《俱舍论》,便是本宗的起始。时印度自佛家乃至外道,莫不竞学,大显势力于西域。陈文帝天嘉四年(563),印度高僧真谛带来梵本,译为《阿毘达磨俱舍论》，叫做《旧俱舍论》，陈智觊，唐净慧皆为作疏。后唐，玄奘到天竺，从僧伽耶舍学习，归国重译为三十卷，叫做《新俱舍论》，其弟子神秦、普光等为之作疏，流传很广。此宗本为法相宗的初步，所以又叫做法相宗的附宗。

本宗依着因果，解释世间诸法，第一说到四谛。什么叫做四谛？就是苦谛、灭谛、集谛、道谛四者。现在先说苦谛。苦便是人生的真相，最显著的为生、老、病、死四大苦，此外还有“爱别离苦”、“怨憎会苦”、“求不得苦”，等等。这些苦都是集的结果，所以又说到集谛。集是苦的原因。换句话说，一切苦的真因，便是无明与行。说到无明与行，就要说到十二缘起（又名十二支）。什么叫做十二缘起？就是无明、行、识、名色、六处、触、受、爱、取、有、生、老死。无明即是惑，行即是业。从惑与业所造的因，就生现在“识、名色、六处、触、受”受苦之果；有“爱、取、有”的因，就生“生、老死”的果。苦因与苦果既已明白，现在要求苦的解脱，于是进而说到灭谛。苦因立于苦果之前，苦因不起则苦果不生，所以解脱的最吃紧处，就在于断苦因。要断苦因，就要断无明，因为由无明才生我执，而我执又是一切苦恼的起因。如果没有我执，换句话说，即如果除掉了无明的障碍，则一切苦恼自可无形解脱。如果是这样，才叫做达到了涅槃的境界。但要达到涅槃的境界，却有达到此境界的方法，所以最后一步，就要说到道谛。什么叫做道谛，就是佛祖最初所宣说的八圣道，即正见、正思、正语、正业、正命、正精进、正念、正定八者，这八圣道，就是达到涅槃的方法。正见即正确的观察，对于四谛有正确的认识，便是如实知见的智慧。正思即正当的思想，就是助成正见达到实行的过渡状态。正语即正确的言语，求正见与正思之正确的发表。正业即正当的行为，求所行与所言之一致。正命即正当的生活，正精进即正当的努力，都是求正当行为之现实与向上。正念即正当的念虑，谓不起邪念；正定即严正的精神，谓心专境一。这八圣道，就是到灭之道。以上所述，便是观四谛之理，以得涅槃之乐。

（二）成实宗　本宗的初祖，为造《成实论》的诃梨跋摩，生于佛灭后九百年。本宗不盛行于印度，鸠摩罗什译之才流入到中国。自晋末至唐初二百年间，本宗极为盛行；唐中叶以后寖衰。

本宗为小乘教中的最高者，发挥人空法空之理。以人空观破除烦恼障，以法空观破除所知障。人空法空之理，是罗汉小乘，由五趣地而至罗汉果，共分七十二位，断三界的思惑。但《成实论》本与《三论》并译，其传法者多两者俱习，所以本宗又叫做三论宗的附宗。

（三）律宗　佛学分经、律、论三藏，所以律为三藏之一。中国初有此宗，始于曹魏嘉平二年(250)昙摩阿罗所译《四分律》。什么叫做《四分律》？即比丘戒、比丘尼戒及受戒犍度、房受犍度、安居犍度四者。其后鸠摩罗什又译《十诵律》，觉贤又译《僧只律》，律宗遂渐次完备。然卓然完成本宗的，还要推南山道宣。南山系智首律师的门徒，译律数百卷，弘布《四分律》，称为南山派，其势力至元时不衰。同时与南山派并立者，又有两派：一为法砺律师所创的相部宗，一为怀素律师所创的东塔宗，然均不光大。

一切戒律，包括于止持、作持二门。止持是诸恶莫作，作持是众善奉行。止持门有比丘、比丘尼二部戒本，叫做具足戒。具足戒中，有五戒、八戒、十戒、六法之别，表列如下：

具足戒					
不杀生	五戒	八戒	九戒	十戒	
不偷盗	五戒	八戒	九戒	十戒	
不邪淫	五戒	八戒	九戒	十戒	
不妄语	五戒	八戒	九戒	十戒	
不饮酒	五戒	八戒	九戒	十戒	
香油涂身戒		八戒	九戒	十戒	
歌舞观听戒		八戒	九戒	十戒	
高广大床戒		八戒	九戒	十戒	
非时食斋戒			九戒	十戒	
捉金银宝戒				十戒	
杀畜生					六法
盗三钱					六法
摩　触					六法
小妄语					六法
饮　酒					六法
非时食					六法

（四）法相宗　法相、天台、华严三宗，叫做教下三家。法相宗以大意明唯识，所以又叫做唯识宗。本宗开祖为慈恩，所以又叫做慈恩宗，佛说大乘经中，《华严经》、《解深密经》等，均阐明万法唯识之义，实为本宗所本，佛祖死后九百年，弥勒慈尊应无着菩萨之请，说《瑜伽师地论》、《分别瑜伽论》、《大庄严论》、《辨中边论》、《金刚般若论》。无着承弥勒之旨，又作《显扬论》、《对法论》。无着之弟世亲菩萨，作《五蕴论》、《百法明门论》、《唯识三十颂》，大弘斯旨。后二百年，有难陀护法尊十大论师，皆注世亲的《唯识三十颂》，各有心得；而护法弟子戒贤论师，更称斯学巨子，自此以后，西域此学寖衰。唐世，玄奘三藏至印，问教戒贤，尽受斯学。归国以后，他的高足窥基（即慈恩法师）又从玄奘学，大畅妙旨，法相宗由是确立。再传得惠治，著《唯识了义灯》；三传得智周，著《唯识演秘》；本宗遂日益昌大。

本宗以为宇宙万有，都是由识所变，所谓三界唯心，心外无法，一切现象，都是心影，便是本宗的教义。据《解深密经》所示，分佛教诸经为三个时期：

（一）有教——是我空法有论，即俱舍宗等；

（二）空教——有为固空，无为亦空，是我法俱空论，即成实宗等；

（三）中道教——非有非空，是心有境空论，即法相宗。

欲明唯识之理，则有五位百法。什么叫做五位？即心法、心所法、色法、不相应行法、无为法五者，与俱舍宗同。百法之中，心法有八，即是八识。什么叫做八识？即于耳、目、鼻、舌、身意、俱舍六识之外，更有末那识、阿赖耶识二者。前五识都是感觉作用；第六识能回忆过去，思考未来，是理智作用；末那识是意识之根，能判别意识的善恶；阿赖耶识，其义为藏，谓能藏一切法。以水为例，阿赖耶是水之体，末那是水之流，前六识是水之流。百法之中，以心王为主，而心王又以阿赖耶为根本。除无为法，都是由此藏的种子而生；种分有漏无漏，随前七识的熏缘，无漏得势而为善，有漏得势而为恶；各有无限能力，因而发生宇宙一切万有，依阿赖耶为万法缘起的根本。合有漏无漏，又分为本有种子与新熏种子，《唯识论》所谓“种子生现行，现行熏种子”，便是本宗的因果论。

研究法相，又分四分三境。什么叫做四分？即相分、见分、自证分、证自证分四者。这是指主观的心象作用而言。至于从客观所缘之境，又分为性境、独影境、带质境三者，这是从一心转变的幻相，并非实用，因为心内不现其象则心不起，心不起则心内亦不现其相。

（五）三论宗　三论就是指《中论》、《十二门论》、《百论》而言，或加《大智度论》，便叫做四论宗。《中论》、《十二门论》为龙树菩萨所作，《百论》为提婆菩萨所作。鸠摩罗什是提婆的三传弟子，四论翻译，皆出其手。什门下有道生、僧肇、道融、僧睿、昙影、慧观、道恒、昙济，叫做八杰，均受此宗大义。昙济传道朗，道朗传道诠，道诠传法朗，法朗传嘉祥，至嘉祥而此宗大盛。其后玄奘三藏又问学印度清辨、智光，更受微言；又有地婆伽罗东来，口授宗义于慈恩；慈恩因远承什译，近禀奘传，旁参伽说，而作《十二门宗致义记》，而此宗遂以大成。至中唐以后，此宗渐衰。

本宗以破邪显正为宗旨。其欲破之邪有外道、毗昙、成实、大执。邪既然破，正自然显。但欲破邪，又必须从二谛八不入手。什么叫做二谛？第一是真谛，即是说森罗万象一切皆空。第二是俗谛，即是说森罗万象种种差别。所以俗谛是有，真谛是空。但是言空言有，均非宇宙真理，所以如来以八不中道，破除执有执空之迷。什么叫做八不中道？就是不生、不灭、不去、不来、不一、不异、不断、不常八者。中道既立，有空自破。但此宗所谓八不中道，意义很高，与法相宗并为权大乘教。

（六）华严宗　佛祖初说《华严经》，理论太高，不易了解。佛灭后五百年，马鸣菩萨造《大乘起信论》，演真如缘起法门，即本此经。次七百年，龙树菩萨又作《大不思议论》以解释之。次九百年，天亲菩萨作《华严十地论》。以上三师，称本宗印度的列祖。其在中国，东晋义熙十四年(418)，跋陀罗始译《华严经》六十卷，然尚未确然成一宗派。陈、隋间，杜顺始提义纲，标立宗名，著《华严法界观门》、《五教止观》、《十玄章》诸书，弘畅斯旨，是为本宗初祖。二祖智俨，三祖法藏，均有著述。法藏死后，慧苑私逞臆见，刊落师说，宗统将坠；四祖澄观起而作《华严大疏钞》，破斥异辙，恢复正宗。五祖宗密，兼通诸宗，并弘华严，本宗遂益昌大。以上五杰，称为华严五祖。晚唐以后，本宗渐衰。

华严法界玄门，以“一真法界”（万法缘起于一心，仍为一心所统摄，所以叫做一真法界。）区别为四种：第一，诸众生色心等法，各有差别，各有分齐，叫做“事法界”；第二，诸众生色心等法，虽有差别，而同一体性，叫做“理法界”；第三，理由事显，事揽理成，理事互融，叫做“理事无碍法界”；第四，一切分齐事法，称性融通，一多相即，大小互容，重重无尽，叫做“事事无碍法界”。四法界中，只有事事无碍法界，微妙难识，所以又详说十门：一、同时具足相应门，如海之一滴，具百川味；二、广狭自在无碍门，如一尺之镜，见千里影；三、一多相容不同门，如一室千灯，光光涉入；四、诸法相即自在门，如金与金色，不相舍离；五、秘密隐显俱成门，如秋空片月，晦明相并；六、微细相容安立门，如琉璃之瓶，盛多芥子；七、因陀罗纲境界门，（因陀罗者，谓帝释天，其宫殿宝网，重重互照。）如两镜互照，传曜相写；八、托事显法生解门，如擎拳竖臂，触目皆道；九、十世隔法异成门，如一夕之梦，翱翔百年；十、主伴圆明具德门，如北辰所居，众星皆拱。——这便叫做“十玄门”。此外又说六相：一、总相，一即具多为总；二、别相，多即非一为别；三、同相，互不相违为同；四、异相，彼此不滥为异；五、成相，一多缘起和合为成；六、坏相，诸法各住本位为坏。总、同、成，叫做“圆融门”。别、异、坏，叫做“行布门”。然说行布法，圆融即在行布之中。说圆融法，行布即在圆融之内。因该果海，果澈因源。这便是华严法界玄门的大概。

（七）天台宗　本宗依《法华经》立宗，所以又叫做法华宗。本宗不起自印度，创始者为我国智𫖮，智𫖮居天台山，所以叫做天台宗。当时有南岳慧思禅师，自证三昧，智𫖮往谒，则曰：“昔日灵山，同听《法华》，宿缘所追，今复来矣。”乃使修《法华》三昧。越十四日，智𫖮大悟，遂直接佛传，创立本宗。湛然《止观义例》说：“一家教门，所用义智，以《法华》为宗骨，以《智论》（即《大智度论》）为指南，以《大经》（即《涅槃经》）为扶疏，以《大品》（即《大品般若经》）为观法，引诸经以增信，引诸论以助成。观心为经，诸法为纬，织成部帙，不与他同。”本宗创立的真相，都为这几句话所概括。智𫖮之后有章安，结集本宗诸说，以成一宗典籍。后又有智威、慧威、玄朗、妙乐诸师，广播宗风。唐宋湛然，更有声名。

天台止观法门，本于佛言定慧。（佛以戒、定、慧为三学，以三学分配三藏，则戒学属律，定学属经，慧学属论。）因为“止”是“定”因，“慧”是“观”果。由定慧而起止观，即以止观而证定慧。什么叫做止？玄觉《永嘉集正修止观》第九说：“夫念非忘尘而不息，尘非息念而不忘。（眼、耳、鼻、舌、身、意，叫做六根；色、声、香、味、触、法，叫做六尘；谓之尘者，以染污义故。）尘忘则息念而忘，念息则忘尘而息。忘尘而息，息无能息。息念而忘，忘无所忘。忘无所忘，尘遗非对。息无能息，念灭非知。知灭对遗，一向冥寂。阒尔无奇，妙性天然。”什么叫做观？同书又说：“夫境非智而不了，智非境而不生。智生则了境而生，境了则智生而了。智生而了，了无所了。了境而生，生无能生。生无能生，虽智而非有。了无所了，虽境而非无。无即不无，有即非有。有无双照，妙悟肃然。”而止观二门，析之又为空假中三观：止者观空；观者观假；止而非止，观而非观，非止非观，即止即观，这便叫做中。三者具于一心，所以统名“一心三观”。有此三观，能破三惑，（一见思惑，二尘沙惑，三无明惑。）而成三智。（一切智，道种智，一切种智。）

（八）真言宗　佛教有显教、密教之别。什么叫做密教？密教就是真言宗，此宗以《大日经》、《金刚顶经》等为依，立十住心，统摄诸教，建立曼荼罗、三密（身、口、意）相应，即凡成圣，其不思议力用，惟佛能知，非因位所能测度，所以叫做密教；自余之法门，叫做显教。据佛家说：佛有释迦佛、大日如来佛、弥陀佛三身，实一佛之德所流出的三体。大日是释迦的法身，释迦是大日的化身。故后世学者综别诸宗，亦分为释迦教、大日教、弥陀教三类。本节所述十宗，只真言宗属大日教，净土宗属弥陀教，其他八宗都属释迦教。相传金刚萨埵亲受法门于大日如来。如来灭后七百年，萨埵以授龙猛菩萨，龙猛传龙智，龙智传善无畏。善无畏于唐世来中国，译《大日经》以授金刚智。金刚智便是中国此宗初祖。其后不空东来，承金刚智之后，从事翻译，本宗因以确立。但此宗不盛行于中国，后由空海传到日本，日本至今尚盛行此宗，西藏、蒙古、暹罗，亦颇流行。

本宗与他宗不同：天台、华严均以理为本，本宗却以事为本；他宗以真如为宇宙本体，而本宗却以六大为本体。什么叫做六大？就是地大、水大、火大、风大、空大、识大六者。前五大为理，属于胎藏界；识大为智，属于金刚界。从这六大造成一切佛一切众生器界等类。其实胎金为一，色心不二，不生不灭，无先无后，现象即实在，实在即现象，融圆无碍；但从两部曼荼罗所有诸佛菩萨，都依五智而成。什么叫做五智？就是法界体性智、大圆镜智、平等性智、妙观察智、成所作智五者，与法相宗所说相似。由识生五智，识又包地大、水大、火大、风大、空大，互相圆融，为宇宙自在无碍的本体；此本体即佛的本体，智慧具足；我们如能修行三昧，便可转识成智，即身成佛。

（九）净土宗　本宗以《无量寿经》、《观无量寿经》、《阿弥陀经》及天亲菩萨所作的《往生净土论》为依据，就是弥陀教。印度先祖当推天亲。天亲死后五百年，菩提流支始传净土法门于中国。但是后汉时安息国沙门安清高已译有《无量寿经》二卷，而晋世慧远结白莲社于庐山，念佛修已，却已是本宗的嚆矢，不过法门未备而已。及北魏永平元年（508年）菩提流支来中国，本宗始正式确立。流支传昙鸾，鸾著《往生净土论注》，本宗大盛。其后，隋有道绰，唐有善导，都是本宗的大师。本宗与禅宗、天台、法相、华严诸宗不同，诸宗教义微妙，非钝根人所能了解，所以信奉的人，都是些士大夫；本宗却专为普通人说法，依阿弥陀佛的愿力，一心念佛，往生净土，凡难觉的教义，概置不论，所以它的势力很大，披靡全国，现今世俗所谓佛教，大抵都是本宗的末流。

阿弥陀译言无量寿无量光，阿弥陀佛就是西方极乐世界的教主，在无量劫前身为国王，闻自在王佛说法，因弃位出家为沙门；他怜念三界众生沉沦苦海，发四十八愿，以念佛名号为往生净土的方法。净就是心，土就是境，不是别有一处地方，乃是在心境之内；所以净土就是佛心所证的真如体，念佛法门很多，如觉性念、观相念、持名念等，要之都不外摄众念为一念，化染念为净念，念到一心不乱，以成净业而已。

（十）禅宗　法相、天台、华严，叫做教下三家；禅宗叫做教外别传。这四宗，都是大乘上法。禅宗以"不著语言、不立文字、直指本心、见性成佛"为教义，一变佛教的窠臼，后此宋、明间儒、佛混合，皆自此始。本宗历史，相传如来在灵山会上，拈花示众，摩诃迦叶（即西天初祖）破颜微笑。如来说："吾有正法眼藏，涅槃妙心，实相无门，微妙法门，不立文字，教外别传，付嘱摩诃迦叶。"其后迦叶以衣钵传阿难，中间经马鸣、龙树、天亲等二十七代，密密相传，不著一字，直至达摩。达摩为印度二十八祖，梁时来中国，后入嵩山，面壁十九年，始得传法之人，传已遂入灭；故达摩又叫做中国禅宗初祖。二祖慧可、三祖僧璨、四祖道信，皆依印度祖师之例，不说法，不著书，止求得传钵之人，即自灭寂。至五祖弘忍，始开山授徒，门下千五百人，神秀为首座，竟不能传法；而赁舂人慧能，反受衣钵，是为六祖。后神秀复师慧能，悟大法，于是禅宗分南（慧能）北（神秀）二派。六祖以后，钵止不传；而教外密传，遂极光大，以后竟衍为云门、法眼、曹洞、沩仰、临济五宗，宋、明以来，势力披靡全国，今列禅宗五门表如下：

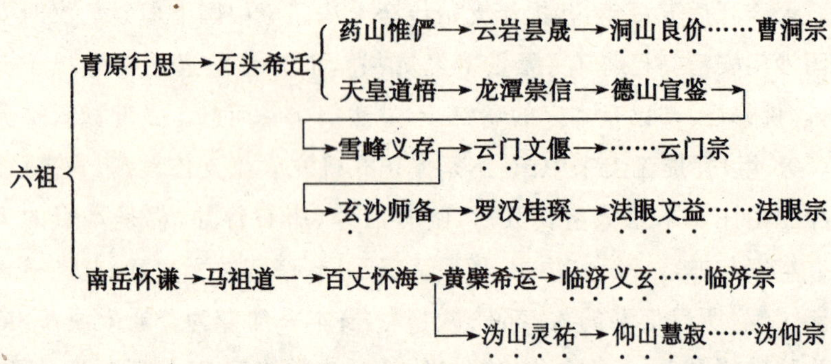

佛法最普遍的莫如净土，而最特殊的则莫如禅宗，禅宗拣根器，净土则普漑，净土但念佛可以生西，而禅宗则非见性无由成佛。《血脉轮》说："若欲见佛，须是见性，性即是佛，若不见性，念佛诵经，持斋修戒，亦无益处。"这便是禅宗与净土根本不同之点。所谓见性，性乃遍在有情无情，普及凡夫圣贤，都无所住。故无住之性，虽在于有情，而不住于有情，虽在于恶，而不住于恶，虽在于色，而不住于色，虽在于形，而不住于形，不住于一切，故云无住之性。又此性非色、非有、非无、非住、非明、非无明、非烦恼、非菩提，全无实性。觉之名为见性；众生迷于此性，故输迴于六道，诸佛觉悟此性，故不受六道之苦。所以见性在禅宗是惟一的工夫。由此看来，可知禅宗以觉悟佛心为禅之体；而佛心指心之自性，所以说直指本心，见性成佛。因为人心之性即佛性，从而发见佛性便叫做成佛。

注：本节多取材于以下各书：梁启超著《中国古代思潮》，钟泰著《中国哲学史》，王治心著《中国学术源流》，李石岑著《人生哲学》及拙编《本国文化史大纲》。

四、佛教在中国学术上的影响

佛教在中国学术上最大的影响，就是促进了宋、明理学的完成。宋、明理学固然是儒学的一大转变，固然是儒学的哲学化，但是，宋、明理学之为儒表佛里，却是谁也不能否认的。以后讲到宋、明理学的时候，我们便可以看见这些理学家和禅师有怎样的关系，便可以看见这些理学家的思想和禅师的思想有怎样的关系。

其次，佛教的影响，促进了道教的完成。道教的沿革，上面已经说过。但是，道教真正具有宗教的组织与宗教的规模，却是受了佛教的影响以后的事情，所以梁启超《中国古代思潮》说："其时佛教已入震旦，妖妄者流，窃其象教密宗最粗浅之说，以欺惑愚众，故其所言天地输坏劫数终尽，略与佛经同，又言天尊之体，尚存不灭，往往开劫度人，（彼中言天尊开劫，已非一度，有延康、赤明、龙汉、开皇等年号，其间相去四十一亿万载云云，皆窃佛氏过去七佛之说成住坏空四劫之论也。）皆损益四阿含、俱舍论等所说。剽窃之迹显然可见，而复取两汉儒者阴阳五行之迷信以缘附之。"

再其次，佛教翻译文学的影响，使中国文学发生变化。梁启超翻译文学与佛典，其中"翻译文学之影响于一般文学"一节，讨论这一点很详细，现在摘要写在下面。第一，国语实质的扩大："或缀华语而别赋新义，如'真如'、'无明'、'法界'、'众生'、'因缘'、'果报'等；或存梵音而变为熟语，如'涅槃'、"般若'、'瑜伽'、'禅那'、'刹那'、'由旬'等。……近日本人所编《佛教大辞典》，所收乃至三万五千余语。此诸语者非他，实汉、晋迄唐八百年间诸师所创造，加入吾国语系统中而变为新成分者也。夫语也者所以表观念也；增加三万五千语，即增加三万五千个观念也。由此观之，则自译业勃兴后，我国语实质之扩大，其程度为何如者？"第二，语法及文体之变化："吾辈读佛典，无论何人，初展卷必生一异感，觉其文体与他书迥然殊异。其最显著者：（一）普通文章中所用'之乎者也已焉哉'等字，佛典殆一概不用。（除支谦流之译本。)(二)既不用骈文家之绮词俪句,亦不采古文家之绳墨格调。(三)倒装句法极多。(四)提挈句法极多。(五)一句中或一段落中含解释语。(六)多覆牒前文语。(七)有联缀十余字乃至数十字而成之名词。——一名词中,含形容格的名词无数。(八)同格的语句,铺排叙列,动至数十。(九)一篇之中,散文诗歌交错。(十)其诗歌之译本为无韵的。凡此皆文章构造形式上,画然辟一新国土。质言之,是外来语调之色彩甚浓厚,若与吾辈本来之'文学眼'不相习;而寻玩稍进,自感一种调和之美。……尤有一事当注意者,则组织的解剖的文体之出现也。稍治佛典者,当知科判之学,为唐、宋后佛学家所极重视。其著名之诸大经论,恒经数家或十数家之科判;分章分节分段,备极精密。推原斯学何以发达,良由诸经论本身,本为科学组织的著述。我国学者,亦以科学的方法研究之,故条理愈剖而愈精。此种著述法,其影响于学界之他方面者亦不少。夫隋、唐义疏之学,在经学界中有特别价值,此人所共知矣。而此种学问,实与佛典疏钞之学同时发生。吾固不敢迳指此为翻译文学之产物,然最少必有彼此相互之影响,则可断言也。……自禅宗语录兴,宋儒效焉,实为中国文学界一大革命,然此殆可谓为翻译文学之直接产物也。"第三,文学的情趣之发展:"吾为说于此。曰:'我国近代之纯文学——若小说,若歌曲,皆与佛典之翻译文学有密切关系。'须知大乘在印度本为晚出,其所以能盛行者,固由其教义顺应时势以开拓,而借助于文学之力者亦甚多。大乘首创,共推马鸣。读什译《马鸣菩萨传》,则知彼实一大文学家大音乐家,其弘法事业恒借此为利器。试细检藏中马鸣著述,其《佛本行赞》,实一首三万余言之长歌。今译本虽不用韵,然吾辈读之,犹觉其与《孔雀东南飞》等古乐府相仿佛。其《大乘庄严论》,则直是'《儒林外史》式'之一部小说;其原料皆采自《四阿含》,而经彼点缀之后,能令读者肉飞神动。马鸣以后成立之大乘经典,尽汲其流,皆以极壮阔之文澜,演极微眇之教理。若《华严》、《涅槃》、《般若》等,其尤者也。此等富于文学性的经典,复经译家宗匠以极优美之国语为之移写。社会上人人嗜读,即不信解教理者,亦靡不心醉于其词缋。故想像力不期而增进,诠写法不期而革新,其影响乃直接表见于一般文艺。我国自《搜神记》以下一派之小说，不能谓与《大庄严经论》一类之书无因缘。而近代一二巨制《水浒》、《红楼》之流，其结体运笔，受《华严》、《涅槃》之影响者实甚多。即宋、元、明以降，杂剧、传奇、弹词等长篇歌曲，亦间接汲《佛本行赞》等书之流焉。”

以上所举，系其荦荦大端，至于音乐、绘画、建筑、雕刻、塑像、地理学以及医学所受影响，则以限于篇幅，故从略。

五、儒佛道三教之争

自魏、晋以后，佛教道教同时盛行，势成对立，自不能不有争。当时儒道与佛之争，最初是从夷夏立论，进而乃从学理与伦理上立论。南北朝宋世顾欢作《夷夏论》，其言曰：“五帝三王，不闻有佛。国师道士，无过老、庄。儒林之宗，孰出周、孔。若孔、老非圣，谁则当之？……道济天下，故无方而不入。智周万物，故无物而不为。其入不同，其为必异。各成其性，不易其事。是以端委缙绅，诸华之容；剪发旷衣，群夷之服。擎跽磬折，侯甸之恭；狐蹲狗踞，荒流之肃。棺殡椁葬，中夏之风；火焚水沉，西戎之俗。全形守礼，继善之教；毁貌易性，绝恶之学。虽舟车均于致远，而有川陆之节。佛道齐乎达化，而有夷夏之别。若谓其致既均，其法可换者，百车可涉川，舟可行陆乎？今以中夏之性，效西戎之法……舍华效夷，义将安取？”《夷夏论》出，于是谢镇之有《折夷夏论》、朱昭之有《难夷夏论》、朱广之有《谘夷夏论》、释慧通有《驳夷夏论》、明僧绍有《正二教论》，一时争论不休，而释僧愍等竟推天竺为中国，故其言曰：“君责以中夏之性，效西戎之法者，子自出自井坎之渊，未见江湖之望矣。”如经曰：“佛据天地之中，而清导十方，故知天竺之土，是中国也。”这便是从夷夏立论而相争。南齐竟陵王子良（武帝子）精信佛教，而范缜盛言无佛，子良因问道：“君不信因果，世间何得有富贵？何得有贫贱？”缜答道：“人之生，譬如一树花，同发一枝，俱开一蒂。随风而堕，自有拂帘幌，坠于茵席之上；自有关离墙，落于溷粪之侧。坠茵席者，殿下是也。落溷粪者，下官是也。贵贱虽复殊途，因果竟在何处？”这便是从学理立论而相争。梁刘勰《灭惑论》说：“或造《三破论》：第一破曰入国而破国。诳言说伪，兴造无费，苦刻百姓，使国空民穷，生人减损。况不蚕而衣，不田而食。国灭人绝，由此为失。日用损废，无纤毫之益。五灾之害，不复过此。第二破曰入家而破家。使父子殊事，兄弟异法，遗弃二亲，孝道顿绝，忧娱各异，歌哭不同，骨肉生雠，服属永弃，悖化犯顺，无昊天之报。五逆不孝，不复过此。第三破曰入身而破身。人生之体，一有毁伤之疾，二有髡头之苦，三有不孝之逆，四有绝种之罪，五有亡体从诫。惟学不孝，何故言哉？诫令不跪父母，便竞从之。儿先作沙弥，其母复作阿尼，则跪其儿。不礼之教，中国绝之，何可得从？”而佛教徒则以为：“一夫全德，则道洽六亲，泽流天下，虽不处王侯之位，亦已协契皇极，在宥生民。是故内乖天属之重，而不违其孝；外缺奉主之恭，而不失其敬。”这便是从伦理上立论而争。

至于王浮作《老子化胡经》（见《高僧传》）以诬谤佛法，顾欢《夷夏论》引《玄妙内篇》之说谓“老子入关，之天竺、维卫国，国王夫人名曰净妙，老子因其昼寝，乘日精入净妙口中，后年四月八日夜半时，剖右腋而生，坠地即行七步，于是佛道兴焉”。以诋佛氏，却都是牵强附会之谈，无甚可取，所以略而不述。

儒道与佛之争虽烈，但始终没有一个结论，各是其是，各非其非，所以到了王通这些人手中，就有三教合一之说。

第七讲　理学未兴前学术思想界的倾向

一、概论

由上所述，我们已经知道中国学术思想界，自魏、晋、南北朝，老、释盛行以后，起了一个绝大的变化。在这时期中，儒学消沉已经达于极点。中经隋代而入于唐代，更只见佛、道两教的发达，而佛教名师辈出，更盛极一时；至于儒学，虽经唐初帝王崇奖，然而所谓儒徒，却只有文人，而无儒者。[①] 直到宋代理学勃兴，儒学才受了佛教思想的影响而转变起来。但隋、唐这过渡期间，却有许多人的思想，为宋代理学的前驱。要明白了这些人的思想，然后才可以知道儒学怎样地会转变为理学。所以在我们未讲到宋、明理学以前，对于过渡期中这些人的学术思想，必得予以简单的介绍。

二、文中子

据说文中子就是王通。龙门王通是隋末大儒，门徒很多，唐初如

---

① 唐初极崇术学，设学校，开弘文馆，以杜如晦等十八人为学士；然当时学者，多藉此以为进身之阶，少有以明道修己治人的儒者。开元八年(720)国子司业李元瓘上书曰："《三礼》、《三传》及《毛诗》、《尚书》、《周易》等，并圣贤微旨，生人教业。今明经所习，务在出身；咸以《礼记》文少，人皆竞读。《周礼》经邦之轨则，《仪礼》庄敬之楷模，《公羊》、《谷梁》历代宗习，今两监及州县，以独学无友，四经殆绝。"开元十六年国子祭酒杨玚上奏曰："今明经习左氏者，十无二三，又《周礼》、《仪礼》、《公羊》、《谷梁》，殆将绝废，请量加优奖。"王劭也说："魏、晋浮华，古道湮替，历载三百，士大夫耻为章句；唯草野生专经自许，不能博究，择从其善，徒欲父康成兄子慎，宁道孔圣误，讳言郑服非。"(《新唐书·元澹传》)

杜如晦、房玄龄、魏徵、薛收等，都是他的弟子。所著有《礼论》、《乐论》、《续书》、《续诗》、《元经》、《赞易》，叫做王氏《六艺》，然多半亡佚，今存者只有《中说》十篇。

关于文中子是否确有其人，又《中说》是否为后人伪作，有些人认为这是个疑问。宋王清明《挥麈录》："文中子，隋末大儒，欧阳文忠公、宋景文修《唐书·房杜传》中，略不及其姓名；或云：其书阮逸伪作，未必有其人。"但同书接着又说："然唐李习之尝有《读文中子》，而刘禹锡作《王华卿墓志》，序载其家世行事甚详，云门多伟人；则与书所言合矣，何疑之有？又皮日休有《文中子碑》，见于《文粹》。"又《旧唐书·王勃传》也说："祖通，隋蜀郡司户书佐，大业末弃官归，以著书讲学为业。依《春秋》体例，自获麟后，历秦、汉至于后汉。著纪年之书，谓之《元经》。又依孔子《家语》、扬雄《法言》例，为客主对答之说，号曰《中说》。皆为儒士所称。义宁元年(617)卒，门人薛收等相共议，谥曰文中子。"又《新唐书·王绩传》也说："兄通，隋末大儒也。聚徒河、汾间，仿古作六经，又为《中说》，以拟《论语》，不为诸儒称道，故书不显，惟《中说》独存。"这样看来，上面的疑问便解决了。

王通是个极力摹仿孔子的人，看他作《元经》以拟《春秋》、作《中说》以拟《论语》可知。他的目的，在于王道之实现；而实现王道，就必得行周、孔之道，所以他说："如有用我者，吾其为周公所为乎？""千载而下，有申周公之事者，吾不得而见也。千载而下，有绍宣尼之业者，吾不得而让也。"(以上《天地篇》)惟其如此，所以他重礼乐，其言曰："二三子皆朝之预议者，今言政而不及化，是天下无礼也；言声而不及雅，是天下无乐也；言文而不及理，是天下无文也；王道从何而兴乎？"(《王道篇》)"冠礼废，天下无成人矣；昏礼废，天下无家道矣；丧礼废，天下遗其亲矣；祭礼废，天下忘其祖矣。呜呼！吾末如之何也已矣。"(《礼乐篇》)惟其如此，所以他重家族，其言曰："宗祖废，而氏姓离矣。"惟其如此，所以他重伦常，其言曰："……仁，……五常之始也。……性，……五常之本也。"(以上《述史篇》)

在大体上言，他是个复古主义者，《立命篇》这样说："贾琼曰：'淳漓朴散，其可归乎？'子曰：'人能弘道，苟得其行，如反掌尔。……治乱相易，浇淳有由。兴衰资乎人，得失在乎教。'其曰太古不可复，是未知先王之有化也。"他虽主张复古，但又能够通变，其言曰："通其变，天下无弊法；执其方，天下无善教。"（《周公篇》）

既是"通其变，天下无弊法"，所以他又主张三教合一观，《问易篇》："程元曰：'三教何如？'子曰：'政恶多门久矣。'曰：'废之何如？'子曰：'非尔所及也，真君建德之事，适足推波助澜，纵风止燎尔。'子读《洪范》、《说议》曰：'三教于是乎可一矣。'程元、魏徵进曰：'何谓也？'子曰：'使民不倦。'"[①]既是"通其变，天下无弊法"，所以他不以晋乱梁亡之罪归之于老、释，其言曰："诗书盛而秦世灭，非仲尼之罪也；虚玄长而晋室乱，非老、庄之罪也；斋戒修而梁亡，非释迦之罪也；《易》不云乎：'苟非其人，道不虚行。'"

不过他的思想，实有得力于老、释之处。《立命篇》："古者圣王在上，田里相距，鸡犬相闻，人至老死不相往来，盖自足也。是以至治之代，五典潜，五礼措，五服不章，人知饮食，不知盖藏；人知群居，不知爱敬；上如标枝，下如野鹿；何哉？盖上无为下自足故也。"《天地篇》："董常曰：'夫子之道，与物而来，与物而去，来无所从，去无所视。'"《述史篇》："温彦博问知，子曰：'无知。'问识，子曰：'无识。'"这种以无为言治、以顺应言处世、以无知无识言道，便是他得力于老子的处所。《立命篇》："气为上，形为下，识都其中，而三才备矣。……夫天者统元气焉，非止荡荡苍苍之谓也。地者统元形焉，非止山川丘陵之谓也。人者统元识焉，非止图首方足之谓也。"这种以识言心，便是他得力于佛的处所。

由上所述，便知王通以直承周、孔自任，而通变取舍，却又言三教合一。从这点看来，可知王通之学，实启宋代理学之端。

---

① 王通亦言佛教不可用之于中国，《周公篇》："或问佛，子曰：'圣人也。'曰：'其教何如？'曰：'西方之教也，中国则泥。轩车不可以适越，冠冕不可以之胡，古之道也。'"但他认佛为圣人，却不似韩愈对佛之开口谩骂了。

三、韩愈——原道与排佛

昌黎韩愈(768—824),在文学上占着重要的地位,在学术思想界却没有特殊贡献,不过因他对于宋代理学很有关系,所以必得说说。

他有集四十卷,又外集十卷。他的思想,见于《原道》、《谏佛骨表》、《原性》、《与孟尚书书》诸篇中,《原性》一篇论性,分性为上中下三品,实本于孔子性近习远智愚不移之说,韩氏并无特见,故略而不说;以下仅就其余三篇,以见韩氏的思想。

《原道》一篇,在于阐明儒教要旨以斥佛老。其言曰:"夫所谓先王之教者何也?博爱之谓仁,行而宜之之谓义,由是而之焉之谓道,足乎己无待乎外之谓德。其文《诗》、《书》、《易》、《春秋》,其法礼、乐、刑、政,其民士、农、工、商,其位君臣、父子、师友、宾主、昆弟、夫妇,其服麻丝,其居宫室,其食粟、米、果、蔬、鱼、肉,其为道易明,而其为教易行也。是故以之为己,则顺而祥;以之为人,则爱而公;以之为心,则和而平;以之为天下国家,无所处而不当。是故生则得其情,死则尽其常,郊焉而天神假,庙焉而人鬼飨。"他这段话,简明地叙述了儒教的精神。接着又说:"尧以是传之舜,舜以是传之禹,禹以是传之汤,汤以是传之文、武、周公,文、武、周公传之孔子,孔子传之孟轲。轲之死不得其传焉。荀与扬也择焉而不精,语焉而不详。"他这段话,便是宋儒道统之说的发端。他于孟子以后,只推重荀、扬,但因其"择焉而不精,语焉而不详",所以不能继孟子而直承这个道统。同时,从这段话的语气看来,我们便知他以孟子以后的一人自任。他认孟子辟杨、墨,其功不在禹下,所以能继这道统;他自己排佛、老,以弘布儒教自任,自然也足以继承这个道统。其言曰:"汉世已来,群儒区区修补,百孔千疮,随乱随失,其危如一发引千钧,绵绵延延,寖以微灭。于是时也,而唱释、老于其间,鼓天下之众而从之。呜呼!其亦不仁甚矣。释、老之害,过于杨、墨;韩愈之贤,不及孟子;孟子不能救之于未亡之前,而韩愈乃欲全之于已亡之后。呜呼!其亦不量其力,且见其身之危,莫之救以死也。

虽然，使其道由愈而粗传，虽灭死，万万无恨。”(《与孟尚书书》)

他既以弘布儒教自任，所以他又力言圣人设礼乐刑政以为民除害以教民生养之理，其言曰：“古之时，人之害多矣。有圣人者立，然后教之以相生养之道：为之君，为之师，驱其虫蛇禽兽，而处之中土；寒然后为之衣，饥然后为之食；木处而颠、土处而病也，然后为之宫室；为之工，以赡其器用；为之贾，以通其有无；为之医药，以济其夭死；为之葬埋祭祀，以长其恩爱；为之礼，以次其先后；为之乐，以宣其湮郁；为之政，以率其怠倦；为之刑，以锄其强梗；其欺也，为之符玺斗斛权衡以信之；相夺也，为之城郭甲兵以守之；害至而为之备，患生而为之防。”(《原道篇》)从这一点出发，所以他(一)反对老子的无为。《原道篇》：“今其言曰：‘圣人不死，大盗不止；剖斗折衡，而民不争。’呜呼！其亦不思而已矣。”(二)反对佛家的治心而外天下国家。《原道篇》：“《传》曰：‘古之欲明明德于天下者，先治其国；欲治其国者，先齐其家；欲齐其家者，先修其身；欲修其身者，先正其心；欲正其心者，先诚其意。’然则古之所谓正心而诚意者，将以有为也。今也欲治其心，而外天下国家，灭其天常，子焉而不父其父，臣焉而不君其君，民焉而不事其事。”他这样推尊《大学》，实开宋代二程子表章《大学》之端。

他的《谏佛骨表》，专在于排佛，其言曰：“佛本夷狄之人，与中国言语不通，衣服殊制，口不道先王之法言，身不服先王之法服，不如君臣之义，父子之情。假如其身至今尚在，奉其国命，来朝京师，陛下容而接之，不过宣政一见，礼宾一设，赐衣一袭，卫而出之于境，不令惑众也。况其身死已久，枯朽之骨，凶秽之余，岂宜令入宫禁？……乞以此骨，付之有司，投诸水火，永绝根本，断天下之疑，绝后代之惑。”其《与孟尚书书》亦曰：“孔子云：‘丘之祷久矣。’凡君子行己立身，自有法度；圣贤事业，具在方册，可效可师；仰不愧天，俯不愧人，内不愧心；积善积恶，殃庆各自以其类至；何有去圣人之道，舍先王之法，而从夷狄之教，以求福利也？《诗》不云乎：‘恺悌君子，求福不回。’”他这样从夷夏之见、从祸福之见去排佛，实在不曾触犯佛教的真髓，无损于佛教的毫末，所以结果在儒者中反引起了柳宗元的反对论。

四、柳宗元的三教合一说、《天论》及《封建论》

上面说过，王通主张三教合一。但在北齐时，颜之推就首倡儒释一致的论调，其言曰："内（释）外（儒）两教，本为一体，渐极为异，深浅不同。内典初门，设五种禁；外典仁义礼智信皆与之符：仁者不杀之禁也，义者不盗之禁也，礼者不邪之禁也，智者不淫之禁也，信者不妄之禁也。"（《颜氏家训·归心篇》）至唐又有柳宗元的三教合一说。

河东柳宗元，与韩愈同时，所著有集四十五卷，又外集二卷。其三教合一说，见于《送元十八山人南游序》，其言曰："太史公尝言：'世之学孔子者，则黜老子；学老子者，则黜孔子。道不同，不相为谋。'今观老子，亦孔子之异流也，不得以相抗。……其后有释氏固学者之所怪骇，逆其尤者也。今有河南元先生者，……悉取向之所以异者，通而同之，搜择融液，与道大适，或伸其所长，而黜其奇衺，要之与孔子同道。"宗元藉着这篇序，叙述他的三教合一论。后来这序被韩愈看见了，便责斥宗元不排佛教，宗元因在《送曾浩初序》中详论佛教之不可排，其言曰："浮屠诚有不可斥者，往往与《易》、《论语》合，诚乐之；其于性情，奭然不与孔子异道。退之好儒，未能过扬子。扬子之书，于庄、墨、申、韩，皆有取焉。浮屠者，反不及于庄、墨、申、韩之怪僻险贼耶！曰：以其夷也。果不信道，而斥焉以夷，则将友恶来、盗跖而贼季札、由余乎？非所谓去名求实者矣。吾之所取者，与《易》、《论语》合；虽圣人复生，不可得而斥也。退之所罪者，其迹也，曰：髡而缁，无夫妇父子，不为耕农蚕桑，而活乎人，若是虽吾亦不乐也。退之忿其外，而遗其中，是知石而不知韫玉也。"又其《曹溪第六祖赐谥大鉴禅师碑》也说："孔子无大位，没以余言持世；更杨、墨、黄、老益杂，其术分裂。而吾浮图说后出，推离还源，合所谓生而静者。……其教人：始以性善，终以性善。……生而性善，在物而具；荒流奔轶，乃万其趣。匪思愈乱，匪觉滋误。"其《百丈碑铭》也说："儒以礼立仁义，无之则坏；佛以律持定慧，去之则丧。"他这种会通儒释的见解，实与日后儒表佛里的理学以相当的影响。

又宗元的其他思想，亦颇有独见，所以附带说说。其论天曰："上而玄者，世谓之天。下而黄者，世谓之地。浑然而中处者，世谓之元气。寒而暑者，世谓之阴阳。其乌能赏功而罚祸乎？功者自功，祸者自祸，欲望其赏罚者，大谬。呼而怨，欲望其哀而且仁者，愈大谬。"（《天说》）其不信天能主宰人的祸福如此。然同时有刘禹锡亦作《天论》，其言似较宗元为精到，所以宗元写信给禹锡说："凡子之论，乃吾《天说》注疏耳。"其论封建曰："君长刑政生，故近者聚而为群。群之分，其争必大。大而后有兵有德。又有大者，众群之长，又就而听命焉，以安其属。于是有诸侯之列。则其争又有大者焉。德又大者，诸侯之列，又就而听命焉，以安其封。于是有方伯连帅之类。则其争又有大者焉。德又大者，方伯连帅之类，又就而听命焉，以安其人（民）。然后天下会于一。是故有里胥，而后有县大夫；有县大夫，而后有诸侯；有诸侯而后有方伯连帅；有方伯连帅，而后有天子。"（《封建论》）他这段话，解释政治制度的发生很明白。

五、李翱的《复性书》

陇西成纪李翱，是韩愈的侄婿，又尝学文于愈，所以他很受韩愈的影响。当韩氏以排佛自任时，他也作《去佛斋论》，其言曰："惑之者，溺于其教；而排之者，不知其心，虽辩而不当，不能使其徒无哗而劝来者，故使其术若彼之炽也。"从这一点看来，可见他懂得佛教。

从韩氏游三年以后（799），泗州开元寺僧澄观，要他作一个钟铭，他便回信给澄观说："吾之铭是钟也，吾将明圣人之道焉，则于释氏无益也。吾将顺释氏之教而述焉，则惑乎天下甚矣，何贵乎吾之先觉也。"（《答泗州开元寺僧澄观书》）澄观是当时华严宗的高僧，而且就在这一年得了国师的尊号，他能够与高僧来往，可见他于佛学颇有造就。

元和十五年（820），正是韩氏因谏佛骨被贬潮州的后一年，他做了朗州刺史。这年他问道药山禅师，药山答曰："云在青天水在瓶。"他因拜谢药山，而述一偈曰："炼得身形似鹤形，千株松下两函经，我来问道无余说，云在青天水在瓶。”由这一点看来，又可见他和药山禅师的思想有点关系。

以上把李翱的思想的来源，简略地说过了。现在要进而说他的《复性书》。《复性书》分上中下三篇，上篇讲性情的关系，中篇讲复性灭情的方法，下篇讲复性的归结。

他开首就说：“人之所以为圣人者性也，人之所以惑其性者情也，喜怒哀惧爱恶欲七者，皆情之所为也，情既昏，性斯匿矣，非性之过也。”这就是说：七情交来，足以惑性，而不足以充实性。接着他又用水火来比喻这个说法，其言曰：“水之浑也，其流不清；火之烟也，其光不明；非水火清明之过。沙不混，流斯清矣；烟不郁，光斯明矣。”（以上《上篇》）这就是说：水的性，原来是清澈的；水之所以浑，就是因为沙泥的缘故；当水混浊时，水的性并不是随之无有；只要久而不动，沙泥自沉，于是那清明之性，便鉴于天地，而决不是自外而来的。因此，在水混浊时，水的性本没有失，当它复归于清澈的时候，水的性也没有生；人的性，就是这样的。如此，情又是什么呢？他说：“情者性之动也。”（《上篇》）又说：“情者性之邪也。”（《中篇》）又说：“无性则情无所生矣。是情由性而生，情不自情，因性而情。”（《上篇》）惟其如此，所以他认为我们终局的目的，就在于灭邪妄之情，以复天命之性。

但是，灭情复性的方法，又是怎样的呢？他的方法就是：“弗虑弗思，情则不生。情既不生，乃为正思。正思者，无虑无思也。”但只用这方法还是不行，所以他接着又批评这种方法，其言曰：“此斋戒其心者也，犹未离于静焉。有静必有动，有动必有静，动静不息，是乃情也。”“方静之时，知心无思者，是斋戒也。”这“斋戒其心”的办法，既不足以复性，于是他接着又说：“知本无有思，动静皆离，寂然不动者，是至诚也。”要办到这一步，才能“本性清明，周流六虚”，（以上《中篇》）才能“广大清明，照乎天地”（《上篇》），这就是复性。

如果能够复性，就会办到“万物与我为一”、“休作与共”的境地，这就是他的复性的归结。其言曰：“昼而作夕而休者凡人也。作乎作者，与万物皆作；休乎休者，与万物皆休。吾则不类于凡人，昼无所休，夕无所作。作非吾作也，作有物；休非吾休也，休有物。作耶休耶，二者离而不存。予之所存者,终不亡且离也。人之不力于道者,昏不思也。天地之间,万物生焉。人之于万物,一物也。其所以异于禽兽虫鱼者,岂非道德之性乎哉?”(《下篇》)

以上所述,是《复性书》的大意。我们从《复性书》中,可以窥见李翱的思想,在表面上固然挂着儒学的招牌,但骨子里面却全是释、老的思想。

第一,他认《中庸》为性命之书,其言曰:“呜呼!性命之书虽存,学者莫能明,是故皆入于庄、列、老、释,不知者,谓夫子之徒,不足以穷性命之道。信之者皆是也。”(《上篇》)他因学者不明,于是用他的见地去解释《中庸》,其言曰:“彼以事解者也,我以心通者也。”(《中篇》)他很以他的解释,能够阐发“诚”、“明”的精义,所以他竟说:“呜呼!夫子复生,不废吾言矣。”(《上篇》)从这一点看来,他的思想实在是理学的前驱,而以《中庸》为性命之书,更是理学谈性命之所本。

第二,他以佛说说《中庸》。上面说的“我以心通”,便是禅宗的功夫。《复性书》中性与情的对立,便是本于佛教的真如与无明之说。他言“动静皆离”,便是禅宗除去动静的执着的意思。至于他说:“不睹不闻,是非人也。视听昭昭,而不起于见闻者,斯可矣。无不知也,无弗为也,其心寂然,光照天地,是诚之明也。”(《中篇》)则更是用一些禅宗的话头,去解释至诚之明。他这种以佛教的精神去解释儒教经典,更是后来理学家所喜做的,而弄成理学为儒表佛里的东西。

第三,他的《复性书》中,又夹杂着老、庄思想。老子说:“圣人处无为之事,行不言之教,万物作焉而不辞。”李翱本着这种一任自然无为而无不为的道理,所以也说:“作乎作者,与万物皆作,休乎休者,与万物皆休。……昼无所作,夕无所休。作非吾作也,作有物;休非吾休也,休有物。”庄子说:“万物与我为一。”他也说:“人之于万物,一物也。”这便是《复性书》中含有老、庄思想之处。不过他恐怕人家说他入于老、庄,所以他接着又说:“其所以异于禽兽虫鱼者,岂非道德之性乎哉?”这异于禽兽虫鱼的道德之性,便完全是儒家的说法,而与“人物一体”的见解相反。惟其他这样的夹杂,所以他的思想,又不免是儒表道里的了。

总之,李翱的思想,完全是宋代理学的前驱,而他的援释入儒,更是儒表佛里的理学的前驱;不过他虽援释入儒,却不见援释入儒之迹罢了。

六、陈抟

真源陈抟,五代宋初人,隐居华山。他是传《无极图》与《先天图》的人,后来周敦颐与邵雍的思想,很受了他的影响。黄宗炎(宗羲之弟)《太极图辩》说:“周子《太极图》,创自河上公,乃方士修炼之术也。河上公本图,名《无极图》。魏伯阳得之,以著《参同契》。钟离权得之,以授吕洞宾。洞宾后与陈图南(抟)同隐华山,而以授陈。陈刻之于华山石壁。陈又得《先天图》于麻衣道者。[①] 皆以授种放。放以授穆修与僧寿涯。修以《先天图》授李挺之。挺之以授邵天叟。天叟以授子尧夫(雍)。修以《无极图》授周子。周子又得先天地之偈于寿涯。”[②]《无极图》与《先天图》的传授既如此,则周、邵之学,不得谓为与道家无关;不过他们只借用道家的图,其用意并不同于道家,却是不可不注意的。

七、刘知几

以上所述,是专论几个与理学有关的人的思想,但在这过渡期中,还有几位学者的学术思想,也很重要,也得在这里附带说说。章炳麟说:“然其卓荦自得,又不违于质信者,唐世亦非无一二也,史如刘知几,政典如杜佑,谋议如陆贽,齐此则止矣。”(《检论案唐》)陆贽的谋

---

① 宋时《正易心法》,托之麻衣道者,认为陈抟之学所自出,实则南宋时戴师愈的伪作。(见朱熹《书麻衣心易后》)

② 晁公武说周敦颐师事鹤林寺僧寿涯,得其“有物先天地,无形本寂寥,能为万象主,不逐四时凋”之偈。

议，偏于现实的政治，在这里用不着说；所以以下仅就刘知几一人述之，并兼述杜佑。

彭城刘知几自叙其治学经过曰："予幼奉庭训，早游文学。年在纨绮，便受《古文尚书》，……而其业不成。……先君……始授以左氏，期年而讲诵都毕；……次又读《史》、《汉》、《三国志》。既欲知古今沿革，历数相承，于是触类而观，不假师训。自汉中兴已降，迄乎皇家实录，……而窥览略周。……旅游京洛，颇积岁年，公私借书，恣情披阅。至如一代之史，分为数家，其间杂记小书，又竞为异说，莫不钻研穿鉴，尽其利害。加以自小观书，喜谈名理，其所悟者，皆得之襟腑，非由染习。故始在总角，读班、谢两《汉》，便怪前书不应有《古今人表》，后书宜为更始立纪。……其后见张衡、范晔集，果以二史为非。其有暗合于古人者，盖不可胜纪。……昔仲尼以睿圣明哲，天纵多能，睹史籍之繁文，惧览者之不一，删《诗》为三百篇，约史记以修《春秋》，……其文不刊，为后王法，自兹厥后，史籍逾多。苟非命世大才，孰能刊正其失。嗟予小子，敢当此任。其于史传也，尝欲自班、马已降，讫于姚、李、令狐、颜、孔诸书，莫不因其旧义，普加厘革。但以无夫子之名，而辄行夫子之事，将恐致惊末俗，取咎时人，徒有其劳，而莫之见赏，所以每握管叹息，迟回者久之。非欲之而不能，实能之而不敢也。既，朝廷有知意者，遂以载笔见推，由是三为史臣，再入东观。……虽任当其职而吾道不行，见用于时而美志不遂，郁怏孤愤，无以寄怀。……故退而私撰《史通》，以见其志。"(《史通·自叙》)

他接着又言《史通》的宗旨与内容："若《史通》之为书也，盖伤当时载笔之士，其义不纯，思欲辨其指归，殚其体统。夫其书虽以史为主，而余波所及，上穷王道，下掞人伦，总括万殊，包吞千有。自《法言》已降，迄于《文心》而往，固以纳诸胸中，曾不慸芥者矣。夫其为义也，有与夺焉，有褒贬焉，有鉴诫焉，有讽刺焉。其为贯穿者深矣，其为网罗者密矣，其所商略者远矣，其所发明者多矣。盖谈经者恶闻服、杜之嗤，论史者憎言班、马之失；而此书多讥往哲，喜述前非，获罪于时，固其宜矣。犹冀知音君子时有观矣焉。尼父有云：'罪我者《春秋》，知我者《春秋》'，抑斯之谓也。"(《史通·自叙》)

他批评古史轻事重言之失道："盖古之史氏，区分有二焉：一曰记言，二曰记事。而古人所学，以言为首，至若唐、虞之《典》，商、周之《诰》，……凡有游谈专对献策上书者，莫不引为端绪，归其的准。其于事也则不然，至若少昊之以鸟名官，陶唐之御龙拜职，夏氏之中衰也，其盗有后羿、寒浞，齐邦之始建也，其君有蒲姑、伯陵，斯并开国承家，异闻奇事，而后世学者罕传其说，唯夫博物君子或粗知其一隅。此则记事之史不行，而记言之书见重，断可知矣。及左氏之为传也，虽义释本经，而语杂他事，遂使两汉儒者嫉之若雠，故二传大行，擅名于世。又孔门之著录也，《论语》专述言辞，《家语》兼陈事业，而自古学徒相授，唯称《论语》而已。由斯而谈，并古人轻事重言之明效也。然则上启唐尧，下终秦穆，其书所录，唯有百篇，而书之所载，以言为主，至于废兴行事，万不记一，语其缺略，可腾道哉！故令后人有言：'唐、虞以下帝王之事，未易明也。'"(《史通·疑古》)

他又批评古史之"动皆隐讳，爱憎由己"，其言曰："案《论语》曰：'君子成人之美，不成人之恶。'又曰：'成事不说，(事已成，不可复解说。)遂事不谏，(事已遂，不可复谏止。)既往不咎。(事已往，不可复追咎。)'又曰：'民可使由之，不可使知之。'(由，用也。可用而不可使知者，百姓日用而不能知。自此引经三处，注皆全写先儒所释也。)夫圣人立教，其言若是。在于史籍，其义亦然。是以美者因其美而美之，虽有其恶，不加毁也。恶者因其恶而恶之，虽有其美，不加誉也。故孟子曰：'尧、舜不胜其美，桀、纣不胜其恶。'魏文帝曰：'舜、禹之事，吾知之矣。'汉景帝曰：'言学者无言汤、武受命，不为愚。'斯并曩贤精鉴，已有先觉，而拘于礼法，限以师训，虽口不能言，而心知其不可者，盖亦多矣。又案鲁史之有《春秋》也，外为贤者，内为本国，事靡洪纤，动皆隐讳，斯乃周公之格言。然何必《春秋》，在于六经，亦皆如此。故观夫子之刊书也，夏桀让汤，武王斩纣，其事甚著，而芟夷不存。(此事出《周书》。案：《周书》是孔子删《尚书》之余以成其录也。)观夫子之定《礼》也，隐闵非命，恶视不终，而奋笔昌言，云'鲁无篡弑'。观夫子之删《诗》也，凡诸国风，在于鲁国，独无其章。(鲁多淫僻，岂无刺诗，盖夫子删去而不录。)观夫子之《论语》也，君娶于吴，是谓同姓，而司败发

问，对以'知礼'。斯验圣人之饰智矜愚，爱憎由己者多矣。"(《史通·疑古》)

他这样怀疑古史，于是旁及诸书，列举可疑之处十条，逐一批驳，而归结到"远古之书，其妄甚矣"(《史通·疑古》)。所以知几之《史通》，实写中国史评诸书之祖，后此惟有清代章学诚《文史通义》，足与《史通》抗衡。至于他反对隐讳，反对主观的爱憎，注重兴废行事，则更是史家应有的史德与史识。

唐代更有万年杜佑，贯通古今，网罗洪纤，以作《通典》。其书分食货、选举、职官、礼乐、兵、刑、州郡、边防八门，各门沿革演变，都有源源本本的叙述，实为中国文化史之祖。宋世马端临的《文献通考》与郑樵的《通志》，即本于《通典》而作。

八、经学的变迁

在这过渡期中还有一点要说明的，就是经学的变迁。上面说过，南北朝时，经学有南北派之分。《北史·儒林传序》："江左：《周易》则王辅嗣，《尚书》则孔安国，《左传》则杜元凯；河洛：《左传》则服子慎，《尚书》、《周易》则郑康成，《诗》则并主于毛公，《礼》则同遵于郑氏。"南北派之分，即如此。隋统一南北，经学也因之统一，其时：《易》王弼注，《书》伪孔传，《诗》毛传，《礼》郑注，《春秋公羊》何休注，《谷梁》范甯注，《左传》杜预注，并行于世。由是南学战胜北学。[①]

唐世，"太宗以儒学多门，章句繁杂，诏国子祭酒孔颖达与诸儒，撰定五经义疏，凡一百七十卷，名曰《五经正义》，令天下传习。"(《旧唐

---

① 皮锡瑞言南学所以胜北学的原因，其言曰："南朝衣冠礼乐，文采风流，北人常称羡之。……经本朴学，非专家莫能解。欲目见之，初无可悦。北人笃守汉学，本近质朴。而南人善谈名理，增饰华词，表里可观，雅俗共赏，故虽以亡国之余，足以转移一时风气，使北人舍旧而从之。"(《经学历史》)

书·儒学列传序》)[①]于是经义定于一尊。今将《五经正义》所用注疏表列如次：

《毛诗正义》：毛传，郑笺，孔颖达疏

《尚书正义》：伪孔传，孔颖达疏

《周易正义》：王注，孔颖达疏

《礼记正义》：郑注，孔颖达疏

《左传正义》：杜预集解，孔颖达疏

后《礼记》之外，《仪礼》、《周礼》(二书均用郑注、贾公彦疏)并用，是曰三礼；《左传》之外，《公羊传》(何休解诂、徐彦疏)、《谷梁传》(范甯集解、杨士勋疏)并用，是曰三传；三传、三礼之外，再加《诗》、《书》、《易》，是为九经。

这种义疏，都是本诸六朝，对于经义，并无发明，所以章炳麟说："唐初《五经正义》，本诸六代，言虽烦碎，宁拙不朽，足以观典型。"(《检论·案唐》)惟陆德明的《经典释文》，颇能博采众说，而不主一家。

上面说过，唐初以《五经正义》令天下传习，而当时科举又以《正义》取士，由是经义定于一尊，而天下士子，专务仕进，也就"尽入彀中"。[②] 这样一来，儒学的消沉，便达于极点。所以《旧唐书·儒学列传》说："高宗嗣位，政教渐衰，薄于儒术，尤重文史，于是醇醲日去，华竞日彰，犹火销膏而莫之觉也。及则天称制，以权道临下，不恡官爵，取说当时……至于博士、助教，惟有学官之名，多非儒雅之实。……因是生徒不复以经学为意，惟苟希侥幸，二十年间，学校顿时隳废矣。"韩愈答崔立之也说："及来京师，见有举进士者，人多贵之。仆诚乐之，就求其术，或出礼部所试赋诗策等以相示，仆以为可无学而能。……闻吏部有以博学宏辞选者，人尤谓之才，且得美仕。就求其术，或出所试文章，亦礼部之类。……退自取所试读之，乃类于俳优者之辞，……夫所谓博学者，岂今之所谓乎？夫所谓宏辞者，岂今之所谓乎？"其《答窦

① 案当时修《正义》者，《周易》则马嘉连、赵乾叶，《尚书》则王德韶、李子云，《毛诗》则王德韶、齐威，《春秋》则谷那律、杨士勋，《礼记》则朱子奢、贾公彦、李善信、柳士宣、范义颙、张权，并非一人之书，其标名孔颖达者，盖以名位所重云。

② 太宗私幸端门，见新进士缀行而出，喜曰："天下英雄入吾彀中矣。"(王定保《摭言》)

秀才书》也说："凡所辛苦而仅有之者，皆符于空言，而不适于实用；又重以自废，是故学成而道益穷。"(并参看本讲概论注一)

不过在天下士子都遵守《正义》的时候，也有二三人能够不受这种束缚，从别的途径，去研究经学，如资州李鼎祚与赵州啖助，就是这样的人。鼎祚有《周易集解》十七卷，网罗三十五家之说，以解《周易》。其《自序》中说："刊辅嗣之野文，补康成之逸象。"盖自王弼之《易》盛行以后，而汉《易》遂亡，今历千数百年之后，而能窥汉《易》象数的一端者，实赖鼎祚之有是书。啖助有《春秋例统》六卷，专考三传的长短，以补缀其阙陋。他爱公、谷二家，而不取左氏。他认左丘明决不是孔子的门人，决不是《论语》中的左丘明，而《左氏传》亦非其所作。他门人河东赵匡与吴郡陆淳，更鼓吹他这种说法。陆淳本其师说，著《春秋集传纂例》十卷、《微旨》三卷、《辨疑》十卷。《纂例》十卷，其大意有三：(一)左氏为六国时人，非《论语》中的左丘明；(二)左氏传系杂采诸书而成之作，其中多不可信之处；(三)公、谷二传系子夏所传，其中多可信之处。《微旨》三卷，首列三传的异同，再参以啖、赵二氏之说，以断三传的是非。《辨疑》十卷，专述辨驳啖、赵二家的三传之言。啖、陆的说法，固不免穿凿之病，①但其所言，亦未必不是孔子之意，而实际上，唐代消沉的儒学，却正因此而获得新生命，以渐趋于改革之途。所以经五代而至宋，其新学的勃兴以及对于经典的批评，谓为由李翱、李鼎祚及啖助等所引起，亦无不可。

---

① 欧阳修评啖助曰："啖助在唐，名治《春秋》，摭讪三家，不本所承，自用名学，凭私臆决。尊之曰：孔子意也。赵、陆从而唱之，遂显于时。呜呼！孔子没乃数千年，助所推著，果其意乎？其未可必也。以未可必而必之，则固持一己之固，而倡兹世则诬。诬与固，君子所不取。助果谓可乎？徒令后生穿鉴诡辩，诟前人，舍成说，而自为纷纷，助所阶已。"(《新唐书》)章炳麟也说："其后说经，务为穿鉴，啖助、赵匡于《春秋》，……皆自名其学，苟异先儒，而于诸子名理甚疏。"(《检论·案唐》)但是，惟其"不本所自"，惟其"苟异先儒"，所以啖助之辈，始能开宋儒发明经旨以义理相尚之风。

第八讲　儒学的大转变——理学

一、概论

孔子的学说，本来注重人事方面，很少谈到哲学的处所。孟子继起，于性善性恶的问题，争论了一场，便已有哲学的意味。汉世，儒学独占，一班经师都只知墨守成说，不事创造，到了后汉，训诂学异常发达，就闹到"碎义逃难，便辞巧说，说五字之文，至于二三万言，幼童而守一义，白首而不能通"的地步（引文见《汉书·艺文志》）其间大师虽前有董仲舒，后有郑玄，然而他们在学术思想界所占的地位，还比不上《淮南子》与王充的《论衡》。降及魏、晋，老、庄之说大行，于是援老、庄以入儒，就成为当时的风尚；后来佛教发达，学者遂援释以入老、庄，进而更援释以入儒。这种风尚，固属是汉季专重训诂的反动，然而到了末流，学者便率性谈佛。不过儒家之学，从魏、晋直至唐代，经过释、道的渲染，也就哲学化了。上一讲所说的李翱诸人的思想，便很表现出这种哲学化的趋势。到了宋代理学勃兴，儒学的哲学化，便正式成熟了。这是儒学的大转变，他们要尽祧汉、唐诸儒，而自以为直接孔门的心传，便是理学的一个特色。[①]不过有一点要认清楚，即：理学之兴，是在佛学既敝之时，他们虽兼采

---

① 朱熹说："秦、汉以来，圣学不传，儒者唯知训诂章句之为事，而不知复求圣人之意，以明夫性命道德之归。"张载说："六经须著循环，能使昼夜不息，理会得六七年，则自无可得看。若义理则尽无穷，待自家长得一格，则又见得别。"程颐说："古之学者，先由经以识义理。盖始学时，尽是传授。后之学者，却须先识义理，方始看得经。盖不得传授之意云耳。"这所谓"性命"，所谓"义理"，都是理学的特色。至于舍经而言心，则实始于宋儒，程颢告神宗有云："先圣后圣，若合符节，非传圣人之道，传圣人之心也。非传圣人之心也，传己之心也。己之心无异圣人之心，广大无限，万圣皆备。欲传圣人之道，扩充此心焉耳。"

佛学之长，然其大体，却在于恢复孔子之学，以救佛学末流之弊；亦正因其如此，所以理学也就不是"真正老牌"的孔子之学了。

二、理学家与佛学

理学家得力于道家之处，在前一讲中已经说过了，现在要说理学家与佛学的关系。原来中国的佛教，在晚唐时候，只有禅宗的势力笼罩一切，上一讲所说的李翱便与药山禅师很有关系。当时有思想的文人，也多和禅师来往。韩愈立意卫道，在那时便竭力排佛。到了宋初，儒家大师孙复，也力排佛教，其言曰："仁义不行，礼乐不作，儒者之辱也。儒者之辱，始于战国，杨朱、墨翟乱之于前，申不害杂之于后；汉、魏以下又甚焉，佛、老之徒横行于中国，与儒相并而为三，甚可怪也！彼等破灭人伦，儒者鸣鼓而攻之可也。"(《儒辱说》)而欧阳修亦作《本论》，以斥佛教，其言曰："佛法之为中国患千余岁矣。世之卓然不惑而有力者，无不欲去之。去而复集，终至莫可如何，此为我有阙废也。补缺修废，明王政，充礼乐，虽有佛，亦无所施事于我民也。"石介又作《怪说》和之，其言曰："中国道德之所治，礼乐之所施，五常之所被也。然而汗漫不衍之教行，妖诞幻惑之说满，可怪也。"像这种排佛的论调，一时朝野上下，无不如响斯应。

在这浓厚的排佛空气中，佛教徒中的有识者，很想作"儒、释融合"的运动。在宋代与欧阳修同时的，便有两个人物：一个是明教大师契嵩，一个是大觉怀琏。契嵩的《辅教编·原敬》说："万物有性情，古今有生死。"其自注云："性者寂静不动，人之资质者也；情者感而通，人之欲者也。"这就是拿性情来配合本觉不觉。当时文人如王安石、苏轼兄弟、黄庭坚、陈师道之辈，看见契嵩的著作，竟渐次为佛所化。大觉答修选孙氏问教，更力倡儒、释一致的论调，其言曰："妙道之意，圣人寓之于《易》。周衰，先王之法坏，礼义沦亡，奇言异术，出而乱俗。及我释迦之入中土，以第一义示人，以慈悲化众生，亦时之所趣也。……圣人之教，迭为扶持，化成天下，如天有四时，循环而生成万物。至其极也，而弊生焉。然弊迹也，道一而已。自秦、汉至今，千有余岁，风俗靡靡，愈趋愈薄，圣人之教，裂而鼎立，互相诋訾，不知所从，大道寥寥，不知其返，良可叹也。”他这种论调，在学术思想界上也很有影响。惟其如此，所以当时儒者，也多和佛教徒往来，如苏轼之友佛印了元，欧阳修之友祖印居讷，张商英之友往洪觉范，都无不过从很密。

理学开山祖师周、张、二程，便生活在这种环境中。风尚所及，他们自然也研究佛学。敦颐是否从学于寿涯，是否参禅于慧南，是否有得于佛印（《居士分灯录》），是否师事过常聪（空谷景隆《尚直编》），我们不必过问，但是他所著的《太极图说》与《通书》，却处处可以寻出禅家思想的脉络。横渠（即张载）是否伴着敦颐晋谒过常聪以得东林理性之论（弘益纪闻），我们也不必过问，但《宋史·张载传》却明明载着他“又访诸释、老，累年，究极其说”，又他批判《楞严经》，也有深得《楞严经》的处所。程颐是否问道于灵源禅师（《嘉泰普灯录》），我们也不必过问，但他以释敬为主一，却完全是佛教的心一境性。至于程颢，则程颐的《明道行状》更明白地说：“明道泛滥于诸家，出入于释、老者几十年，返求诸六经，而后得之。”不但他们四人如此，就是张栻、吕祖谦、游酢、吕大临、谢良佐、杨时，以至朱熹，都无不与佛学有深切的关系；至于陆九渊，就更用不着说了。他们目击佛学横行，是有孙复一班人攻击，而王安石辈却反为佛所化，所以他们虽力辟佛，却仍要从佛学中窃取其长，以入于儒，建立儒家的新哲学——即后来所谓理学——而与佛学相抗。明白了这一点，则所谓理学的源泉，也就明白了，并且，理学家既有碍于释、老，何以又力辟释、老的道理，也就明白了。[①]

---

① 钟泰《中国哲学史》：“或曰：诸儒既有得于二氏，而又辟佛辟老，何也？曰：是亦有故。……彼始有见于佛、老之理，既反索之于六经，而亦得之，且又应有尽有，一无欠缺也。于是乃信自有家宝，而不必于他求。故其辟佛辟老，非以仇之，以为实无需乎尔。且释、道与儒，言道则一，言用则殊矣。以中国尧、舜以来礼乐刑政之备，而欲其绝父子，黜君臣，群趋于髡发逃世之教，此必不能者也。是以取其意而弃其迹，斤斤于空实有无之辩。……此正宋儒善用佛、老之长，而无佛，老之弊。”金李屏山云：“李翱见药山，因著《复性书》。张载、二程出，其徒张九成、刘屏山、张南轩、吕伯恭、朱熹，皆借佛祖之意，笺注经书，自为一家之言。其论佛、老也，实与之而文不与，阳挤之而阴助之，盖有微意存焉。”李氏所言，虽为党佛之论，要亦颇当于事理。

三、理学的先导

理学的开山祖师，固当首推周、张、二程，而为理学的先导者，却要算胡瑗、孙复、石介三人，故黄震《黄氏日钞》说："本朝理学，虽至伊、洛而精，实自三先生始。"

胡瑗字翼之，泰州如皋人，学者称安定先生。安定讲学，分经义、治事两斋，实宋儒好言经世之学之始。

孙复字明复，晋州阳平人，学者称泰山先生。泰山排佛，已如前述，而宋儒讲经不依传注，则自泰山始，其言曰："专守王弼，韩康伯之说，而求于《大易》，吾未见其能尽于《大易》也。专守《左氏》、《公羊》、《谷梁》、杜、何、范氏之说，而求于《春秋》，吾未见其能尽于《春秋》也。专守毛苌、郑康成之说，而求于《诗》，吾未见其能尽于《诗》也。专守孔氏之说，而求于《书》，吾未见其能尽于《书》也。"泰山又著《春秋尊王发微》，则又为宋代理学严名分、重纲纪之始。

石介字守道，奉符人，学者称徂徕先生。徂徕排佛、老，已如前述，其所作《中国论》，实为宋儒斥时文黜华采之始。

三人均以师道自任，讲明正学，力排佛、老，以躬行实践为主，一变从来词章训诂之风，实宋代理学的先导。

他如范仲淹、韩琦、欧阳修、富弼、司马光，皆为宋初名儒，而兼为名臣者。传司马氏之学者，又有刘安世、范祖禹、晁说之。又士建中、刘颜、陈襄、陈烈、郑穆、周希孟、杨适、杜淳、王开祖、丁昌期、吴师仁、章望之、黄晞、侯可、申颜、宇文之邵诸人，亦均当时名儒。以上诸氏，或直接或间接，均有影响于理学，不过不如胡、孙、石三人之重要而已，故略而不述。

*　*　*

理学的来源，既已明白，以下请述理学中代表人物的学术思想，至于在理学中无特殊贡献者，则略而不述。

四、濂溪之学

周敦颐字茂叔,道州营道人,学者称濂溪先生,为理学开山祖师,明道、伊川即出其门。其学术思想,见于他所著《太极图说》与《通书》中。

《太极图说》为濂溪言宇宙观与人生观之作。其言宇宙观,则曰:"无极而太极。太极动而生阳,动极而静。静而生阴,静极复动。一动一静,互为其根。分阴分阳,两仪立焉。阳变阴合,而生水、火、木、金、土,五气顺布,四时行焉。五行一阴阳也,阴阳一太极也,太极本无极也。五行之生也,各一其性。无极之真,二五之精。妙合而凝。乾道成男,坤道成女。二气交感,化生万物。万物生生,而变化无穷焉。"这就是濂溪本于《易》及五行之说,以解释宇宙。《系辞下》:"男女构精,万物化生。……乾坤其易之门耶?乾,阳物也;坤,阴物也。"即濂溪之所本。世界之所以变易,是原于阴阳的变化而来,至于太极(本体),则固无所谓不同。这是濂溪对于世界变化的说明。若以物质论,则万物的原质,都无非是气,而水、火、木、金、土,则皆气之所为,万物的错综,则又五行之所为。由气而分为五行,由五行而化为万物,其原动力都是太极。其言人生观,则曰:"惟人也得其秀而最灵。形,既生矣;神,发知矣;五性感动,而善恶分,万事出矣。圣人定之以中正仁义,而主静,立人极焉。故'圣人与天地合其德。日月合其明,四时合其序,鬼神合其吉凶。'君子修之,吉。小人悖之,凶。故曰:'立天之道,曰阴与阳;立地之道,曰柔与刚;立人之道,曰仁与义。'又曰:'原始反终,故知死生之说。'"旧说分人性为仁、义、礼、智、信五端,而配以木、金、火、水、土五行。濂溪也沿用此说,而总括人性为仁义两端,以配阴阳。太极是本体,本无所谓恶,从而人性亦无所谓恶,其所以有善与恶之分者,则原于动。果能主静,便到了"人极"的地步,这便是道德的极轨。能做到这一步,便无往而不合,所以说"圣人与天地合其德,日月合其明,四时合其序,鬼神合其吉凶"、所以说"君子修之,吉"。不能做到这一步，便要遇着必然的祸害，所以说“小人悖之，凶”。此仅就行为而言，若以知识论，则宇宙现象的纷纭繁复，都不外是阴阳五行的变化，而阴阳五行又不能离太极；果能明白这个道理，则于宇宙间一切现象，便无不贯通了，所以说“原始反终，故知死生之说”。至于篇末所谓“大哉《易》也，斯其至矣”，则正所以表明他本诸《易》理以明一切。

至于《通书》，则专言人事，而归之于诚与静。其言曰：“诚者，圣人之本，大哉乾元，万物资始，诚之源也。乾道变化，各正性命，诚斯立焉。纯粹至善者也。故曰：‘一阴一阳之谓道，继之者善也，成之者性也。’元亨诚之通，利贞诚之复。大哉《易》也，性命之源乎！”又：“圣，诚而已矣。诚，五常之本，百行之源也。静无而动有，至正而明达也。五常百行，非诚非也。邪暗塞也。故诚则无事矣。”又：“‘圣可学乎？’曰：‘可。’曰：‘有要乎？’曰：‘有。’请闻焉。曰：‘一为要。’一者，无欲也，无欲则静虚动直。静虚则明，明则通。动直则公，公则溥。明通公溥，庶矣乎！”濂溪教人以见其大，其言曰：“‘颜子一箪食，一瓢饮，在陋巷。人不堪其忧，而不改其乐。’夫富贵，人所爱也。颜子不爱不求而乐乎贫者，独何心哉？天地间有至贵至富，可爱可求；而异乎彼者，见其大而忘其小焉尔。见其大则心泰，心泰则无不足，无不足则富贵贫贱处之一也。处之一则能化而齐。故颜子亚圣。”

五、康节之学

邵雍字尧夫，范阳人，赐谥康节。所著有《皇极经世》、《观物内外篇·渔樵问对》，有诗曰《伊川击壤集》。康节之学，偏于言数，所以理学家不认为正宗。其学说见于《先天图》中，其《观物篇》则康节推其卦图之意以说万事之作。

康节《先天图》有四：即《八卦次序图》、《八卦方位图》、《六十四卦次序图》、《六十四卦方位图》，谓伏羲所画之卦，因对文王后天之卦而言，所以说先天。其次序与方位，均与文王八卦不合，所以黄宗炎说：“《易》本明白简易，而康节装凑安排，全昧大道。”（《先天卦图辨略》）惟康节亦以阴阳解释宇宙，而名阴阳之原为太极，则固不离乎《易》。其言曰："物之大者，无若天地。然而亦有所尽也。天之大，阴阳尽之矣。地之大，刚柔尽之矣。阴阳尽而四时成焉，刚柔尽而四维成焉。天，生于动者也；地，生于静者也。一动一静交，而天地之道尽之矣。动之始，则阳生焉。动之极，则阴生矣。一阴一阳交，而天之用尽之矣。静之始，则柔生焉；静之极，则刚生焉。一刚一柔交，而地之用尽之矣。动之大者，谓之太阳；动之小者，谓之少阳。静之大者，谓之太阴；静之小者，谓之少阴。太阳为日，太阴为月，少阳为星，少阴为辰。日月星辰交，而天之体尽之矣。太柔为水，太刚为火，少柔为土，少刚为石。水火土石交，而地之体尽之矣。"(《观物内篇》)案此，其言万物变化，也与濂溪相合。但康节不用五行，而采水、火、土、石四者，则与濂溪有别。今表列如下：[①]

太阳	太阴	少阳	少阴	少刚	少柔	太刚	太柔
日	月	星	辰	石	土	火	水
暑	寒	昼	夜	雷	露	风	雨
性	情	形	体	木	草	飞	走
目	耳	鼻	口	气	味	色	声
元	会	运	世	岁	月	日	时
皇	王	帝	霸	易	书	诗	春秋

康节不取五行而别取水、火、土、石，亦自有故，其言曰："木生于土，金出于石。水、火、木、金、土者后天，水、火、土、石者先天。后天由先天出。一以体言，一以用言也。"

康节言宇宙万物大致如此，其"装凑安排"，在今日看来，固属可笑，然宋儒对宇宙万物的探讨，出以穷根究柢的精神，却未可厚非。

以上系康节的宇宙观，至于人，则康节以为万物之灵，其言曰："人

① 言天有四象：日月星辰。言地有四体：水火土石。推是以言天变，则有寒暑昼夜。以言地化，则有雨风露雷。以言动植物之感，则有性情形体。以言动植物之应，则有走飞草木。言人，则有耳目鼻口、声色气味。言时，则有元会运世、岁月日辰。(一时为辰，十二辰为日，三十日为月，十二月为岁，三十岁为世，十二世为运，三十运为会，十二会为元。)言经，则有《诗》、《书》、《易》、《春秋》。言治，则有皇王帝霸。

之所以灵于万物者，谓其目能收万物之色，耳能收万物之声，鼻能收万物之气，口能收万物之味。人亦物也，一物当兆物。圣亦人也，一人当兆人。是知人也者，物之至者也。圣也者，人之至者也。”(《观物内篇》)蔡西山(元定)更推广其意而言曰：“万物感于天之变，性者善目，情者善耳，形者善鼻，体者善口。万物应于地之化，飞者善色，走者善声，木者善气，草者善味。人则得天地之全。暑寒昼夜无不变，雨风露雷无不化，性情形体无不感，走飞草木无不应。目善万物之色，耳善万物之声，鼻善万物之气，口善万物之味。盖天地万物，皆阴阳刚柔之分，人则兼备乎阴阳刚柔，故灵于万物，而能与天地参也。”

康节之学，偏于术数，故传者甚少。其子伯温，颇传家学，然肤浅不足观。惟司马光以《潜虚》拟《太玄》，颇类于康节以《经世》拟《易》，不过温公言五行，却和康节不同。

六、横渠之学

张载字子厚，长安人，学者称横渠先生，所著有《东铭》、《西铭》、《正蒙》、《理窟》、《易说》等，其学“以《易》为宗，以《中庸》为体，以孔、孟为法”。(《宋史·张载传》)

《正蒙》十七篇，言天地万物之理，以其得于《易》之处多，所以仍不出阴阳变化之说。横渠以气为万物的原质，其言曰：“凡可状皆有也，凡有皆象也，凡象皆气也。”又曰：“太和所谓道，中涵浮沉、升降、动静相感之性；是生絪缊相荡，胜负屈伸之始。其来也，几微易简；其究也，广大坚固。散殊而可象为气，清通而不可象为神。”横渠所谓神，所谓道，所谓气，实一物而异名，此即宇宙的本体。但合之则为气，分之则为阴阳；因气为本体，动则入于现象界，故分为阴阳。横渠本此，以解释一切，言天地则曰：“天地变化，二端而已。”言人物则曰：“动物本诸天，植物本诸地。”言性则曰：“性其总合两也。”言学则曰：“莫非天也，阳明胜则德性用，阴浊胜则物欲行。领恶而全好者，其必由学乎?”其《大易篇》更明言阴阳为万物变化之原，其言曰：“一物而两体，其太极之谓欤！阴阳天道，象之成也。刚柔地道，法之效也。仁义人道，性之立也。三才两之，莫不有乾坤之道。”案此，与濂溪所说，大致相同；而《宋史》谓横渠之学“以《易》为宗，以《中庸》为体”，亦可由这段话看出来。

以上系横渠的宇宙观，至其人生观，则见于《西铭》。其言曰：“乾称父，坤称母。予兹藐焉，乃混然中处。故天地之塞，吾其体；天地之帅，吾其性。民吾同胞，物吾与也。大君者，吾父母宗子，其大臣，宗子之家相也。尊高年，所以长其长；慈孤幼，所以幼其幼。圣其合德，贤其秀也。凡天下疲癃残疾、茕独孤寡，皆吾兄弟之颠连而无告者也。于时保之，子之翼也。乐且不忧，纯乎孝者也。违曰悖德，害仁曰贼。济恶者不才，其践形，维肖者也。知化则善述其事，穷神则善继其志。不愧屋漏为无忝，存心养性为匪懈。恶旨酒，崇伯子之雇养；育英才，颖封人之锡类。不弛劳而底豫，舜其功也；无所逃而待烹，申生其恭也。体其受而全归者参乎！勇于从而顺令者，伯奇也。富贵福泽，将厚吾之生也；贫贱忧戚，庸玉汝于成也。存，吾顺事；没，吾宁也。”案其人生观，以一“仁”字为归宿。故《宋史》谓横渠之学“以孔、孟为法”。上面说过，横渠认宇宙间只有一气，惟其如此，所以一切皆平等，从而其言仁，亦能以天地万物为一体。虽然，横渠深明“一理而分殊”之理，则固不流于兼爱之弊，所以晦庵说：“程子（伊川）以为明理一而分殊，可谓一言以蔽之矣。盖以乾为父，以坤为母，有生之类，无物不然，所谓理一也。而人物之生，血脉之属，各亲其亲，各子其子，则其分亦安得而不殊哉？一统万殊，则虽天下一家，中国一人，而不流于兼爱之弊。万殊而一贯，则虽亲疏异情，贵贱异等，而不梏于为我之私。此《西铭》之大指也。”

除《正蒙》、《西铭》之外，而《理窟》言变化气质，则颇影响于程、朱，其言曰：“变化气质。孟子曰：‘居移气，养移体，况居天下之广居者乎？’居仁由义，自然心和而体正。”又曰：“为学大益，在自能变化气质。不尔，卒无所发明；不得见圣人之奥。”案此实本于天地之性与气质之性之分而来，横渠命意，盖欲由气质之性，以反于天地之性；所以他又说：“形而后有气质之性，善反之，则天地之性存焉。故气质之性，君子有弗性者焉。”

横渠不徒言学，而且言兵，又重礼法。《宋史·张载传》：“张载，……少喜谈兵，至欲结客取洮西之地。……与诸生讲学，每告以‘知礼成性变化气质之道，学必如圣人而后已’。以为‘知人而不知天，求为贤人而不求为圣人，此秦、汉以来学者大蔽也’。故其学尊礼贵德，乐天安命。……其家昏丧葬祭，率用先王之意，而傅以今礼。又论定井田、宅里、发敛、学校之法。皆欲条理成书，使可举而措诸事业。”惟其如此，故其门下，亦多喜言礼言兵：言礼如吕大忠、吕大钧、吕大临，言兵如种师道、范育、游师雄、李复、张舜民，皆其门徒。

七、明道、伊川之学

程颢字伯淳，洛阳人，学者称明道先生；其弟颐，字正叔，学者称伊川先生。明道、伊川少受业于濂溪。明道有《识仁篇》及《答张横渠先生定性书》；伊川有《易传》四卷，又《春秋传》有序而书未成，其平日讲说，门人合明道而录之，以为《语录》。二程之学，同出濂溪，所以在大体上言，其学问宗旨，无不相合，今合述之如下：

二程学中最重要者，就是理气二字。二程以为一切现象——抽象的或具体的——都只是气，而其所以使气如此者，则原于理。明道说：“有形总是气，无形是道。”伊川说：“阴阳气也，所以阴阳者道。”这里所谓道，即是理，盖同物而异名。

宇宙既只有一理，则人之所以禀受为人者，亦不外此理，所以伊川说：“性即是理。自尧、舜至于途人一也。才禀于气。气有清浊：禀其清者为贤，禀其浊者为愚。”“性即理也。天下之理，原其所自来，未有不善。故凡言善者，皆先善而后恶；言是非者，皆先是而后非；言吉凶者，皆先吉而后凶。”“气有善有不善，性则无不善。人之所以不知善者，气昏而塞之耳。”明道也说：“在天为命，在人为性，主于身为心。”

宇宙既只有一理，而性亦只是此理，然则此理的性质又是什么呢？明道《识仁篇》，即以其性质，归之于“仁”，其言曰：“学者须先识仁。仁者浑然与物同体。义、礼、智、信，皆仁也。识得此理，以诚敬存之而已。不须防检，不须穷索。若心懈则有防。心苟不懈，何防之有？理有未得，故须穷索。存久自明，安待穷索？此道与物无对，大不足以明之。天地之用，皆我之用。孟子言：‘万物皆备于我，须反身而诚，乃为大乐。’若反身未诚，则犹是二物有对。以己合彼，终未有之，又安得乐。‘订顽’意思，乃备言此体。以此意存之，更有何事？必有事焉而勿正，心勿忘，勿助长。未尝致纤毫之方。此其存之之道。若存得，便合有得。盖良知良能，元不丧失。以昔日习心未除，却须存习此心，久则可夺旧习。此理至约，惟患不能守。既能体之而乐，亦不患不能守也。”案明道认为仁就是生。宇宙现象，变化无穷，都不外是生生不息；故一切现象，均可用一生字概括之；从而生之外便无余事，所以生之大也就没有什么东西可以与之对立。生既是仁，所以仁之大也没有什么东西可以与之对立。惟其如此，所以“仁”就是一贯之道，得此一贯之道，便可会通万物，更何假于外求？

仁固然是一贯之道，但是，人又从何而识仁呢？明道归之于定，以代替濂溪之所谓静，其言曰：“所谓定者，动亦定，静亦定。无将迎，无内外。苟以外物为外，牵己而从之，是以己性为有内外也。且以性为随物于外，则当其在外时，何者为在内，是有意于绝外诱，而不知性之无内外也。既以内外为二本，则又乌可遽语定哉？夫天地之常，以其心普万物而无心；圣人之常，以其情顺万事而无情。故君子之学，莫若廓然而大公，物来而顺应。《易》曰：‘贞吉，悔亡，憧憧往来，朋从尔思。’苟规规于外诱之除，将见灭于东而生于西也。非惟日之不足。顾其端无穷，不可得而除也。人之情，各有所蔽，故不能适道。大率患在于自私而用智。自私则不能以有为为应迹（一作物），用智则不能以明觉为自然。今以恶外物之心，而求照无物之地，是反鉴而索照也。《易》曰：‘艮其背，不获其身；行其庭，不见其人。’孟氏亦曰：‘所恶于智者，为其凿也。’与其非外而是内，不若内外之两忘也。两忘则澄然无事矣。无事则定，定则明。明则尚何应物之为累哉？”（《答横渠先生定性书》）案明道所谓“内外两忘”，就是定的功夫，而其大要，就是因物付物，以到达私欲净尽的地步；惟其能因物付物，故能不自私，能不用智；

能不自私不用智，则可与言识仁。所以伊川也说："外物不接，内欲不萌，如是而止，（案伊川曰：'释氏多言定，圣人则言止。'明道曰：'知止则自定。'）乃得止之道。有疑病者，事未至，先有疑端在心。周罗事者，先有周罗事之端在心。皆病也。"又说："人多不能止。盖人万物皆备，遇事时，各因其心之所重者，更互而出。才见得这里重，便有这事出。若能物各付物，便是不出来也。"

"定"固然是"识仁"之道，但要到达"定"的地步，却还有方法，这方法就是伊川所说的"涵养须用敬，进学在致知"。明道之言敬曰："中者，天下之大本。天地之间，亭亭当当，直上直下之正理。出则不是。惟敬而无失最尽。"伊川之言，则更精当，其言曰："有主则虚，虚则邪不能入。无主则实，实则物来夺之。……大凡人心不可二用，用于一事，他事便不能一，事为之主也。事为之主，尚无思虑纷扰之患，若主于敬，又焉有此患乎？所谓敬者，主一之谓敬。所谓一者，无适之谓一。且欲涵泳主一之义，一则无二三矣。但存此涵养，久之，自然天理明。"这就是伊川"涵养吾一"之说。至于言致知，则实本于《大学》的"格物致知"之说，所以伊川说："穷理即是格物，格物即是致知。"又说："格，犹穷也。物，犹理也。犹曰：穷其理而已矣。穷其理，然后足以致知。不穷，则不能致也。"虽然，所谓格物穷理，又不是专求之于外，以格尽天下之物，以穷尽天下之理。所以伊川又说："观物理以察己"；"致知在格物，非由外铄我也，我固有之也"；"所务于穷理者，非道须尽穷了天地万物之理，又不道穷得一理便得，只是要积累多后，自然见去。"致知之说，明道也曾说过，《语录》："问：'不知如何持守？'曰：'且未说到持守；持守甚事？须先在致知。'"不过明道训格物致知之格为至，言穷理而至于物，则物理尽；在用语上和伊川不同而已。

最后还有一点要说的，就是二程的表彰《大学》、《中庸》二篇。自汉以来，儒者都只尊孔子之书；韩愈出，才说欲求圣人之道，必自《孟子》始。二程出，又表彰《大学》、《中庸》二篇。至是《大学》遂被认为"初学入德之门"的书，《中庸》遂被认为"孔门传授心法"的书。二程这样表彰《大学》、《中庸》，其用意盖不外借此二篇言性心之处以与佛家言心性相抗而已。

二程弟子甚多，惟明道就死，所以及门之士，多成就于伊川之手。今将二程门徒的传授，表列如下：

- 濂溪周敦颐茂叔
  - 明道程颢伯淳
  - 伊川程颐正叔
    - 程门四杰
      - 龟山杨时中立→豫章罗彦仲素→
      - 上蔡谢良佐显道→汉上朱震子发
      - 荐山游酢定夫
      - 和靖尹焞彦明
    - （豫章罗彦仲素）→
      - 延平李侗愿仲→晦庵朱熹元晦
      - 婺源朱松乔年
      - 五峰胡宏仁仲[1]→南轩张栻敬夫
      - 致堂胡寅明仲
    - 程门私淑 武夷胡安国康侯
      - 从子 籍溪胡宪原仲→
      - 从子 邦衡胡铨
    - （籍溪胡宪原仲）→东莱吕祖谦伯恭[2]
      - 弟 大愚吕祖俭子约
      - 从弟 吕祖泰
    - 震泽王蘋信伯

八、晦庵之学

朱熹字元晦，一字仲晦，又称晦庵、晦翁、紫阳，徽州婺源人。“尝谓‘圣贤道统之传，散在方册。圣经之旨不明，而道统之传始晦’。于是竭其精力，以研穷圣贤之经训。所著书有：《易本义》、《启蒙》、《蓍卦考误》、《诗集传》、《大学中庸章句》、《或问》、《论语孟子集注》、《太极图通书西铭解》、《楚辞集注辨证》、《韩文考异》。所编次有：《论孟集义》、《孟子指要》、《中庸辑略》、《孝经刊误》、《小学书》、《通鉴纲目》、《宋名臣言行录》、《家礼》、《近思录》、《河南程氏遗书》、《伊洛渊源录》，皆行于世。熹没，朝廷以其《大学》、《语》、《孟》、《中庸》训说，立于学官。又

① 五峰为武夷子，致堂为武夷兄子。

② 东莱又事汪应辰。应辰为张九成弟子，而九成又为龟山弟子。故东莱之学与晦庵同出于龟山。

有《仪礼经传通解》，未脱稿，亦在学官。平生为文，凡一百卷；生徒问答，凡八十卷，别录十卷。”（《宋史·朱熹传》）

宋世理学当以濂溪二程为正统，而晦庵实集斯学的大成。今分述晦庵之学如下：

（一）理气之说　晦庵理气之说，本于伊川。其言曰：“天地之间，有理有气。理也者，形而上之道也，生物之本也。气也者，形而下之器也，生物之具也。是以人物之生，必禀此理，然后有性；必禀此气，然后有形。”案此为晦庵的宇宙观，而分理气为二。然晦庵又说：“理气本无先后之可言，必欲推其所从来，则须说先有是理。然理又非别有一物，即存乎是气之中。”“天地之间，只有动静两端，循环不已，更无余事，此之谓易。而其动其静，则必有所以动静之理，是则所谓太极者也。”观此则晦庵分理气为二，却又非谓气之外别有所谓理，则其所谓理，实与濂溪之所谓太极同。又晦庵所谓气，其实就是阴阳，所以晦庵说：“阴阳是气，五行是质。有这质，所以做得物事出来。五行虽是质，他又有五行之气，做这物事方得。然却是阴阳二气，截做这五个；不是阴阳外别有五行。”晦庵本于这阴阳五行之说，进而推想宇宙的起源，进而推想万物的发生，故曰：“天地初开，只是阴阳之气。这一个气运行，磨来磨去，磨得急了，便拶许多渣滓。里面无处出，便结成个地在中央。气之清者，便为天，为日月，为星辰，只在外常周环运转。地便在中央不动，不是在下。”“造化之运如磨，上面常转而不止。万物之生，似磨中撒出。有粗有细，自是不齐。”“生物之初，阴阳之精，自凝结成两个，一牝一牡。后来却从种子渐渐生去，便是以形化。”

（二）性说　晦庵论性，与其理气之说相合，其言曰：“天地间只是一个道理。性便是理。人之所以有善有不善，只缘气质之禀，各有清浊。”案此分天地之性与气质之性，颇与伊川、横渠之说相合，惟晦庵言之更精。晦庵既认定理就是太极，则理自无不善；而“性便是理”，则性亦自无不善，所以说：“人生而静以上，即是人物未生时。人物未生时，只可谓之理，说性未得，此所谓在天为命也。才谓之性，便是人生以后，此理已堕在形气之中，不全是性之本体矣。”观此，则“性之本体”，实无不善，其所以不善，都是为气所累，故进而又说：“天地之运，万端而无穷。日月清明，气候和正之时，人禀此气，则为清明浑厚之气。须做个好人。若是日月昏暗，寒暑反常，皆是天地之戾气；人若禀此气，则为不好的人。”“人生都是天理，人欲却是后来没把鼻生底。”晦庵根据这一点，便进而又言天地之性与气质之性，其言曰：“论天地之性，则专指理言。论气质之性，则以理与气杂而言之。未有此气，已有此性。气有不存，而性却常在。虽其方在气中，然气自是气，性自是性，亦不相夹杂。至论其遍体于物，无处不在。则又不论气之精粗，莫不有是理。”案此即晦庵言性较横渠、伊川为精到之处。

（三）论仁　“仁”为儒家道德的极轨，濂溪、明道均详言之，晦庵言仁，亦不外以仁为最大之德，其言曰：“仁者仁之本体；礼者仁之节文；义者仁之断制；知者仁之分别；信以见仁义礼智，实有此理。必先有仁，然后有义礼智信。故以先后言之，则仁为先；以大小言之，则仁为大。”

（四）居敬穷理　晦庵言居敬穷理，实本于伊川“涵养须用敬，修学在致知”二语。居敬为修养工夫，穷理为学问工夫，两者不可偏废，所以晦庵说：“学者工夫，唯在居敬穷理二事。此二事互相发。能穷理，则居敬工夫日益进；能居敬，则穷理工夫日益密。譬如人之两足，左足行则右足止，右足行则左足止。又如一物悬室中，右抑则左昂，左抑则右昂。其实只是一事。”不过晦庵于两者之中，尤注重于穷理，其言曰：“万事皆在穷理后。经不正，理不明，看如何地持守，也只是空。”

晦庵年齿最高，讲学最久，其门人亦最多，今表列其门徒的传授如下：

朱学之在南者：
- →西山蔡元定季通→子　九峰蔡沈仲默（其律历象数之学，足以补师门之缺。）
- →勉斋黄幹直卿→金华何基于恭→鲁斋王柏会之→仁山金履祥吉父
- →北溪陈淳安卿（辟陆学最力。）
- →潜庵辅广汉卿→鹤山魏了翁华父→于越黄震东发（辅氏四传。）
- →詹体仁元善→西山真德秀景元

朱学之在北者→江汉赵复仁甫

九、南轩之学

北宋濂溪、二程、横渠、康节，并称为理学五子；南宋晦庵集理学的大成，然与晦庵同时讲学者，尚有南轩、东莱二人，今分述二人的学术思想如下：

张栻字敬夫，广汉人，学者称南轩先生，所著有《文集》、《论语孟子解》等。其言天理人欲之辨，见于《南轩答问》中："问：'吾心纯乎天理，则身在六经中。饥而食，渴而饮，天理也。昼而作，夜而息，天理也。自是而上，秋毫加焉，即为人欲矣。人欲萌而六经违矣。'曰：'此意虽好，然饥食渴饮，异教中亦有拈出此意者；而其与吾儒异者何哉？此又不可不深察也。孟子即常拈出爱亲敬长之端，最为亲切。于此体认，便不差也。'"南轩与晦庵同出程门，亦同言居敬穷理，惟晦庵重穷理，南轩重居敬，则其不同之点，其言曰："格物有道，其惟敬乎？"又曰："诚能起居食息主一而不舍，则其德性之知，必有卓然不可掩于体察之际者。"案此即以居敬贯穷理之说。

南轩之学，盛行于湖、湘，流衍于西蜀，惟数传而渐衰。

十、东莱之学

吕祖谦字伯恭，其先河东人，后徙婺州，学者称东莱先生，所著有《春秋左氏传说》、《左氏博议》、《吕氏家塾读书记》等。当时讲学，晦庵与象山每多不合，东莱则介于其间，颇多调停而不主一门之说，故其言曰："学问做得主张，则诸子百家长处，皆为吾用。"（《童蒙训》）宋室南渡以后，学者每喜剽窃正心诚意以为浮谈，而视经世之务为末着，故东莱有《周礼说》以救其病，其言曰："教国子以三德三行立其根本，固是纲举目张。然又须教以国政，使之通达治体。古之公卿，皆自幼时便教之，以为异日之用。今日之子弟，即他日之公卿。故国政之是者，则教之以为法。或失，则教之以为戒。又教之以如何拯救，如何措画，使之洞晓国家之本末原委。然后他日用之，皆良公卿也。自科举之说兴，学者视国事，如秦、越人之视肥瘠，漠然不知。至有不识前辈姓名者。一旦委以天下之事，都是杜撰，岂知古人所以教国子之意。然又须知上之人之所以教子弟，虽将以为他日之用，而子弟之学，则非以希用也。盖生天地间，岂可不知天地间事乎？"后此永康学派，实道原于东莱。

十一、象山之学

陆九渊字子静，号存斋，抚州金溪人，学者称象山先生。"或劝九渊著书者。曰：'六经注我，我注六经。'又曰：'学苟知道，六经皆我注脚。'"（《宋史·陆九渊传》）故今所传，只有《文集》、《语录》。"象山之学，本无所承。东发以为遥出上蔡，予以为兼出信伯。"（全祖望语）案上蔡、信伯，均出程门，故象山之学，实与伊川有关。

《宋史·陆九渊传》："读古书，至宇宙二字，解者曰：'四方上下为宇，往古来今曰宙。'忽大省曰：'宇宙内事，乃己分内事；己分内事，乃宇宙内事。'又尝曰：'东海有圣人出焉，此心同也，此理同也，至西海、南海、北海有圣人出，亦莫不然。千百世之上，有圣人出焉，此心同也，此理同也，至于千百世之下，有圣人出，此心此理，亦无不同也。'"故象山之学，实摄万有于一心。惟其如此，象山之学，可以"简易直截"四字概括之，而纯一心为主，其言曰："此理充塞宇宙。所谓道外无事，事外无道。舍此而别有商量，别有趋向，别有规模，别有形迹，别有行业，别有事功，则与道不相干；则是异端，则是利欲；谓之陷溺，谓之臼窠；说只是邪说，见只是邪见。"又曰："我治其大而不治其小，一正则百正。"

象山教人，以"先立乎其大者"为主，所以说："志于声色货利者，固是小；剿模人之言语者，与他一般是小。"又曰："学者须是打叠田地净洁，然后令他发奋植立。若田地不净洁，则发奋植立不得，亦读书不得。若读书，则是藉寇兵，资盗粮。"惟其如此，故不必他求，其言曰：

“汝耳自聪，目自明；事父自能孝，事兄自能弟；本无欠阙，不必他求，在自立而已。”

象山之学，虽主于一心，其教人虽以“立大”为主，然而并非尽弃万事，不言知识，故其言曰：“夫子曰：‘吾十有五，而志于学。’今千百年，无一人有志，也是怪他不得。志个甚底？须是有智识，然后有志愿。”又曰：“人要有大志。常人汩没于声色富贵间，良心善性，都蒙蔽了。今人如何便解有志，须先有智识始得。”

由上所述，可知象山之学，实与晦庵不同，今表列如下：

象山之学	晦庵之学
（一）简易直截；	（一）重学问思辨；
（二）心即理；	（二）即物穷理；
（三）主直觉；	（三）主经验；
（四）主演绎。	（四）主归纳。

虽然，《中庸》言“诚则明，明则诚”。“诚则明”，即先尊德性后道学问，“明则诚”，即先道学问后尊德性；似此，则象山、晦庵之学，其异中自有同处。

象山之学，不及晦庵力量之大，盖朱学自宋理宗时（1225—1264）得朝廷表章，元延祐（1314—1320）科举又用其法以后，朱学几于一统；至明王阳明出，始表章象山之学。兹将象山之学的传授，表列如下：

象山陆九渊子静
- 甬上四先生
  - 元质舒沈
  - 叔晦沈焕
  - 絜斋袁燮和叔
  - 慈湖杨简敬仲
- 安仁三汤
  - 息庵汤千申伯
  - 存斋汤中季庸
    （后皆入于朱。）
  - 晦静汤巾仲能
    - 从子　东涧汤汉伯纪
    - 径阪徐霖景说→叠山谢枋得君直

十二、永嘉之学

宋世理学家，不重事功，南渡以后，国是日非，于是浙学出，力矫以前之失，主经制以求事功。浙学又分永嘉、永康二派，以下先言永嘉之学，再言永康之学。

永嘉之学，始于薛季宣。季宣字士龙，号艮斋，永嘉人，师事袁道洁。道洁是伊川门人，故艮斋之学，亦出程门。艮斋所著有《浪语集》。艮斋颇言功利，故"于古封建、井田、乡遂、司马法之制，靡不研究讲画"。(《宋史·薛季宣传》)其徒陈君举(陈傅良，字君举，瑞安人，学者称止斋先生，所著有《诗解诂》、《周礼说》、《春秋后传》、《左氏章指》。)继之，也究心古人经制治法，要皆与二程之学，无大出入。至叶适出，永嘉之学，便显与周、程立异。

叶适字正则，号水心，永嘉人，所著有《水心文集》、《水心别集》、《习学记言》等。

水心以为圣人之学，必务平实，而幽深玄妙之言，决非圣人之学。惟其如此，所以水心力斥周、张、二程之学所根据的《易》，其言曰："孔子《彖辞》，无所谓太极者，不知传何以称之？自老聃为虚无之祖，然犹不敢放言。曰：'无名天地之始，有名万物之母'而已。庄、列始妄名字，不胜其多。故有太始、太素、茫昧广远之说。传《易》者将以本原圣人，拉立世教。而亦为太极以骇后学。后学鼓而从之，失其会归。而道日以离矣。"

宋儒亟言道统之说，又尊《大学》、《中庸》、《孟子》，而水心均力反之，将濂溪以来所号为不传的绝学者，颠覆殆尽，而其学遂归结于功利，其言曰："正谊不谋利，明道不计功，初看极好，细看全疏阔。古人以利与人，而不自居其功，故道义光明。既无功利，则道义乃无用之虚语耳。"

十三、永康之学

永康之学，虽原于东莱，然与东莱实异，盖东莱虽言史，却不偏于功利。永康之学，成于陈适。适字同父，永康人，学者称龙川先生。所著有《龙川文集》三十卷。

龙川之学，破儒者门户褊狭之见甚力，其言曰："谓之圣人者，于人中为圣。谓之大人者，于人中为大。才立个儒者名字，固有该不尽之处矣。学者，所以学为人也，而岂必其儒哉？"又曰："以为得不传之绝学者，皆耳目不洪、见闻不惯之辞也。人只是这个人，气只是这个气，才只是这个才。譬之金银铜铁，炼有多少，则器有精粗。岂其本质之外，挨出一般，以为绝世之美器哉？故浩然之气，百炼之血气也。使世人争骛高远以求之，东扶西倒，而卒不著实而适用，则诸儒所以引之者过矣。"观此，则龙川之学，其偏于功利可知。

他如王应麟(字伯厚，鄞县人，学者称厚斋先生，所著有《困学纪闻》、《玉海》等。)亦属浙学，与东莱之学有关，然以其偏于考证，故略而不述。

十四、文行之学

以上言宋代理学竟，然宋季有邓牧者，其学不明其所自承，以其影响于后世者深，故别为一节述之。

邓牧字牧心，钱塘人，学者称文行先生，所著有《大涤洞天记》，归入《道藏》，又有《伯牙琴》，仅存文二十九篇，诗十三首。文行目击亡国之痛，忧郁不能自释，所以激而为世外放旷之言，世人不明其意，遂目文行为释、道之流；今观文行《君道》、《吏道》二篇，却大不然。

其《君道篇》曰："古之有天下者，以为大不得已；而后世以为乐，此天下所以难有也。生民之初，固无乐乎为君，不可得拒者。天下有求于我，我无求于天下也。……不幸而天下为秦，坏古封建，……筑长城万里，凡所以固位而养尊者，无所不至，而君益孤。惴惴焉若匹夫怀一金，惧人之夺其后，亦已危矣。天生民而立之君，非为君也。奈何以四海之广，足一夫之用耶？故凡为饮食之侈，宫室之美者，非尧、舜也，秦也；为分而严，为位而尊者，非尧、舜也，亦秦也。后世为君者，歌颂功德，动称尧、舜，而所以自为，乃不过如秦，何哉？……彼所谓君者，非有四目两喙鳞头而羽臂也，状貌咸与人同，则夫人固可为也，今夺人之所好。聚人之所争，慢藏诲盗，冶容诲淫，欲长治久安，得乎？……夫惧人夺其位者，甲兵弧矢以待盗贼，乱世之事也，恶有圣人在位，天下之人，戴之如父母，而日以盗贼为忧，以甲兵弧矢自卫耶？"其《吏道篇》曰："古者军民间相安无事，固不得无吏，而为员不多。……唐、虞建官，……择才且贤者，才且贤者又不屑为，是以上世之士，高隐大山深谷，上之人求之，切切然恐不至也。故为吏者，常出不得已，而天下阴受其赐。后世以所以害民者牧民，而惧其乱，周防不得不至，禁制不得不详，然后大小之吏布于天下。取民愈广，害民愈深。才且贤者愈不肯至，天下愈不可为矣。今一吏，大者至食邑数万，小者虽无禄养，则亦并缘为食以代其耕。数十农夫力有不能奉者，使不肖游手，往往入于其间，率虎狼牧羊豕，而望其蕃息，岂可得也。……夫夺其食不得不怒，竭其力不得不怨，人之乱世，由夺其食，人之危也，由夺其力。而号为理民者，竭之而使危，夺之而使乱。……天之生斯民也，为业不同，皆所以食力也；今之为民，不能自食，以日夜窃人货殖，攫而取之，不亦盗贼之心乎？盗贼害民，随起随仆，不至甚焉，有避忌故也。吏无避忌，白昼肆行，使天下敢怨而不敢言，敢怒而不敢诛。岂上天不仁，崇淫长奸，使与虎豹蛇虺均为民害耶？然则如之何？曰：得才且贤者用之。若犹未也，废有司，去县令，听天下自为治乱安危，不犹愈乎？"

文行之言，很明立君置官的原理；知专制之不可为治，故归本于民之自为治。后二百年，黄宗羲本其说作《原君》、《原臣》，然后民贵君轻之旨始大昌。

十五、白沙之学

元代科举用朱学，故朱学特盛。北方自江汉传朱学后，而后有鲁斋许衡、静修刘因，而有元一代，尤以鲁斋能继晦庵之学。南方则有仁山金复祥，一传而得白云许谦，再传而得长山胡翰、潜溪宋濂，而潜溪又为明初大儒正学方孝孺之师。至于陆学，则传者颇稀，仅静明陈苑与宝峰赵偕二人，他如草庐吴澄则由朱以入陆，师山郑玉则由陆以入朱。

明初诸儒，如正学方孝孺、月川曹端、敬轩薛瑄、康斋吴与弼、敬斋胡居仁，都笃守宋儒矩矱，至白沙出，始别树一帜，而为阳明的先驱。今述白沙之学如下：

陈献章字公甫，号石斋，新会人，学者称白沙先生，所著有《白沙子集》。

白沙之学，虽出于康斋，然能于康斋之外，别有创获。黄宗羲说："先生之学，以虚为基本，以静为门户，以四方上下往古来今穿纽凑合为匡郭，以日用常行分殊为功用，以勿忘勿助之间为体认之则，以未尝致力而应用不遗为实得；远之则为曾点，近之则为尧夫，此可无疑者也。故有明儒者不失其矩矱者亦多有之，而作圣之功至先生而始明，至文成而始大。"(《明儒学案》)此言白沙之学，最为扼要。

然观其《与林缉熙书》，则白沙又与象山接近，其言曰："终日乾乾，只是收拾此心而已。此理干涉至大，无内外，无终始，无一处不到，无一息不运。会此，则天地我立，万化我出，而宇宙在我矣。得此把柄入手，更有何事？往古来今，四方上下，都一齐穿纽，一齐收拾。随时随处，不是这个充塞。色色信他本来，何用尔脚劳手攘。"案此，即象山所谓宇宙即吾心，吾心即宇宙之意。要之，白沙之学，实上承象山，下开阳明。

十六、阳明之学

王守仁字伯安，余姚人，学者称阳明先生，所著有《诗文集》、《五经臆说》、《大学古本旁释》；其门人钱绪山所编的《传习录》，最足以见阳明学的大概。

黄宗羲叙阳明进学的变化甚扼要，其言曰："先生之学，始泛滥于词章，继而遍读考亭之书，循序格物。顾物理吾心，终判为二，无所得入，于是出入于佛、老者久之。及至居夷处困，动心忍性，因念圣人处此，更有何道。忽悟格物致知之旨，圣人之道，吾性自足，不假外求。其学凡三变而始得其门。自此之后，尽去枝叶，一意本原，以默坐澄心为学的，有未发之中，始能有发而中节之和。道德言动，大率以收敛为主，发散是不得已。（学成以后第一变）江右之后，专提致良知三字，默不假坐，心不待澄，不习不虑，出之自有天则。盖良知即是未发之中，此知之前，更无未发；良知即是中节之和，此知之后，更无已发。此知自能收敛，不须更主于收敛；此知即能发散，不须更期于发散。收敛者，感之体，静而动也；发散者，寂之用，动而静也。知之真切笃实处，即是行；行之明觉精察处，即是知：无有二也。（学成以后第二变）居越以后，所操益熟，所得益化。时时知是知非，时时无是无非，开口即得本心，更无假借凑泊。如赤日当空，而万众毕照。（学成以后第三变）——是学成以后，有此三变也。"（《明儒学案》）观此，则阳明之学，实出象山，而白沙不过是明代倡陆学的前驱而已。以下分述阳明之学：

（一）理气合一说　宋学至晦庵而集大成。晦庵认宇宙间有形象者为气，而所以使之然者为理。阳明则倡理气合一说。其言曰："理者气之条理，气者理之运用。无条理固不能运用，无运用亦无所谓条理矣。"

（二）心即理说　心即理说，本出于象山，然阳明言之更精。阳明既认理与气是一，进而更归到理就是心。其言曰："夫物理不外于吾心。外吾心而求物理，无物理矣。遗物理而求吾心，吾心又何物耶？心之体性也，性即理也。故有孝亲之心，即有孝之理。无孝亲之心，即无孝之理矣。有忠君之心，即有忠之理。无忠君之心，即无忠之理矣。理岂外于吾心耶？……外心以求理，此知行之所以二也。求理于吾心，此圣门知行合一之义。”又曰：“在物为理，处物为义，在性为善；因所指而异其名，实皆之心也。心外无物，心外无言，心外无理，心外无义，心外无善。吾心之处事物，纯乎理而无人伪之杂谓之善，非在事物有定所可求也。处物为义，是吾心之得其宜也，义非在外可袭而取也。格者格此也，致者致此也，必曰事事物物上求个至善，是离而二之也。伊川所云：‘才明彼，即晓此。’是犹谓之二。性无彼此，理无彼此，心无彼此，善无彼此也。”观此，则阳明之学，实以心为主，故其言曰：“人者，天地万物之心也；心者，天地万物之主也。心即天，言心则天地万物皆举之矣。”

（三）致良知 心既是天地万物之主，但心的主宰又是什么？阳明认为就是良知，其言曰：“心者身之主也，而心之虚灵明觉，即所谓本然之良知也。”又曰：“良知者心之本体，即前所谓恒照者也。”又曰：“不思善，不思恶，认本来面目。此佛氏为未识本来面目者，设此方便。本来面目，即吾圣门所谓良知。”又曰：“未发之中，即良知也，无前后内外而浑然一体者也。有事无事可以言动静，而良知无分于有事无事也。寂然感通可以言动静，而良知无分于寂然感通也。”案此言良知的性质。阳明又曰：“良知即是未发之中，即是廓然大公寂然不动之本体，人人之所同具者也。但不能不昏蔽于物欲，故须学以去其昏蔽。然于良知之本体，初不能有加损于毫末也。”案此言良知为人人所同具。《明儒学案》：“问：‘近来工夫稍知头脑，然难寻个稳当处。’曰：‘只是致知。’曰：‘如何致？’曰：‘一点良知。是尔自家的准则，尔意念着处，他是便是是，非便是非，更瞒他一些不得，尔只不要欺他，实实落落，依着他做去。善便存，恶便去，何等稳当，此便是致知的实功。’”案此言为学做人在于不欺良知，而首要尤在于致知，故曰：“夫学问思辨笃学之功，虽其困勉于至人一己百，而扩充之极至于尽性知天，亦不过致吾心之良知而已，良知之外岂复有加于毫末乎？今必曰穷天下之理，而不知反求诸其心，则凡所谓善恶之机真妄之辨者，舍吾心之良知，亦将何以致其体察乎？”阳明着重致知一点，故凡格物、博文约礼、明善诚身，以及知言集义，都用致知以解释之。虽然，良知的本体，在于即知即行，所以知而不行，则其知已非真知，而为物欲所蔽，其言曰：“吾子谓语孝于温凊定省，孰不知之，然而能致其知者鲜矣。若谓粗知温凊定省之仪节，而遂谓之能致其知，则凡知君之当仁者，皆可谓之能致其仁之知；知臣之当忠者，皆可谓之能致其忠之知；则天下孰非致知者耶？以是而言，可以知致知之必在于行，而不行之不可以为致知也明矣。”惟其知必在行，所以才有知行合一之说。

（四）知行合一说　阳明言知行合一之处很多，如“行之明觉精察处便是知，知之真切笃实处便是行。若行而不能明觉精察，便是冥行，便是学而不思则罔，所以必须说个知。知而不能真切笃实，便是妄想，便是思而不学则殆，所以必须说个行。原来只是一个工夫”。如“某尝说知是行的主意，行是知的工夫；知是行之始，行是知之成。若会得时，只说一个知，已自有行在；只说一个行，已自有知在。”而他说知行合一最精到处，尤在于以下一段：“今人学问，只因知行分作两件，故有一念发动，虽是不善，然却未曾行，便不去禁止。我今说个知行合一，正要人晓得一念发动处，便即是行了。发动处有不善，就将这不善的念克倒了。须要澈根澈底，不使那一念不善，潜伏在胸中，此是我立言宗旨。”

统观阳明之学，全在“心即理”三个字上，而“心即理”又原于理气合一而来。惟其是“心即理”，所以说“致吾心之良知”，所以说“一念发动处，便即是行了”。阳明既以心为理，自与晦庵之以心外求理不同，而接近于陆。虽然，今观阳明《答徐成之书》，固多于朱、陆相异处，以求其同。其言曰：“《象山文集》所载，未尝不教其徒读书穷理，而自谓理会文字颇与人异者，则其意实欲体之于身；其亟所称述以诲人者，曰：‘居处恭、执事敬、与人忠。’曰：‘克己复礼。’曰：‘万物皆备于我，反身而诚，乐莫大焉。’曰：‘学问之道无他，求其放心而已。’曰：‘先立乎其大者，而小者不能夺。’是数言者孔、孟之言也，恶在其为空虚者乎？独其易简觉悟之说，颇为当时所疑。然易简之说，出于《系辞》；觉悟之说，虽有同于释氏，亦自有同于吾儒，而不害其为异者，惟在于几微毫忽之间而已。晦庵之言曰：‘居敬穷理。’曰：‘非存心无以致知。’曰：‘君子之心常存敬畏，虽不见闻，亦不敢忽，所以存天理之本然，而不使离于须臾之顷也。’是其为言，虽未尽莹，亦何尝不以尊德性为事，而又恶在其为支离者乎？……仆尝以为晦庵之与象山，虽其所为学者若有不同，而要皆不失为圣人之徒。”

明代学术，自当以王学为中心，王学流传，《明儒学案》分为浙中、江右、南中、楚中、北方、粤闽、泰州七派，而最重要的，却只有浙中、江右、泰州三派，今表列如下：

- 浙中派
  - 曰仁徐爱横山
  - 龙溪王畿汝中
  - 绪山钱德洪洪甫
- 江右派
  - 东廓邹守益谦之
  - 念庵罗洪先达夫→思默万廷言以忠
  - 两峰刘文敏宜充→塘南王时槐子植
  - 双江聂敬文蔚
- 泰州派→心斋王艮汝止
  - 一庵王栋隆吉
  - 波石徐樾子直
    - 山农颜钧
    - 大洲赵贞吉孟静
      - 心隐何汝元夫山→楚倥耿定理子庸
      - 近溪罗汝芳维德
        - 澹园焦竑弱侯
        - 海门周汝登→石篑陶望龄文简

江右派为王学正宗，所以黄宗羲说：“姚江之学，惟江右为得其传，东廓、念庵、两峰、双江其选也，再传而为塘南、思默，皆能推明阳明未尽之旨。”浙中、泰州两派，虽出自王门，但已与阳明立异，所以黄宗羲说：“阳明先生之学，有泰州、龙溪而风行天下，亦因泰州、龙溪而渐失其传。泰州、龙溪，时时不满其师说，益启瞿昙之秘而归之师，盖跻阳明而为禅矣。然龙溪之后，力量无过于龙溪者，又得江右为之救正，故不至十分决裂。泰州之后，其人多能以赤手搏龙蛇，传至颜山农、何心隐一派，遂复非名教之所能羁络矣。”（以上《明儒学案》）

十七、蕺山之学

王学到了明末，便是“束书不观，游谈无根”，便非“名教之所能羁络”，因此弄得所谓“酒色财气不碍菩提路”的狂禅，滔滔于天下。在这时期，王学中便起了反动，而代表这反动倾向的人物，就要推蕺山与东林派。以下先述蕺山之学，再述东林之学。

刘宗周字起东，号念台，浙江山阴人，学者称蕺山先生，所著有《古易钞义》、《圣学宗要》、《学言》、《人谱》、《文集》等。

蕺山之学，一主江右，力矫明末王学之失，而提出“慎独”二字，其言曰：“知善知恶之知，即好善恶恶之意，亦即无善无恶之体。意者，心之所存，非所发也；心之体，非心之用也；与起念之好恶不同。人心无思无不思，无思虑未起时。必物感相乘，思为物化，乃憧憧往来耳。阳明以诚意为主意，致良知为工夫。谓诚意无工夫，工夫皆在致知。殊不知好善恶恶，即知善知恶；非知善后好，知恶后恶，故更无知善知恶之可言。然则知即意也。好必善，恶必恶，故心善。意者，心之所存。好善恶恶之心，即好善恶恶之意，故意有善而无恶。此所谓独知也。良知不虑而知，诚者不思而得，故诚即知。致也者，诚之者也。离却意根一步，即无致知可言。故诚意慎独非二事。宋儒不从慎独认取，故不得不提敬于格物之前。阳明云：‘有善有恶者意之动。’是以念为意。善恶杂糅，何处得觅归宿？专提致良知三字，遂致以流行心体承当。今知诚意即慎独，离意根一步，即妄而不诚，则愈收敛，是愈推致；而动而省察可废。何也？存静不专属静，省察正存养之得力处也。”

十八、东林学派

东林学派，始于顾泾阳与高景逸。泾阳名宪成，字叔明；景逸名攀龙，字存之；都是无锡人。泾阳所著有《泾皋藏稿》、《小心斋劄记》、《大学通考》、《还经录》、《证性编》。景逸所著有《遗书》、《周易易简》、《春秋孔义》。

明末朝政腐败，达于极点，景逸与泾阳讲学故里东林书院，主持清议，兼议国政，东林之名由是起。二人均力矫王学之失。

黄宗羲说："先生深虑近世学者乐趋便易，冒认自然，故于不思不勉，当下即是，皆令究其源头，果是性命上透得来否？勘其关头，果是境界上打得过否？而于阳明无善无恶一语，辨难不遗余力，以为坏天下教法，自斯言始。(《明儒学案·顾宪成传》)景逸说："姚江之弊，始也扫闻见以明心耳，究而任心而废学，于是乎诗书礼乐轻，而士鲜实悟；始也扫善恶以空念耳，究且任空而废行，于是乎名节忠义轻，而士鲜实修。"(《崇文会语序》)

二人承王学空疏之弊，所以一面讲学，一面干政；后来复社、几社的运动，都是继东林而起的，其势力之大，可想而知。

*　　*　　*

十九、经学与史学

宋、元、明三代学术的中心，当然是理学，但这时代的经学、史学及其他，也有可述之处，现在分项说在下面：

(一)经学　经学至宋庆历间(1041—1048)而一变，庆历以前，多尊章句注疏之学，至刘敞作《七经小传》及王安石作《三经新义》，才以己意改经，与前此诸儒之说立异。他如欧阳修排《系辞》，修与苏轼兄弟毁《周礼》，李觏、司马光毁《孟子》，苏轼讥《书》，晁说之黜《诗序》，都力排经师旧说；所以纪昀说："汉儒重师传，渊源有自；宋儒尚心悟，研索易深。汉儒过于信传，宋儒勇于改经，计其得失，亦复相当。"此言汉宋治经方法之异很扼要。今将宋代五经流派，表列如次：

- (一)《易》
  - 以象数说《易》者→陈抟
    - 刘牧(《易数钩隐图》)
    - 邵雍(《皇极经世书》)
  - 以义理言《易》者
    - 程颐(《易传》)
    - 胡瑗(其门人倪天隐述师说而作《周易口义》)
  - 以义理象数而言《易》者→朱熹(《周易本义》、《易学启蒙》)
- (二)《尚书》
  - 以象数言《尚书》者→胡瑗(《洪范口义》)
  - 疑古文孔传者→始于吴棫,朱熹继之
  - 考《禹贡》山川者→毛晃(《禹贡指南》)
- (三)《诗》
  - 攻毛、郑者
    - 欧阳修(《本义》)
    - 郑樵(《诗传辨妄》)
    - 王柏(《诗疑》)
    - 朱熹(《诗集传》)
  - 宗毛、郑者→范处义(《诗补传》)
- (四)《礼》
  - 《周礼》(皆断以己意,与先儒颇有异同。)
    - 王安石(《周官新义》)
    - 易祓(《周官总义》)
    - 王昭禹(《周礼详解》)
    - 叶时(《礼经会元》)
  - 《仪礼》
    - 张淳(《仪礼识误》)(笃实类汉儒)
    - 李如圭(《仪礼集释》)(笃实类汉儒)
    - 朱熹(《仪礼经传通解》),较唐贾疏简明
  - 《礼记》→卫湜(《集说》)
- (五)《春秋》
  - 孙复(《春秋尊王发微》),尊唐陆淳之说。
  - 刘敞(《春秋传》),褒贬义例,多取诸《公》,《谷》。
  - 孙觉(《春秋经解》),杂取三传。
  - 崔子方(《春秋本例》,推明《公》,《谷》不主一家。
  - 苏辙(《集解》),从《左氏》而废《公》、《谷》。

此外又有《四经正义》:(一)《孝经正义》,(二)《论语正义》,(三)《尔雅疏》,(以上三书均邢昺作疏)(四)《孟子正义》(旧本题孙奭疏)。但是,自南宋理宗表彰朱学以后,言经已渐主晦庵之说,至元仁宗延祐元年(1314)定科举法,始专以宋儒《四经注》及《五经注》。四书(《大学》、《论语》、《孟子》、《中庸》)专用朱氏《章句集注》;五经则《易》用朱子《本义》,《书》用蔡沈《集传》,《诗》用朱子《集传》,《春秋》用胡安

国《传》，惟《礼记》仍用郑《注》。明以制义试士，也专主宋儒：其时四书主朱氏《集注》，《易》主程《传》、朱子《本义》，书主蔡氏《传》及古注疏，《春秋》主三传及胡安国、张洽《传》，《礼记》主古注疏。经学至此，可谓完全统一于宋儒之下。至永乐间（1403—1424），朝廷颁《四书大全》、《五经大全》，始废注疏不用，经学之衰，亦从此时起，所以顾炎武说："儒臣本旨修《四书》、《五经大全》，可以章一代教学之功，启百世儒林之绪；而仅取已成之书，钞誊一过，上欺朝廷，下诳士子，唐、宋之时，有是事乎？经学之废，实自此始。"

（二）史学　宋代编年体的钜制，首推司马光的《资治通鉴》，全书共二百九十四卷，起自周威烈王二十三年，下迄后周世宗显德六年，其间凡一千三百六十二年。朱熹本之，作《资治通鉴纲目》九十四卷，仿《春秋》笔法，寓褒贬于其中。刘恕又作《通鉴外纪》，录庖犧氏以后至周威烈王二十二年之事，以接《资治通鉴》之前；朱熹又作《续资治通鉴长编》，录自宋太祖至钦宗之事，以接《资治通鉴》之后。降及明代，又有陈桱作《通鉴续编》，专述宋代史事；胡粹中作《元史续编》以补《元史》的阙略；商辂等作《续资治通鉴纲目》，述自宋太祖至元顺帝之事；薛应旂作《宋元通鉴》，专述宋、元两代事。以上属编年体。

纪事本末体则创于宋袁枢。袁枢因司马光《资治通鉴》，区别门目，以类排纂，每事各详其起讫，自为标题，每篇各编年月，自为首尾，使传纪编年，贯而为一，名其书为《通鉴纪事本末》。明陈邦瞻仿其体例，作《宋史纪事本末》与《元史纪事本末》，并清代高士奇《左传纪事本末》、李萍《辽史纪事本末》、张鉴《西夏纪事本末》、谷应泰《明史纪事本末》及《三藩纪事本末》，合称为《九种纪事本末》。

文化史之书，则有宋郑樵的《通志》，凡帝纪十八卷，皇后列传二卷，年谱四卷，略五十一卷，列传一百二十五卷；其中最精要者为略，计分氏族、六书、七音、天文、地理、都邑、礼谥、服器、乐、职官、选举、刑法、食货、艺文、校雠、图谱、金石、灾祥、草木、昆虫二十类。后马端临又作《文献通考》，分田赋、钱币、户口、职役、征榷、市籴、土贡、国用、选举、学校、职官、郊社、宗庙、王礼、乐兵、刑、经籍、帝系、封建、象纬、物异、舆地、四裔二十四门。二书言典章制度沿革，均极详尽，与杜佑《通典》合称为《三通》。后并清世《续通典》、《续文献通考》、《续通志》、《皇朝通典》、《皇朝文献通考》、《皇朝通志》，合称《九通》。

至于正史，则宋以前，汉以后，代有著作，今表列如下，以供参考：

书名	著者	卷数	年代公元
史记	(前汉)司马迁	130	太古——前122
前汉书	(后汉)班固	120	前206——公元24
后汉书	(刘宋)范晔	120	25——220
三国志	(晋)陈寿	65	220——280
晋书	(唐)房玄龄	130	265——419
宋书	(梁)沈约	100	420——478
南齐书	(梁)萧子显	59	479——501
梁书	(唐)姚思廉	56	502——556
陈书	(唐)姚思廉	36	556——580
魏书	(北齐)魏收	114	386——556
北齐书	(唐)李百药	50	550——577
周书	(唐)令狐德棻	50	557——581
隋书	(唐)魏徵	85	581——617
南史	(唐)李延寿	80	420——589
北史	(唐)李延寿	100	386——617
旧唐书	(石晋)刘昫	200	618——906
新唐书	(宋)欧阳修	225	618——906
旧五代史	(宋)薛居正	152	907——959
新五代史	(宋)欧阳修	75	907——959
宋史	(元)托克托①	496	960——1279
辽史	(元)托克托	116	916——1125
金史	(元)托克托	135	1115——1234
元史	(明)宋濂	210	1206——1367
明史	(清)张廷玉	336	1368——1643

① 注：托克托，今作脱脱。

第九讲　西学东渐

一、概论

中国的学术思想，受国外学术思想的影响者，前后共有两次。前一次是佛教的输入，后一次是西学东渐。西学东渐，分作两个时期讲。但是，因为中国的历法、天文与数学等也受了西学的影响，而起了绝大的变化，所以讲完了西学东渐以后，接着讲中国的历法、天文各项。

二、西学东渐的第一期

蒙古勃兴，于欧、亚两洲之间，建立一个空前的大帝国，东西交通，因之频繁。1245年至1247年之间，罗马法王因诺建（Innocent）四世派人访钦察汗拔都于萨来，又访元定宗于喀喇和林。1253年，法兰西王路易九世派人访元宪宗于喀喇和林，以谋弘布基督教。1293年，罗马法王尼古拉司（Nicholas）又命孟德可儿威诺（Joan du Monte Corvino）至燕京，得元世祖允许，建立教堂，一时信徒达六千余人。自此以后，欧人来中国传教者，相继不绝。当时元室用人，不问国籍，不分种别，所以波斯、阿拉伯以及欧洲各地之来仕者很多。1275年，意大利人马可波罗（Marco Polo）来中国，仕元历十七年之久，归著《马可波罗游记》，广布全欧，遂启日后欧人东渐的动机。此外，还有法兰西及意大利的技术家、画家、职工，也相率来中国。西洋学术，由是渐次流入中土；不过蒙古帝国瓦解以后，东西交通一时断绝，欧洲亦因宗教改革等问题，无暇东顾，所以在东西文化一度接触之后，并无进展，就彼此隔绝了。以上所述，可以说是西学东渐的发端。

到了15世纪末叶，即明代中叶以后，全世界却换了一个新局面。在这期间，科仑布[①]于1492年发见了新大陆，华斯哥加马(Vasco Da Gama)于1497年发见了印度新航路。到了1520年，麦哲仑(Magellon)环游地球一周又告成功。自是以后，葡萄牙人及西班牙人，便纷纷向东方进取；继之而起的，又有荷兰人；最后则为英吉利人与法兰西人。从印度起，经过南洋群岛、菲利宾以至中国、日本，都是他们当时侵略的区域。1563年，葡人租借澳门，是为欧人向中国进攻之始。自是以后，澳门便成为欧人侵略中国的根据地。欧人传教事业与通商事业，由是日有进展。

原来欧洲在1517年时，德人马丁路德倡宗教改革，新教势力很盛，以前的罗马旧教(天主教)大受顿挫。旧教中人，因此组织耶苏会，力谋改革。等到葡人在东方已取得许多属地时，葡王就托耶苏会中人担任东方传教事业。所以明代中叶以后，这些旧教徒便相率东游。

1552年，他们的东方布教长方齐各来中国，行至广东上川岛便死。1580年，利玛窦(Matheus Ricci)继至，居留广东肇庆，习华言，服华衣，从事传教。1601年，利玛窦与其友庞迪我(Diego de Pantoja)至北京，献方物及基督圣母图，并自述其制器观象的学力，以表明他不专靠布教为生。神宗念他们远道而来，礼遇优渥，令得于京内外建立礼拜堂。利玛窦颇有学术，其传教又能参酌中国习俗古义以求调和，所以朝臣如徐光启、李之藻诸人，都很信服他。1601年，利玛窦死，南京方面群起反对西人布教。1616年，明廷便下令禁止传教，在京教士均被逐回澳门。后来因为明朝与满洲作战，需用铳炮，于是到1622年又从澳门召回教士阳玛诺(Emmanuol Diaz)、罗如望(Jodnnes de Rocha)等制造铳炮。明年又召用艾儒略(Julio Alenio)、毕方济(Francesco Sambiaso)等，教禁遂解。不久，明朝又因历法舛误，急待改正，于是汤若望(Johann Adam Schallvon Bell)、罗雅谷(Jacobus Rho)、邓玉函

① 注：今作哥伦布。

(Johann Terrens)等到北京，从事修正历法。他如龙华民(Nicolao Longobardi)等，也相率入京布教。明亡清兴，圣祖以好西学故，尝令徐日升(Thomas Pereira)、张诚(Jean Francois Gerbilon)、白进(Joachin Bouvet)、安多(Antoniws Thomas)诸人轮流进讲。又令南怀仁(Ferdinand Verbiest)为钦天监副，恩理格(Christianus Herdtricht)与闵明我(Philippo Maria Grimaldi)二人，亦以精于历法，得留居北京。圣祖又命费隐(Xaverius Fhrenbertus Fridolli)、杜德美(Petrus Jartroux)、雷孝思(Joannes Baptist Regis)、麦大成(Franciscus Joannes Cardoso)、潘如(Bonjour)、汤尚贤(Petrus Vincentius du Tartre)、冯秉正(Joseph Francois Moyra de Maillac)及德玛诺(Romanus Hinderer)等，往各地测绘，成《皇舆全览图》。计自1622年召用教徒至1717年《皇舆全览图》完成止(明熹宗天启二年至清圣祖康熙五十六年)，这个时期，可以称为西学东渐的第一期。在这时期中，西学之输入中国者，可别为四类，兹分述之如下：

(一)天文历算之学　利玛窦来中国，初译《几何原本》。其后，明代所用《大统历》——即元代《授时历》，沿用二百七十余年——累生舛误，遂议改行西法。思宗时(1628—1643)，命利玛窦之徒徐光启改订历法，成《历书》二百三十余卷。清代因之，遂用西法所制之历为《时宪历》。后又用汤若望、南怀仁掌历政，其间虽经杨光先等攻击，仍用《大统历》，然因西法推测精密，所以终清之世，均用《时宪历》。

(二)力艺之学　力艺之学，始自邓玉函的《奇器图说》与明泾阳王征的《诸器图说》。邓书大旨谓：天地生物，有数，有度，有重；数为算法，度为测量，重即力艺之学，均相资而成。所以先论重之本体，说明立法之所以然，共六十一条；次论各种器具之法，共九十二条；再次为“起重”、“引重”诸图，每图均有说明，其余农器水法，更为翔实。王书共图十一，亦各有说明，并附以铭赞。

(三)舆地测绘之学　利玛窦来中国，为《万国全图》，于是中国人始知地球有五大洲。又著《乾坤体义》，谓地与海合而为一，地球居于天中。1623年，艾儒略依利玛窦旧本，著《职方外纪》五卷，为中国有五洲万国地志之始。而1717年的《皇舆全览图》(又名《康熙内府图》)，尤影响于中国的学术思想界。

(四)农田水利之法　农田水利之法,以徐光启的《农政全书》六十卷为最有系统,计《农本》三卷,《田制》二卷,《农事》六卷,《水利》九卷,《农器》四卷,《树艺》六卷,《蚕桑》四卷,《蚕桑广类》二卷,《种植》四卷,《牧养》一卷,《制造》一卷,《荒政》十八卷,很受西法影响。又熊三拔(Sabbatinus de Ursis)撰《泰西水法》六卷,亦有可观。

以上所述四类,系西学东渐第一期的成果,欲知其详,可参看郑鹤声、郑鹤春合编的《中国文献学概要》第五章。

三、西学东渐的第二期

由上所述,可知西学的输入,和旧教传教事业有密切关系。康熙中叶(1691)以后,却生出一种新的变化来了。原来旧教徒如利玛窦等在中国布教,很能参酌中国风俗,容认中国教徒一面奉教一面拜孔子、拜天、拜祖先。后来这种情形传到罗马法王那里去了,法王认为破坏教规,遂于1704年派遣铎罗(Tourmon)来中国,并令凡不遵教规的教徒,一律退出中国。圣祖因此大怒,下令逮捕铎罗,送至澳门,并命凡不遵守利玛窦遗法的教徒,一律出境。世宗(1723—1735)即位,更令凡不在钦天监供职的教徒,不得居留内地,并改教堂为公所,禁止人民奉教。这种禁令,经高宗(1736—1795)、仁宗(1796—1820)两朝,形式上均未解禁,直到宣宗时鸦片之役(1840)以后,为和约所限,西人布教事业始大进展。

1807年,玛礼孙(Dr. Rohert Morrison)受英国传道会委托至中国布教,原拟在澳门登陆,因旧教徒的嫉忌,乃往麻拉甲暂时驻足,以植基础;于是从事著作,成第一部《华英字典》,并以耶教《圣经》译成汉文,供华人披阅,为新教一派布教至中国之始。后此来华教徒,都奉玛礼孙所著字典及所译《圣经》,以为圭臬。鸦片战役以后,中国以香港割让与英,时玛礼孙已死,英人为纪念玛礼孙布教之功,遂于香港建立玛礼孙学校一所。英人既得香港,于是据此以为对中国通商布教的大本营。1844 年,《中美条约》与《中法条约》相继成立。自此以后,又有英法联军之役,1858 年订立《天津条约》,资本帝国主义列强侵略中国,由是又获得极强固的保障。同时,国内又有太平军的革命运动,从 1850 年起,至 1864 年始告平定。在这内外多事之秋,中国的闭关主义已经无法维持,深感中国固有学术不足,而渐有倾向西学的表示。

鸦片战役以后,魏源便于 1844 年著《海国图志》,1849 年徐继畬又著《瀛环志略》,由这一点便可看到中国学者倾向西学的趋势。中国经过几次挫败以后,一般智识分子,都震于西洋物质科学的可怕,而在政治上最有力量在社会上最有声望如曾国藩、李鸿章、左宗棠这班人,因为在军事上、外交上和西人接触的机会多,并目击西人华尔、戈登戡平太平军的力量,于是更感觉到西洋学术的可怕;所以在太平军平定之后,他们就努力从事于"洋务"。当时"洋务"中最有影响的事件,便是:

1863 年　设外国语言文字学馆于上海;

1865 年　设江南机器制造局于上海;

1866 年　奏设轮船制造厂于福建;

1867 年　江南机器制造局内添设翻译馆;

1870 年　设机器制造局于天津;

1872 年　挑选第一批学生,派容闳指导赴美留学;请开煤铁矿;设轮船招商局;

1875 年　筹建铁甲兵舰;请设洋学局于各省,分格致、化学、电学、炮法、兵法、火轮、机器、舆图、测算诸门,派通晓时务大员主持,并于考试功令稍加变通,另开洋务进取一格;

1876 年　派武弁赴德学习水陆军械技术,又派福建船政生出洋留学;

1880 年　购置铁甲兵舰;设水师学堂于天津;设南北洋电报局;奏请建设铁路;

1881 年　设开平矿务商局;

1882 年　筑旅顺军港船坞,设商办织布局于上海;

1885 年　设武备学堂于天津。

以上这些新政,都是曾国潘、左宗棠、李鸿章所创办的,就中尤以鸿章所创办者为最多。(但在1861年时，北京即设有同文馆，附属总理各国事务衙门，同文馆聘西人为教习，教授英、法、德、俄四国语言文字，分天文、化学、算学、格致、医学诸科目。)国藩死后，宗棠又以全力经营新疆，于是鸿章就成为主持洋务的中心人物。他如郭嵩焘、曾纪泽、薛福成诸人，也都是鼓吹洋务最有力的分子。他们都认定西洋所长的是物质科学，是船坚炮利[①]，所以逡译之书，亦多偏重于这方面。当时翻译西籍，以同文馆翻译馆为中心，西教会教徒，也多从事翻译。1903年，梁启超撰《西学书目表》，把译出诸书，分为学、政、教三类；除教类之书不计外，其余诸书，分为三卷：

(上卷)为西学诸书，包括算学、重学、电学、化学、声学、光学、汽学、天学、地学、全体学、动植物学、医学、图学各类；

(中卷)为西政诸书，包括史志、官制、学制、法律、农政、矿政、工政、商政、兵政、船政各类；

(下卷)为杂书之类，包括游记、报章、格致总、西人议论之书、无类可归之书各类。

以上各书，共计三百五十三种，八百九十三本。从事翻译者，有西人傅兰雅、林乐知、金楷理、李提摩太、艾约瑟，他如李善兰、华蘅芳、赵仲涵等亦任翻译，他们都学有根柢，对于所译诸书，都能忠实。不过当时所译各书，偏重物质科学，略于社会科学，却是一个很大的缺点；但是，从这一点正可以看出当时人士的眼光。其后张之洞亦谈洋务，其目光亦只限于西洋物质科学，他的“中学为体，西学为用”，竟成为这一时期的口号。以上所述，便是西学东渐的第二期。甲午(1894)战败以后，国人目光，始大转变，而渐着重于社会科学；惟当时所译各书，多出自日文，且肤浅不充实，却是一个缺点；至严复出，其风始一变。

*　　*　　*

---

① 梁启超批评李鸿章的所谓洋务，说他“知有兵事而不知有民政，知有外交而不知有内治，知有朝廷而不知有国民，知有洋务而不知有国务；……以为吾中国之政教风俗，无一不优于他国，所不及者惟枪耳，炮耳，船耳，机器耳，吾但学此，而洋务之能事毕矣”。这几句话，正道破李鸿章一般人所谓洋务之失。

四、历法

人类对于历法的知识，在石器时代已开其端。中国的历法，大概发源于有史以前。相传“黄帝使羲和占日，臾区占星，伶伦造律吕，大挠作甲子，隶首作算，容成综此六术而著调历”[1]。这虽是神话，却可表现中国历法内容之一斑。《尚书·尧典》说：“乃命羲和，钦若昊天，历象日、月、星辰，敬授民时。”又说：“期三百有六旬有六，以闰月定四时成岁。”从此数语，可见周以前的历法，已和后代的历法差不多，也是阴阳合历。夏、商以降，建置岁首，各有不同。“夏正以正月，殷正以十二月，周正以十一月。”孔子对于各种历法，赞同夏正，所以有“乘殷之辂，用夏之时”的话。战国之际，相传有历法六种，而秦用《颛顼历》，汉因秦制。至武帝时，乃使洛下闳等作浑天仪，邓平等作历，号《太初历》。这历法对于合朔、月建大小、定二十四气、推日月交食、置闰、五星躔度等，均有法度可考，不过推算不精。至东汉时，已较天象差七十八刻。以后各代，对于推算之法，各有改良，但始终没有超出旧历的范围，尤其纠缠不清的，便是元法、纪法、蔀法、章法、年法、日法，[2]各逞臆算，所以历屡更改，仍然不准确。从汉至清，变更凡六十余种。其中值得叙述的历法大家，只有几个。一个是刘洪，他观察月绕地的轨道，不是正圆，而是椭圆，所以运行有迟有疾。一个是姜岌，他测出日行在二十八宿的度数，可于月食时的月行速度之冲而检得。一个是虞喜，他测出恒星也有运动，所以冬至日的宿度，时有更易。这样，便将从前关于斗分[3]的疑问解释了。一个是何承天，他发明以朔望及弦去定大小余。一个是祖冲之，他应用岁差说于历，又发现北极星并不是不动的北

---

① 容成作历之说，见于《世本》。

② 章蔀纪元之说，是至朔同日谓之章，同在日首谓之蔀，蔀终六旬谓之纪，岁朔又复谓之元。天元冬至之时，日月如合璧，五星如连珠。

③ 斗分是古代度天，以南斗为起首，分周天为三百六十五度，尚有四分之一有奇，则归于斗。而岁差之数，亦与斗分混合。

极——距不动处还有一度余。一个是张子信，他测出日月交道有表里，五星亦有迟疾留逆。一个是刘焯，他发现日的运行也有盈缩，所以由冬至至春分，春分至夏至，夏至至秋分，秋分至冬至，每季的日行度数，并不相同。一个是僧一行，他以大衍数一变古法，始以朔有四大三小，定九股交食之异。一个是徐昂，他发现日食时有气差、刻差、时差。一个是曹大为，他废除牵强附会的积元而用截元法。一个是郭守敬，他集古历的大成，废从前所附会的律吕蓍策而用纯粹的算学。他所用的算法：一、勾股测望；二、弧矢割圆；三、黄赤道差；四、黄赤道内望度；五、白道交周；六、日月五星平定立三差；七、里差刻漏。所以古历法中以郭氏的《授时历》为最精。但是郭氏历法的最大缺陷，便是算法还没到圆善的地步。因为以勾股去算浑圆，终难合辙。至明成化以后，郭法的疏漏愈阔。其时西洋人庞迪我、熊三拔等，携西洋的弧三角术来，以改正郭法之失。到清康熙时，便用南怀仁为钦天监，以西法改古法；但当时的改革，仍是就古历的规模，而用西法的推算，至民国始完全废除古历而与世界各国取同一的历法。兹将历代历法的变革，列表于下：

历名	造者	行用时期	特点	缺点
黄帝历	相传容成所作			
颛顼历		传秦汉时皆用此历		
夏历			以建寅月为岁首	
殷历			以建丑月为岁首	
周历			以建子月为岁首	
鲁历		传孔子作《春秋》所用		
太初历	西汉太初元年邓平等造	西汉至东汉共一百八十八年	历法可考者从此始	至东汉元和后后天七十八刻

续表

历名	造者	行用时期	特点	缺点
三统历	刘歆造	应用于推古历，未见诸施行		粗疏至极，毫无可取，而班固甚称之
四分历	东汉元和二年扁䜣造	行于东汉及蜀汉共一百二十一年	改正太初之失	至建安时后天七刻
乾象历	建安十一年刘洪造	行于东吴凡三十一年	知太初四分之斗分不可靠	至魏景初时后天七刻
黄初历	魏黄初时韩翊造	未见施行	改正乾象斗分	
景初历	魏景初元年杨伟造	行于魏两晋凡二百零六年		至晋元嘉时先天五十刻
泰历	即景初历晋武帝改名			
元嘉历	宋元嘉时何承天造	行于宋代二十年	以朔望及弦定大余小余	至大明七年先天五十刻
大明历	宋大明六年祖冲之造	当时未用，至梁天监中始采用	始悟太阳有岁差	至魏正光时先天十二刻
三纪甲子历	后秦姚兴时姜岌造	未见施行	知以月食之冲检日宿度	
玄始历	北魏平凉时得赵欧所修	行于北魏初年		
五寅元历	北魏崔浩造	未见施行		
正光历	北魏正光年李业兴等造	行于北魏凡十九年	合张洪等九家历而成	至兴和时先天九十九刻
甲子元历	北魏兴和二年李业兴造	行于魏末凡十年		至北齐天保时先天十三刻

续表

历名	造者	行用时期	特点	缺点
天保历	北齐天保元年宋景业造	行于北齐十七年		至周天和时后天一日又八十七刻
甲寅元历	北周天和元年甄鸾造	行于北周十三年		至大象时先天四十刻
景寅元历	北周大象元年马显造	行于周末隋初凡五年		至隋开皇时后天十刻
开皇历	隋开皇四年道士张宾造	行于隋代二十四年	增减何承天法	至大业时后天七刻
刘孝孙历	北齐末年刘孝孙造	未见施行	后与张宾攻讦甚激	
大业历	大业四年张胄玄造	行于隋末十一年	依据祖冲之法	至唐武德时后天七刻
皇极历	大业时刘焯造	未见施行	悟日行有盈缩	
戊寅历	唐武德时傅仁均造	行于唐初四十六年	祖刘孝孙始用定朔	至麟德时后天四十七刻
麟德历	高宗麟德二年李淳风造	行于盛唐六十三年	约取刘焯法	至开元时后天十二刻
光历	武则天时释瞿昙罗造	行于周时民间,仍用麟德历		取旧法之所弃者,甚为粗疏
景龙历	中宗时南宫说造	行于则天死后,不久即废		法甚粗疏,与光历同
大衍历	开元十二年僧一行造	行于盛唐三十四年	用《周易》大衍之数一变古来成法	至宝应时先天十四刻
至德历	肃宗时韩颖造	行于肃宗时		
五纪历	宝应元年郭献之造	行二十三年		至贞元时后天二十四刻

续表

历名	造者	行用时期	特点	缺点
贞元历	贞元元年徐承嗣造	行二十七年		至长庆时先天十五刻
现象历	长庆二年徐昂造			
宣明历	造者姓名失传	行于长庆后七十一年		至景福时先天四刻
崇元历	景福二年边岗造	行于唐末十四年及五代		至周显德时先天四刻
符天历	建中时曹士蔿造	行于民间，号曰小历	变古法取截元	
调元历	石晋时马良绩造	行于石晋时四年		
钦天历	周显德时王析造	行于周末五年		至建隆中后天五刻
应天历	宋建隆元年王处讷造	行于宋初五十一年		至太平兴国时后天五刻
乾元历	太平兴国六年吴昭素造	行于宋代五十年		
仪天历	咸平四年史序造	行于宋代五十三年		
崇天历	天圣二年宋行士造	行于宋代四十年		至治平甲寅后天五十四刻
明天历	治平元年周琮造	行十年		
奉天历	熙宁十七年衙朴造	行十八年		至元祐时后天七刻
观天历	元祐七年皇居卿造	行三十一年		至崇熙时先天三刻
占天历	崇熙二年姚舜辅造	行三年		至崇熙五年后天四刻

续表

历名	造者	行用时期	特点	缺点
纪元历	崇熙五年姚舜辅造	行二十一年		
统元历	南宋绍兴五年陈德一造	行于南宋三十五年		
乾道历	乾道元年刘孝荣造	行九年		至淳熙时后天一刻
淳熙历	淳熙二年刘孝荣造	行十五年		
会元历	绍熙二年刘孝荣造	行八年		至庆元时后天十刻
统天历	庆元五年杨忠辅造	行八年		至开禧时后天七刻
开禧历	开禧元年鲍浣之造	行四十四年		至淳祐时后天七刻
淳祐历	淳祐十年李德卿造	行二年		
会天历	宝祐元年谭玉造	行十八年		至咸淳时后天一刻
成天历	咸淳七年陈鼎造	行四年		至元至元时后天一刻
大明历	辽至和二年贾俊等造	行于辽代及金初	即祖冲之遗法	
重修大明历	金大定二十年赵知微重订	行于金代一百一年		至元至元时后天十九刻
乙未历	金大定时耶律履造	未见施行		
庚午元历	元耶律楚材造		增减大明历	
授时历	元至元时郭守敬造	行于元代及明承用二百八十余年	以算学为主体，较各历均精	至成化后交食不合

续表

历名	造者	行用时期	特点	缺点
大统历	明刘基取授时历改名	行于明		
回回历	元至元四年札马鲁丁造	元、明两代与中法并行		至成化后交食亦不合
时宪历	清康熙时南怀仁造	行于清代至清亡	以弧三角纠正勾股错误	
万国公历		民国采用与世界各国一律		

五、天文

中国人对于天文的知识，大概发轫于夏、商之间。《尧典》[①]上所述的“日中星鸟，以殷仲春”；“日永星火，以正仲夏”；“宵中星虚，以殷仲秋”；“日短星昂，以正仲冬”；能够应用中星以定四时，则当时对于各主要恒星的名称与地球转运的情形，似乎有相当的了解。《大戴礼·夏小正》：正月，“鞠则见，初昏参正，斗柄县（即悬）在下”；三月，“参则伏”；四月，“昂则见，初昏南门正”；五月，“参则见，初昏大火中”；六月，“初昏斗柄正在上”；七月，“汉案户，初昏织女正，东乡，斗柄县在下，则旦”；八月，“辰则伏，参中则旦”；九月，“内火辰系于日”；十月，“初昏南门见，织女正北乡，则旦”。这时对于恒星的伏见昏旦中，有明确的记载，则当时的天文学，似更有进展。春秋、战国之际，风角之术已兴，分野之说甚炽，星宿名称渐繁，五星运行之理亦明，对于中星，更有详细记载，《吕氏春秋》说：“孟春之月，日在营室，昏参中，旦尾中。”“仲春之

① 《尧典》与《夏小正》，虽然都不是夏、商时代的典籍，但关于中星的记载，确是夏、商时的情形。因为周代的中星，已较虞、夏时不同。如《豳风》之“七月流火”，《吕氏春秋》之“季夏之月昏火中”，那时大火中时在季夏而非仲夏。岁差之理，至晋虞喜始发现，作伪的决不能预知。由此可知，周以前的人，对于天象也有推步。

月，日在奎，昏弧中，旦建星中。”“季春之月，日在胃，昏七星中，旦牵牛中。”“孟夏之月，日在毕，昏翼中，旦婺女中。”“仲夏之月，日在东井，昏亢中，旦危中。”“季夏之月，日在柳，昏火中，旦奎中。”“孟秋之月，日在翼，昏建星中，旦毕中。”“仲秋之月，日在角，昏牵牛中，旦觜觿中。”“季秋之月，日在房，昏虚中，旦柳中。”“孟冬之月，日在尾，昏危中，旦七星中。”“仲冬之月，日在斗，昏东壁中，旦轸中。”“季冬之月，日在婺女，昏娄中，旦氐中。”观上所述，可知那时除定每月昏旦中星之外，更能应用二十八宿，以作天体变次的标识，而定日月躔行之所在。两汉以后，天文的知识，日渐发达，推步方面，日见精密；日月合朔交食，和五星躔度，与黄赤道度数划分，均较前进步。但因太阳虽系恒星，亦有运动，从而古代所载情形，渐有不合，虞喜因而发现岁差之理。各月的中星，也与古代不同，唐人曾取《月令》所载昏旦中星，加以更改，以符合当时的情形，如“孟春之月，日在虚，昏昂中，晓心中；仲春之月，日在营室，昏东井中，晓箕中；季春之月，日在娄，昏柳中，晓南斗中；孟夏之月，日在昂，昏翼中，晓牵牛中；仲夏之月，日在参，昏角中，晓危中；季夏之月，日在东井，昏氐中，晓东壁中；孟秋之月，日在张，昏尾中，晓娄中；仲秋之月，日在角，昏斗中，晓毕中；季秋之月，日在角，昏牵牛中，晓东井中；孟冬之月，日在房，昏虚中，晓张中；仲冬之月，日在箕，昏营室中，旦轸中；季冬之月，日在南斗，昏奎中，晓亢中”。与战国时，相差几二十度。降及清代，对于中星，推测更完密，不取某宿，而取某宿中之第几星或某宿中某星附近之若干度分。《会典》所载，每月每日昏旦的中星都有了。

星宿的名称，《尚书》所载，仅鸟、火、昂、虚四个。《诗》三百篇，间亦有咏及星宿，如“定之方中”、“七月流火”、“顺嘒彼小星”、“东有长庚”、“西有启明”、“维南有箕维北有斗”、“歧彼织女”、“三星在罶”之类都是。那时的星名，已与后人所名者无甚差异。至春秋、战国时，史佚、苌弘、子韦、裨灶、甘公、唐昧、尹皋、石申等，均以识天文著名。子韦著有《司星子韦》一书，见于《汉书·艺文志》，至今未传。二十八宿的全称与分野，详见《淮南子》。至《史记》的《天官书》，对星宿的名称，始有系统的记载。《史记》将各星宿，分作五部分。中宫纪北极、紫微、太微、天市、三垣诸星；东宫纪苍龙七宿诸星；南宫纪朱鸟七宿诸星；西宫纪白虎七宿诸星;北宫纪玄武七宿诸星;共百余名。岁星荧惑填星太白辰星等之行度,均有较详的记载。《汉书·天文志》云:"凡天文在图籍昭昭可知者,经星常宿中外宫凡一百八十名,积数七百八十三星。"已较《史记》更详。《晋书·天文志》则云:"常明者百有二十四,可名者三百二十,为星二千五百,微星之数,盖万一千五百二十。"较之汉人所识,增加了十余倍。过此以后,因无望远镜,故少新发现。间有新见之星及忽没之星,为数琐碎,不可胜记,因为古有之星而今灭或古无而今现者有数百之多的原故。隋丹元子作《步天歌》,简明易诵,颇为一时所称。元、明之际,西域、西洋天文学输入,中国天文学也蒙其影响,所谓双蝎白羊等十二宫及罗睺计都四余等名称,皆采自外国。

天体茫茫,并无经界,人乃有度次之分。春秋、战国十二次之名,《左传》屡称之。十二次者,即:寿星、大火、析木、星记、元枵、娵訾、降娄、大梁、实沈、鹑首、鹑火、鹑尾是。十二次的部位,各家所述不同。兹取班固据《三统历》所述者叙之如下:自轸十二度至氐四度为寿星,自氐五度至尾九度为大火,自尾十度至南斗十一度为析木,自南斗十二度至婺女七度为星记,自婺女八度至危十五度为元枵,自危十六度至奎四度为娵訾,自奎五度至胃六度为降娄,自胃七度至毕十一度为大梁,自毕十二度至东井十五度为实沈,自东井十六度至柳八度为鹑首,自柳九度至张十六度为鹑火,自张十七度至轸十一度为鹑尾。十二次之外,尚将周天分作三百六十五度,即以地球每日公转所生之弧为一度,其纪法则就二十八宿首尾所占之度为志。洛下闳等所作浑仪,其度数如下:角十二度,元九度,氐十五度,房五度,心五度,尾十八度,箕十一度,南斗二十六度,牵牛八度,婺女十二度,虚十度,危十七度,营室十六度,东壁九度,奎十六度,娄十二度,胃十四度,昂十一度,毕十六度,觜觽二度,参九度,东井三十三度,舆鬼四度,柳十五度,七星七度,张十八度,翼十八度,轸十七度。洛下闳等所测为赤道度数,而日之躔度则在黄道,贾逵等乃更测之,其数与洛大殊,兹不具述。但当时推步之说未精,后僧一行等对于二十八宿之度合各有推算,亦各有不同,至明乃采西域六十分法,分三百六十度而去其五又四分之一度,至今沿之未改。

测天仪器,代有制作。相传尧时有"璇玑玉衡"(见《尧典》),即浑天仪之始，但此说难于取信。周、秦之际，历法渐明，仪器制作，想亦备具。史称畴人散之四方，其术失传。汉武时，洛下闳等作浑天仪，于地中转运，以定时节，《太初历》即依之而定。东汉以天象运行，与仪不符，永元十五年贾逵等，乃造太史黄道仪，于洛仪多所更正。汉末，张衡于延喜七年，更造洞仪，以四分为一度，周一丈四尺六寸一分，史称“夜于密室中以漏水转之，令司之者闭户，唱之以告灵台之观天者，视机所加，某星始见，某星已中，某星今没，皆如合符”。孙吴时，有王蕃者，以衡仪过大，贾仪过小，乃折衷其制，以三分为一度，周丈九寸五分又四分之一。同时有陆绩，以天体为椭圆形，更作卵形仪。六朝宋梁，均有新制，然无特殊异人处。唐李淳风作表里三重仪，外曰六合仪，上刻周天经纬度及二十八宿；中曰三辰仪，有璇玑规月游规列宿垣度七曜所行转；内曰四游仪，以玄枢为轴，象北辰及玉衡之转运，以识晷度。较李为后，有梁令瓒作黄道游仪，其制之精，迈越往古。其仪外刻列宿黄赤道及周天度数，注水激轮令转，一昼夜而周天；外有二轮，缀以日月，令得运行；每天西旋一周日东行一度，月行十三度十九分之七，二十九转有余而日月合朔，三百六十五转有余而日周天；以木柜为地平，令仪半在地下，晦明朔望，迟速有准；立木人二于地平上，其一前置鼓以候刻，其一前置钟以候辰；刻至则击鼓，辰至则撞钟；柜中各施轮轴勾键，关锁交错，其制之巧妙，较西洋钟表而过之。此后制作，有仿梁仪者，立七人以司七曜，十二神以司十二时，时至则出辰牌；然系因袭，不足称述。至利玛窦来中国，始以西洋之浑天仪及地球仪赍来。清世铜仪为南怀仁所作，庚子之役为德人劫去，今已归还。

中国人之论天体者，有周髀（即盖天）、宣夜、浑天三家，然皆以地为中心，周髀之说，谓天如盖笠，地如覆盂；又谓东方日中，西方夜半，西方日中，东方夜半，似乎知地为浑圆，但该法谓天如笠，与天文家实测不合，故后人不用。宣夜之说，不得而详。浑天之说，则谓“天如鸡子，地如鸡子中黄”，盖以天包地，似乎也知地圆。但后来的天文学家，对于地的部分不注意，而以天为主体；所以浑天仪象，仅以平线代地。至利玛窦等来中国，始介绍哥白尼的地动地圆之说。中国人因为它与古说相近，所以不十分反对；现代学术完全取法西洋，更不用说了。

六、数学

中国人的数学,起初跟着历学走,所以历学家大半明算,《世本》上也说隶首作算,容成综而作历。古人的算法,最初是用筹算,征以古书所云"运筹帷幄"、"持筹而算"等语,可知言算必言筹。汉后始有珠算,其法上一下四,颇与今法异。古代学者,泰半知算。汉经学家若刘歆、贾逵、马融,均以善算闻于时。惟算数古籍,如《许商算术》、《杜忠算术》等,皆不流传。今所通行的《周髀算经》与《九章算数》,皆未见纪录,大约为汉人伪造。惟《九章算数》,为后世言算者所祖。其术曰方田,以御田畴面积;曰粟米,以御交贸变易;曰差分,以御贵贱赋税;曰少广,以御积幂方圆;曰商功,以御商功积实;曰均输,以御远近劳贵;曰盈不足(一名盈朒),以御隐见杂觉;曰方正,以御错糅正负;曰勾股,以御高深广远。《九章》之中,可分作两种性质:方田、少广、商功、勾股,以物形为主,颇类几何、三角;粟米、差分、均输、盈不足、方程,以算计为主,颇类算术、代数。故后人言算,不出《九章》范围。晋张邱建精明算术,发明级数,著有《算术》,其中有垛积百鸡术、弧矢术等。刘徽则发明相似三角测量法,术号重差,后人演之为《海岛算术》。宋时,何承天、祖冲之,皆为历法大家而兼算学家。何之调日法,用强弱二率;祖之求圆法,立约密二率;其算法虽均不传,据数推知,似已知大衍天元之术。又有《孙子算经》者,托名孙子,实系六朝人伪造,其"物不知数"之题似为不定方程式。唐时,对于算学,颇为注意,设有明算科以取士,士子所习者为《孙子算经》、《九章》、《五雷》、《海岛》,张邱建、夏阳、周许分别作《五经算术》、《缀术》、《缉古》等。其时印度算学已流入中国,《隋书·经籍志》中,有《婆罗门算经》三卷。开元六年,太史监昙悉达,亦译《九执术》,惟印法数字繁难,其术亦失传。宋有秦九韶,著《数书九章》,其中大衍求一术,实即大代数。元朱世杰,著《垛积术》、《测海圆镜》等书,颇有发明。明代无足称述,至利玛窦东来,中国算学始受西洋影响,可参看本讲西学东渐各节及第九讲,兹不具述。

七、地理

古代研究地理，每每是史家的余事。各史中多有郡国地理之志，虽于当代封域，条分缕析，罗列诸名，颇为详尽。但是，它的材料，泰半取诸版籍户册，未能亲身测验，所以各郡国仅有其名与其属县，至于山川形势，土宜物产，民情风俗，四周疆界，均盖阙如。自唐以后，如李吉甫等所著郡县志，虽单独成书，并具图谱，而其体例，亦无大异于史。直至清康熙时，西洋教士费隐等分赴各省测量，而后地图稍得正确。清代之治地理学者，方能另辟蹊径，而成今日之本国地理学。

西汉以前，言及地理的典籍，有《禹贡》、《山海经》、《尔雅》、《淮南子》、《史记·河渠书》、《周官职方》等。《禹贡》一文，叙禹敷水土名山川之绩；首述九州约略境界，与其主要湖泽江河，土壤种类，田赋等第，草木特产，夷民俗习，水运要道；次叙弱水、黑水、河、江、淮、济诸水源流概要；最后述甸、侯、绥、要、荒五服之制。其文虽仅一千一百余言，非夏禹所作，而内容丰富，记载翔实，实中国最古之古地理典册。《山海经》托名于禹及伯益所作，殊未可信。然刘安及司马迁均引用之，约为战国时书，其卷帙较繁，为各文冠。首述东西南北中五山之山川神物，次海外，次大荒，次海内。其言大都怪诞不经，仅可视为神话，然不实中，亦有可信之点，如《海外经》中之扶桑、青丘、交胫、黑齿、大人、君子、白民、劳民诸国，近之西洋学者，已能考证其地；又其所称帝俊、王亥之人，王国维、罗振玉辈又以之考证商前古史；盖此书作者，为方士之流，耳闻海客瀛涯之谈，故作神异惊人之语。其书虽可用于考古之助，但是于地学本身价值甚少。《尔雅》之《释地》、《释丘》、《释山》、《释水》四篇，颇与地学有关。所谓九州、五岳、四渎，均甚简略；是书为训诂之用，要不为地理而作。刘安之《淮南鸿烈》，内有《地形训》，其言九州及各方物产，则采自《禹贡》、《尔雅》，其言海外诸国，即采自《山海经》，杂阴阳五行之说，失之穿凿。《周官职方》篇中所云九州，与《禹贡》颇有出入，而体例以东西南北中九方分州，每州各举其山镇泽薮川浸各一，次言特产人民谷畜所宜，末述九服邦国。文较《禹贡》尤短，眉目清醒，则更过之。司马迁《史记》有《河渠书》，除述禹治水外，即言郑国、李冰等开渠凿堆之事，与地理无甚关系。迁之《史记》体例，可称美善，而叙天官不及地理，斯为缺憾。由上所述，可知西汉以前之地理学，犹在萌芽时代。

地理学之稍有系统较为详密者，当推班固之《汉书·地理志》。其文首引《禹贡》、《周官》之九州沿革，次序汉代一百零三郡国，胪举一千三百一十四县邑之名与户口；最后叙秦、魏、韩、赵、燕、齐、宋、卫、楚、周、吴、粤十二国之历史及其分野，以天文中之二十八宿及十二次配之，十二国下，各系以汉之郡国，并述其民情风俗，开以后各史地理志之端。汉后之郡邑沿革，自此始斑然可考。东汉时，尚有桑钦作《水经》，后魏郦道元为之作注，凡四十卷。九州的江河本支源流，大体均已具备。其书至今尚为一般学者所常称道。郦注则更为后人所赞美。汉以后之史籍，多仿班书之例，泰半有州郡郡国地理等志，于叙建制沿革之外，即列所隶县名及户口。惟欧阳修之《新五代史》，比较十国五代之州郡汇成一表，颇见精要，其余无足述者。

一统志之成为专门书籍，发创于南北朝三国以后，学者竞为地方图志，如谯周之《三巴记》、潘岳之《关中记》、陆机之《洛阳记》、邓行俨之《东都记》、薛冥之《西京记》、张勃之《吴地记》、郭仲彦之《雍州记》等，陆澄汇集是项书籍，为《地理书》，凡一百五十卷，集古代地理书之大成，惜其书遗逸殆尽，仅于《隋书·经籍志》能考其目录而已。方志既盛行，一统志亦随而为各代所重，阚骃有《十三州志》，顾野王有《舆地志》，任昉有《地记》，皆卷帙甚繁。虞茂有《隋区宇图志》，凡一百二十八卷，郎蔚之有《隋诸州经集》，凡一百卷，此数书，今亦遗亡。

现存的一统志最古者，为《元和郡县志》，为唐李吉甫所撰，凡十卷。起自京兆府，终于陇右道，共四十七镇。每镇皆具图，冠于叙事之前；次则叙各镇所属，体例略似各州郡志。宋代则有《太平寰宇记》，为乐史所撰，凡一百九十三卷，始于东京，终于四裔。又有《元丰九域志》，为王存所撰，其书于一州之内，首叙州封，次及旁郡，总二十三路、四京府、十次府、三百四十二州、三十七军、四监、一千二百三十五县，各述建置沿革及山川名胜。南宋时，有《方舆胜览》，为祝穆所撰，凡七十卷，分叙十七路，各系所属府州军于下，而以南宋首都行在临安为首，所述亦仅南宋疆域，体例亦无大异于《元和》、《元丰》。元代疆域辽阔，藩属且及欧洲，有《大元一统志》，不著撰人名氏，共一千卷，篇帙之繁，为古今冠，惜其书今已散逸。《永乐大典》中虽存其一部，然已不成片段。明代有《大明一统志》，为李贤等所撰，内容多袭元之旧，颇多舛讹。清代有《大清一统志》，为徐乾学、阎百诗等所撰，初为三百四十二卷，乾隆中叶，即平准部、金川，西域版图大增，乃广为五百卷。首叙各行省府县之沿革，每省各有分图，次述外藩，次述朝贡各国，欧洲诸地，亦列于朝贡国之内；其述本部各省，尚无大误，言及异域，则殊疏阔。历代一统志之沿革，大略如此。

一统志之外，各地复有分志，其源始于《华阳国志》及《三巴记》。自此以后，方志并作，前已举其要者。全国各省各府各县，几无县无志，名目之繁，难于殚述。其他名胜山川，亦有志乘。最古者则有《三辅黄图》、《洛阳伽蓝记》之属。至今则丛林古刹名山大川稍涉名胜者，莫不有志，亦不能具述。再有私人记游之属，如杜环《经行记》等，皆记其耳目所及，后世流为文艺品。柳宗元即以游记闻于时。故于地理无多裨补。惟明末有徐宏祖者，以游为癖，曾由浙入闽、粤、赣、湘、桂，至云南，穷金沙江，至星宿海，著有《徐霞客游记》一书，于西南山脉川源，平铺直叙，皆其亲身阅历，不同臆造，故有功于地理颇钜。

异域地志，《山海经》、《淮南鸿烈》均有记载，惟皆海客谈瀛，不实不尽。《史记》为匈奴、大宛等立传，后世修史者因之，皆有四夷传之作，所纪虽近事实，亦多耳食道听，讹传错脱。专记异域之事者，六朝有杨孚之《交州异物志》，朱应之《扶南异物志》，沈莹有《临海水上异物志》，沈怀远有《南越志》，宋云有《魏国以西十一国事》，裴矩有《高丽风俗》，常骏有《赤土国记》，王玄策有《中天竺国行记》，释智猛有《外国传》，释清盛有《历国传》，释法显有《佛国记》；无著人名字者，有《日南传》、《林邑国记》、《真腊国事》、《秦使高丽记》、《西域道里记》、《男女二国传》、《突厥所书风俗事》诸书，今除法显之《佛国记》外，多已失传。唐有释玄奘之《大唐西域记》，记所经行西域诸国，流传至今，其所叙多亲身所历，颇为详赡，间亦多神话存于其间。

现存典籍之记异域地理山川风俗者，宋代有徐竞之《宣和奉使高丽图》。徐在高丽数年，熟悉该国之事，所记颇为近实。赵汝适有《诸藩志》，赵氏为市舶司，所纪南洋及印度波斯等处事，其材料多闻诸海贾，半可信，半为神话。朱辅有《溪蛮丛笑》，则纪五溪蛮之习俗。元代有周达观之《真腊风土记》，周氏曾留暹罗三年，所记之事，凡四十则。汪大渊有《岛夷志略》，汪为江西吉安人，曾随贾客泛海，亲历数十国，一一纪其山川险要方域疆界物产人民，较诸赵氏之《诸蕃志》则胜多许。邱处机有《长春真人西游记》。邱为道士，奉元世祖之召西行，历记所见，是与法显、玄奘之作媲美。明代有张燮之《东西洋考》，其内容分八项：一为《西洋考》，纪十五国，附四国；二为《东洋考》，凡七国，附十二国；以上各国，皆与明互市者；三为《外纪考》，叙日本与红毛番（即葡萄牙），日本倭寇在明为患海滨，与明国交几绝，而红毛远在泰西，对明亦无朝贡；四为《税饷考》，纪互市关税之事；五为《舟师考》，纪航海方向里程；六为《税珰考》，纪明宦官勾通外国及舞弊情形；七为《艺文考》；八为《逸事考》。是书成于郑和七下西洋之后，故其纪亦翔实。马观则有《瀛涯纪胜》，马曾随郑和七赴南洋，亲历二十余国，对当地人情风俗道里山川，均曾加考察，故其书与汪氏之《岛夷志略》为尤详。同时，巩珍亦曾随郑和出使，著有《西洋番国志》，所纪二十国，与马书互有短长。此外有钱古训之《百夷传》，纪云南、缅甸间百夷之事；张洪有《南夷书》，董越有《朝鲜杂志》，薛俊有《日本考略》，郑名曾有《日本图说》、《朝鲜图说》、《琉球图说》、《安南图说》等书，皆足为治地理学史者之参考。至明末西洋教士来华，艾儒略献《职方外纪》，于是欧罗巴、亚细亚等五洲之名，始见于华字典籍；今日国外地理之学，亦由此而渐萌。

清代诸儒，崇尚朴学，又逢西洋教士赍地图新说来华之后，对于地理学颇能实事求是。若顾炎武遍历国中各地，所著《天下郡国利病书》，虽未完成，亦有卓识。次则有徐星伯之《新疆识略》及《西域水道志》。徐氏因罪谪戍西域，遍历各地，绘其道里远近山川形势，并详询土人，得其习俗物产，无一语虚泛，中国纪西域之书籍，未能出其右者。次有魏源著《海国图志》、《俄罗斯朝聘记》、《元代西域考》诸书，为国人治西洋地理之先驱，其识亦卓绝。其他治域外地理学者，若蔡汝贤有《东西夷图记》、《岭海异闻》，李言恭有《日本考》，张石洲有《蒙古游牧记》，何源舩有《朔方备乘》，洪亮吉有《西夏国志》，各有所长，较宋、明人为进步。

专治地理沿革者，六朝京柏璠有《春秋土地名》；《隋书·经籍志》有《古今地谱》，不著撰人姓氏；今皆失传。现今书籍之最古者，有欧阳忞之《舆地广记》，其前四卷，皆叙历朝疆域沿革。《历代地理沿革图》，题苏轼作，始自帝喾，终于宋代，为图四十有四。明人有《今古舆地图》，不著撰者姓名，凡五十卷，各有图冠其端，以墨书明代郡县名，而以五色笔书历朝疆域名称；内分区域总要、历代山名、历代水名辰次分野、列国分野、天象分野、山河两界。书虽不精，规模已具。清初，有朱约淳之《阅史津要》，内有历代疆域图十一，割据图八，省会图千七九，边图十一，镇蕃图二，镇蛮图三，漕河海运图一，黄河图一，域外图九，天文图一，亦颇精审。其最著名者，则有胡渭之《禹贡锥指》，顾祖禹之《读史方舆纪要》，二人皆长于考证，能正前人之失，此外，若钱邦宪之《历代舆地征信编》，李兆洛之《历代地理沿革图》，亦有闻于世。李氏作图，以经纬变纪里程，已开近世沿革图之端。

地理学，于纪载山川物产民俗之外，最要者为图。图之起源，渺不可考。《管子地图篇》有"凡兵之道，必先审之地图"之语，且言水名山道谷径川陵陆丘及道里远近城郭大小名邑废邑等事，则当时于地图，似已能详其要。燕轲以督亢地图裹匕首以刺秦王，尤足见战国时各国皆有详明地图，惜秦汉以前之物，遗佚已久。隋唐《经籍志》所余之《洛阳图》、《阆州图》、《隋区宇图》、《长安四年十道图》、《开元三年十道图》、《剑南地图》等，今亦失传。现存之古籍，若《元和郡县志》、《太平寰宇记》、《奉史高丽图》等书，今多记存图逸；有图各书，其图亦为疏略；山川方位，每以意为之，不甚正确；其记里程，以二百里为一格者，亦非实测。自艾儒略献《职方外纪》、南怀仁献《坤舆图记》，始以经纬变绘里程方位，法优于前人。清圣祖知昔时地图之缺，乃使教士费隐等，分赴陕、甘、云、贵各省及蒙、回各地，实地测量，由费隐总其成，绘成全国总图及各省分图，名为《皇舆全览图》，为中国实测地图之始。至今除参谋部曾一度草率测量各省外，书坊出版之地图，尚无十分正确者。

第十讲　朴学

一、概论

这里所讲的朴学，是专指清代经学的正统派而言，即专指清代经学的古文家而言。清代朴学的特盛，并不是偶然的，而自有其存在根据。第一，是由于王学的反动：明代王学遍天下的时候，学者都尚空谈而不务实学，顾炎武竟谓明代之亡实由于此，其言曰："刘石乱华，本于清谈之流祸，人人知之。孰知今日之清谈，有甚于前代者。昔之清谈，谈老、庄；今之清谈，谈孔、孟；未得其精而已遗其粗，未究其本而先辞其末。不习六艺之文，不考百王之典，不综当代之务，举夫子论政论学之大端一切不问，而曰一贯，曰无言，以明心见性之空言，代修己治人之实学。股肱惰而万事荒，爪牙亡而四国乱。昔王衍妙善玄言，自比子贡。及为石勒所杀，将死，顾而言曰：'吾曹虽不如古人，向若不祖尚浮虚，以匡天下，犹可不至今日。'今之君子，得不有愧乎其言。"炎武又曰："以一人戮力而易天下，其流风至于百有余年之久者，古有之矣。王夷甫之清谈，王介甫之新说，其在今日，则王伯安之良知是也。孟子曰：'天下之生久矣，一治一乱。'拨乱世，反诸正，岂不在后贤乎？"（以上《日知录》）他如王夫之、朱舜水等莫不排斥王学，黄宗羲虽不排斥王学，亦力矫王学的空疏；至于颜元，则不但攻击王学，而且直攻程、朱。清初诸儒，受了国破家亡的痛苦，因之这样热烈地反对王学的空疏，其反动，自然地要走到实学一方面去，而炎武学问的笃实，更是清代朴学的鼻祖。第二，是由政治的影响：清初诸儒，如黄宗羲、顾炎武都抱有恢复明室之志，并且屡谋举义不成，后来清朝政局稳定，他们反清运动，更无法进行。在这种情形之下，他们就只好做些实事求是的学问工夫，以备他日的应用。顾炎武的究心地理与音学，黄宗羲与王夫之的着重史学，颜元的注意实践，虽各人所取途径不同，但都不出“学以致用”这种精神。但是自圣祖、世宗、高宗三朝屡兴文字之狱以后，[①]法网之密，达于极点；学者处在这种高压之下，也就只好在故纸堆中去讨生活；而所谓“故纸”又只有行世久远的经书为可宝贵，这样一来，所以学者的精力，更集中在经书上面。不过愈在故纸堆中讨生活，清初诸儒“学以致用”的精神就愈加减少，结果竟成为盛极一时专重训诂名物的朴学。第三，由于经济的影响：自后三藩平定以后，圣祖、世宗、高宗三朝，虽屡次用兵边徼，但中国本部，却早已平静无事。这个平静期间，有一百多年，生产的增加，已经超过明末清初之上，随而国库的储蓄也日益增加。在这期间，圣祖时曾开博学鸿词科，以罗致逸民；世宗时编辑《古今图书集成》，以网罗学者；高宗时除开博学鸿词科，又开四库全书馆，全国一班绩学之士，网罗殆尽。这样一来，所谓朴学自然随着要发达起来。——以上所述，便是清代朴学特盛的原因。

清代朴学特盛的原因已经说过了，进而要说明清代学术变迁的大势。

皮锡瑞《经学历史》说：“国朝经学凡三变：国初汉学方萌芽，皆以宋学为根柢，不分门户，各取所长，是为汉、宋兼采之学；乾隆以后，许、郑之学大明，治宋学者，说经皆主实证，不空谈义理，是为专门汉学；嘉、道以后，又由许、郑之学，导源而上，《易》宗虞氏以求孟义，《书》宗伏生、欧阳、夏侯，《诗》宗鲁、齐、韩三家，《春秋》宗《公》、《谷》二传。汉十四博士今文说，自魏、晋沦亡千余年，至今日而复明，实能述伏、董之遗文，寻武、宣之绝迹，是为西汉今文之学。”——皮氏这段话，把清代经学的变迁说得颇扼要。友人周予同作《经今古文学》，引申梁启超之说[②]，却较皮氏更为清楚。他说：“清初学术界承晚明王学极盛之后，学者束书不观，游谈无根，于是顾炎武等起而矫之，大唱‘舍经学无理学’

---

① 圣祖时有庄廷镳之狱与戴名世之狱，世宗时有查嗣庭之狱、谢济世之狱、陆生楠之狱与吕留良之狱，高宗时有胡中藻之狱、王锡侯之狱、徐述夔之狱与沈德潜之狱。

② 见梁著《清代学术概论》十三页，又《新民丛报·中国学术思想变迁之大势》第八章，亦可参看。

之说。那时汉学初萌芽，大抵以宋学为根柢，而不分门户，各取所长，可以说是汉、宋兼采之学，也可以说自明复于宋而渐及于汉唐。这是第一期。乾隆以后，惠栋、戴震等辈出，‘为经学而治经学’之风大昌。说经主实证，不空谈义理，于是家诵许、郑，而群薄程、朱。这可以说是专门汉学，也可以说是自宋而复于东汉。这是第二期。嘉庆、道光以后，由许、郑之学导源而上，《诗》宗三家而斥毛氏，《书》宗伏生、欧阳、夏侯而去古文，《礼》宗《仪礼》而毁《周官》，《易》宗虞氏以求孟义，《春秋》宗《公羊》而排左氏，西汉十四博士之说至是复明。这可以说是西汉今文学的复兴，也可以说是自东汉复于西汉，这是第三期。光绪末年，康有为作《孔子改制考》，说先秦诸子都是‘托古改制’，经皆孔子所作，尧、舜皆孔子依托，于是诸子学大兴，其影响直及于现代之古史研究者。……这可以说自西汉复于周、秦，也可以说是超经传之诸子的研究。这是第四期。”以上便是清代学术变迁的大势。

二、朴学的启蒙时期

本讲所要说的，只是周氏所说的第一期及第二期，即是朴学的启蒙时期与成熟时期，至于第三期及第四期，即今文学运动，则留到第十一讲再说。现在先讲朴学的启蒙时期。这时期的大师，有顾炎武、阎若璩、胡谓三人，分述如次：

（一）昆山顾炎武　上面说过，炎武是反对王学最力的人，但他对于程、朱，即对于宋学，却不攻击，所以他说：“由朱子之言，以达乎圣人下学之旨。”（《亭林文集·下学指南序》）他既反对王学的“束书不观，游谈无根”，所以他大倡“舍经学无理学”之说[①]。他这种见解，便是清代朴学的先声。而他治学的方法着重于创造与博证，则更为清代朴学

① 全祖望《亭林先生神道表》：“而于学无所不窥，晚益笃志六经，谓古今安得所谓别有理学者，经学即理学也，自有舍经学以言理学者，而邪说以起，不知舍经学，则其所谓理学者禅学也。”

奠立一个强固的基础；所以他能当一代开派宗师之名。所著《日知录》与《音乐五书》，为考据典制之作，很影响于后学。

（二）太原阎若璩　若璩著《尚书古文疏证》，专辨东晋晚出的《古文尚书》及同时出现的孔安国《尚书传》为伪书。疑《古文尚书》为伪书者，始于宋吴棫、朱熹，继之者有元吴澄、明归有光，然皆有所畏惮，不敢断定；自若璩出，才确定这书为伪书。这书千余年来，学者都视为神圣不可侵犯而无敢议其为伪者，自若璩力辨其为伪，于是这书的神圣地位因之动摇。学者受此刺戟，对于一切经义经文遂顿起疑惑，而一切经义经文，也就成为可以研究的对象了。

（三）德清胡渭　胡氏著《易图明辨》，辨宋邵雍所传《河洛图书》非羲、文、周、孔所用，而与《易》义无关。他以《易》还诸羲、文、周、孔，以《图》还诸邵雍、陈抟，明孔学自孔学，宋学自宋学；由是宋学所凭藉的《河洛图书》遂失其支配学者心理的势力，而以阴阳五行说经说理的异说亦因之廓清。这样一来，学者才知道欲求孔子所谓真理，除宋人所用方法外，尚别有途径。他又著《禹贡锥指》，指摘汉伪孔安国《注疏》、唐孔颖达《疏》及宋蔡沈《集传》于地理上的疏舛；又博考群书，以辨九州山川形势及古今郡国分合异同。胡氏此书，也引起学者怀疑的精神。

总之，清代朴学，实由顾、阎、胡三人开其端，而阎书专据康成以折伪孔，胡著《禹贡锥指》多引郑注及《说文》以正孔疏、蔡传，则更唤起一代朴学家崇拜许、郑的心理。他如毛奇龄的《大学知本图说》、《中庸说》、《论语稽求篇》，则更直攻程、朱，与后此清儒所治诸学颇有关系；而姚际恒的《古今伪书考》，其怀疑精神亦颇影响于后学。

*　*　*

以上所述顾、阎、胡三人，均系朴学启蒙时期的主要人物，然当时王学势力业已衰落，而新学派如朴学者又未正式树立，学术思想界既无定于一尊之弊，故自由研究的精神特盛。不过因为承明季王学空疏之后，所以各人研究领域虽不同，但大致都倾向于“学以致用”的精神。

现在就当时学者中其学术思想有影响于后代者的几位，分述如次：

(一)余姚黄宗羲　宗羲少受学于刘宗周，虽不反对王学，然亦力矫王学空疏之弊。惟其如此，所以他特重经学与史学。全祖望《梨洲先生神道碑》言之甚详："忠端之被逮也，谓公曰：'学者不可不通知史事，可读《献征录》。'公遂自明十三朝实录，上溯二十一史，靡不究心而归宿于诸儒。既求经，则旁求之九流百家，于书无所不窥者。公谓明人讲学，袭语录之糟粕，不以六经为根柢，束书而从事于游谈；故受业者必先穷经，经术所以经世，方不为迂儒之学；故兼令读史。又谓读书不多，无以证斯理之变化，多而不求于心，则为俗学。故凡受公之教者，不堕讲学之流弊。"我们由这段话，便知宗羲之特重史学；梁启超说他是一代史学之祖，诚非过誉。他所著《明儒学案》，为中国有学术史之始。他又深痛专制君王的毒害，故其所著《明夷待访录》之《原君》、《原臣》、《原法》诸篇均显露民权主义的思想，晚清梁启超、谭嗣同倡民权共和之说，很受他的影响。

(二)衡阳王夫之　夫之僻处深山，其学无所师承。他力攻王学，其言曰："侮圣人之言，小人之大恶也；……姚江之学，横拈圣言之近似者，摘一字一句以为要妙，窜入其禅宗，尤为无忌惮之至。"(《俟解》)他对于宋学，提倡关学，其言曰："张子之学，上承孔、孟，如皎日丽天，无幽不烛。惜其门人未有殆庶者。曾不逮邵康节之数学。是以不百年而异说兴。"(《张子正蒙注序》)他于天理人欲之辨，有独到的见解，其言曰："天理即在人欲之中，无人欲则天理亦无从发现。"(《正蒙注》)后此戴震思想，多由此衍出；而晚清谭嗣同，亦多受他的影响。他所著《黄书》、《噩梦》，言黄帝为吾族之祖，指陈民生利弊甚切。他又长于史论，所著《读通鉴论》、《宋论》，辨夷夏之防，明民权之理，都有特见，惜以后其学不昌。

(三)博野颜元　颜元之学，重实行而恶空谈。他不但反对宋学，而且反对汉学，其言曰："昔者孔子没而诸子分传。杨、墨、庄、列乘间而起，鼓其诐说。祖龙遂废井田封建，焚书坑儒。使吾儒经世之大法，大学之制，沦胥以亡。两汉起而治尚杂霸，儒者徒拾遗经为训传，而圣学之体用残缺莫振。浸淫于魏、晋、隋、唐，训诂日繁，佛、老互扇，清谈词章，哗然四起。祸积而至五季，百氏学术，一归兵燹。尧、舜、周、孔之道，更孰从而问之乎？宋代当举世愦愦罔知所向之时，而周子独出，以其传于禅僧寿崖、道士陈抟者，杂入儒道，绘图著书，创开一宗。程、朱、陆、王皆奉之，相率静坐顿悟，验喜怒哀乐未发时气象，曰：以不观观之。暗中二氏之奸诡，而明明德之实功溷矣。相率读讲注释，合清清训诂为一堂，而习行礼乐兵农之功废，所谓亲民者无其具矣，又何止至善之可言乎？以故于尧、舜三事之事，周、孔三物之物，偭矩而趋。而古大学教人之法，秦人强使之亡而不能尽者，潜奸暗易，而消亡遂不知所底矣。生民之祸，倍甚晋、唐。道法遂湮，人才寥落。莫谓虞、夏、商、周之文物，尽灭其迹；虽两汉英雄之干才，贤守令之政务，亦莫及焉。而语录恣其张皇，传赞肆其粉饰，竟若左右虞、周颉颃孔、孟者。试观后世之国学乡学，尚有古大学学习之物否？试观两宋及今五百年，学人尚行禹、益、孔、颜之实事否？徒空言相续，纸上加纸。而静坐语录中有学，小学大学中无学矣；书卷两庑中有儒，小学大学中无儒矣。”(《习斋余记·大学辨业序》)他既薄宋、明之学，又恶汉、唐之训诂注疏，然则他究以何学学教人呢？他以为“尧、舜之道在六府二事，周公教士以三物，孔子以四教，非主静专诵读流为禅宗俗学者所可托。于是著《存学》、《存性》、《存治》、《存人》四编以立教，名其居曰习斋。帅门弟子行孝弟，存忠信，日习礼、习乐、习射、习书数，究兵农水火诸学，堂上琴、竿、弓、矢、筹、管森列”。(戴望《颜氏学记·颜元传》)由此看来，可见颜元只是教人实践，教人做事，所以他说：“生存一日，当为生民办事一日。”(《年谱》卷下)他有弟子李塨、王源，均能实践其教，然以清室法网日密，其实行精神，又为当局所忌，故其学不久中绝。

(四)达州唐甄　唐甄有《潜书》九十七篇。他称道阳明，而自比孟子；因为唐氏之学，自阳明而入，而阳明言良知又出于孟子。惟其宗孟，所以抑尊，其言曰：“圣人定尊卑之分，将使顺而率之，非使亢而远之。为上易骄，为下易谀，君日益尊，臣日益卑。是以人君之贱视其臣民，如犬马虫蚁之不类于我，贤人退，治道远矣。太山之高，非金玉丹青也，皆土也。江海之大，非甘露醴泉也，皆水也。天子之尊，非天帝大神也，皆人也。是以尧、舜之为君，茅茨不剪，饭以土簋，饮以土杯。

虽贵为天子，制御海内，其甘菲食，暖粗衣，就好辟恶，无异于野处也，无不与民同情也。”(《潜书·抑尊》)他注重治世之术，而其言治，则归于上下平均。其言曰：“天地之道故平，平则各得其所；及其不平也，此厚则彼薄，此乐则彼忧。……王公之家，一宴之味，费上农一岁之获，犹食之而不甘。吴西之民，非凶岁，为麲粥，杂以荍秆之灰。无食者见之，以为是天下之美味也。人之生也，无不同也。今若此，不平甚矣。提衡者，权重于物则坠；负担者，前重于后则倾；不平故也。是以舜、禹之有天下也，恶衣菲食，不敢自恣；岂所嗜之异于人哉？惧其不平以倾天下也。”(《潜书·大命》)因为他这样主张，所以在《室语》篇中，竟斥自秦以来的帝王为贼，而在《省官》篇中又说官多害民。他既注重事功，从而他就认定只有治世者才叫做儒，其言曰：“老养生，释明死，儒治世。三者各异，不可相通。合之者诬，校是非者愚。”(《潜书·性功》)他著书，不肯一字袭古，其言曰：“言，我之言也；名，我世所称之名也。今人作述，必袭古人之文；官爵郡县，必反今世之名，何其猥而悖也。”(王闻远《唐圃亭先生行略》所引)

(五)天门胡承诺 承诺有《释志》六十篇，又《自叙》一篇。其学以宋儒为依归，务实务平，不离事而言理，其《古制》篇论古封建井田的兴废，很可以看出他这种精神，其言曰：“虽有三代之良法，不可行于今者，千百年之后，制度不相近也。虽有汉、唐之良法，不可行于今者，千百年之后，利病不相因也。居今而欲善治，亦取制度相近利病相因者，损益用焉已尔。”他这样言损益，足见他不是个泥古的人，而和陆生枏、吕留良一班人不同。

(六)宣城梅文鼎 文鼎为清代天算学开山之祖。有《勿庵历算全书》二十九种，凡七十四卷。其孙瑴成亦精算学。同时，吴江王锡阐亦通天算，有《晓庵新法》六卷，文鼎治天算，不分中西，均能取其所长，而无主奴之见；清代经师多治算学，文鼎之功不小。

(七)大兴刘献廷 献廷精地理学，喜游历，观览山川形势，以证所学。又长于音韵学，著《新韵谱》，惜其书不传，惟全祖望《刘继庄传》中记其厓略，今注音字母，即采其成法不少。

以上诸人，其学术思想都有独到处。他如余姚朱之瑜(有《舜水文集》),则以其讲学日本,日本受其影响很深,而中国反无所闻。又如太原傅山,则以任侠闻,信老、庄之学。他们两个人,都与后此学术无关,故略而不述。至为宋、明理学守残垒者,则有以下数人:

(一)容城孙奇逢以阳明和通程、朱讲学于北方;

(二)太仓陆世仪以紫阳和通陆、王讲学于南方;

(三)平湖陆陇其一主程、朱,力攻阳明;

(四)桐乡张履祥虽师宗周,而得力于紫阳,其学着重于治生,曰:"能治生则能无求于人;无求于人则廉耻可立,礼义可行。"

(五)厔盩李颙,其学虽得力于自己,而一宗陆、王家法,又力补王学之失,曰:"明道存心以为体,经世宰物以为用。"(《答顾炎武书》)又曰:"理学经济,原相表里。"(《答许学宪书》)

总观以上五人,虽仍守理学残垒,然已由明而返于宋。不过他们个人道德都很好,所以能够斤斤自守,较之以后拿理学去逢迎时主的大官们却要高尚得多了。

三、朴学的成熟时期

以上所讲,为朴学的启蒙时期,那时汉学的堡垒尚未建立,说经还是汉、宋兼采。乾隆(高宗年号,1736—1795)以后,才正式进到朴学的成熟时期。促成这种机运的原因,如前所述,固属是:(一)顾、阎、胡为之先导;(二)政局稳定,生活安全,使学者有余裕以自厉其学;(三)法网日密,使学者不得不在故纸堆中讨生活。但是,还有两点,也是促成这种机运的原因:

第一,外来的研究方法。自明季利玛窦等输入西学于中国以后,学问研究方法上生一种外来的变化。其初只有治天算学的人运用这种方法,到了这个时候就把它运用到别的方面去了,所以近人谓他们治学的方法，合于西洋科学的精神[①]。

第二，达官要人的提倡与维护。当时达官要人如阮元[②]、纪昀[③]、毕沅[④]等，大都倾心朴学，尽提倡与维护之力。

成熟时期的代表人物，为惠栋、戴震、段玉裁、王念孙、王引之，而惠为吴派首领，戴为皖派鼻祖，今分述之如下：

（一）吴派　吴县惠栋，世传经学；周惕、士奇，虽宗汉诂，然有时仍以空言说经，至栋始弘布汉学，而汉学的门户因之建立。栋有《九经古义》、《易汉学》、《周易述》、《左传补注》诸书，其《九经古义首述》云："……汉经师之说，立于学官，与经并行，……古字古言，非经师不能辨，……是故古训不可改也，经师不可废也。"我们看到他这几句话，便知道他的笃执古训，所以梁启超以"凡古必真，凡汉皆好"八个字概括惠派的治学方法。这一派可以说是纯粹的汉学，而与皖派不同。

栋弟子最著者有：吴县江声，著《尚书集注音疏》、《六书说》；吴县余萧客，著《古经解钩沉》。萧客弟子有甘泉江藩，著《汉学师承记》，推栋为斯学正统。嘉定王鸣盛与同乡钱大昕，也都受学于惠栋，而以史学闻于世。江都汪中亦倾向惠派，有《广陵通典》、《周官征文》、《左氏春秋释疑》诸书，而《述学内外篇》尤为有名。

（二）皖派　皖派鼻祖为休宁戴震，而震受学于婺源江永。震治学方法，与惠栋相异，震主精审有识断，栋则淹博而笃执古训。他说："学者当不以人蔽己，不以己自蔽。"（《东原文集·答郑用牧书》）钱大昕说他"实事求是，不主一家"（《潜揅堂集·戴震传》）；余廷灿说他"有一字

---

① 梁著《清代学术概论》："吾尝研察其治学方法：第一曰注意：凡常人容易滑眼看过之处，彼善能注意观察，发现其应特别研究之点，所谓读书得间也。……第二曰虚己：注意观察之后，既获有疑窦；最易以一时主观的感想，轻下判断；如此则所得之'间'，行将失去。考证家决不然；先空明其心，绝不许有一毫先人之见存；惟取客观的资料，为极忠实的研究。第三曰立说：研究非散漫无纪也，先定一假定之说以为标准焉。第四曰搜证：既立一说，绝不遽信为定论；乃广集证据，务求按诸同类之事实而皆合；……第五曰断案，第六曰推论：经数番归纳研究之后，则可以得正确之断案矣；既得断案，则可以推论于同类之事项而无阂也。"

② 阮元，仪征人，乾隆进士，道光时官至体仁阁大学士，历官中外，所至以提倡学术自任，在粤设学海堂，在浙设诂经精舍，又校刊《十三经注疏》，汇刻《学海堂经解》等书，以飨学者。

③ 纪昀，河间人，乾隆进士，官至协办大学士，修《四库全书》，昀为总纂。

④ 毕沅，镇洋人，乾隆进士，官至湖广总督，经史小学金石地理之学无所不通。

不准六书，一字解不通贯群经，即无稽者不信，不信必反复参证而后即安，以故胸中所得，皆破出传注重围”(《戴东原先生事略》)。观此足见戴氏治学方法，深合于近代科学的精神，所以刘光汉《戴震传》说：“先生之学，先立科条，以审思明辨为归。凡治一学，著一书，必参互考验，曲证旁通，博征其材，约守其例。复能好学深思，实事求是，会通古说，不尚墨守。”后此朴学之所以光大，完全是受了他这种治学方法的影响。这一派可以称为朴学。

戴氏著述宏富，其最著者有《毛郑诗考正》、《考工记图》、《孟子字义疏证》、《方言疏证》、《原善》、《原象》、《勾股割圜记》、《策算》、《声韵考》、《声类表》、《仪礼正误》、《尔雅文字考》、《古历考》、《历问》、《续天文略》、《水地记》、《校水经注》及《直隶河渠书》等，而《孟子字义疏证》，则为戴氏哲学的著作。他这种哲学，很得力于王夫之所谓“天理即在人欲之中，无人欲则天理亦无从发现”这两句话。原来宋儒把欲与理与性视为两种东西；戴氏却视欲与理与性为同物。所以他说：“记曰：‘饮食男女，人之大欲存焉。’圣人治天下，体民之情，遂民之欲，而王道备。人知老、庄、释氏异于圣人，闻其无欲之说，犹未之信也，于宋儒则信以为同于圣人。理欲之分，人人能言之，故今之治人者，视古圣贤体民之情遂民之欲，多出于鄙细隐曲，不措之意，不足为怪。及其责以理也，不难举旷世之高节著于义而罪之。尊者以理责卑，长者以理责幼，贵者以理责贱，虽失谓之顺；卑者、幼者、贱者以理争，虽得谓之逆。于是下之人不能以天下之同情天下所同欲达之于上，上以理责其下，而在下之罪，人人不胜指数。人死于法，犹有怜之者；死于理，其谁怜之?”又曰：“古圣贤所谓仁义礼智，不求于所谓欲之外，不离乎血气心知；而后儒以为如有别物焉，凑泊附著以为性，由释杂乎老、释，终昧于孔、孟之言故也。”(以上见《孟子字义疏证》)他这些话的根本意思，就是要人人各得其情，各遂其欲，而勿悖于道义；欲以外更无所谓仁义礼智，更无所谓理。他这种人生哲学，着重在“欲遂其生”四个字上，所以他又说：“人之生也，莫病于无以遂其生。欲遂其生，亦遂人之生，仁也。欲遂其生，至于戕人之生而不顾者，不仁也。不仁实始于欲遂其生之心，使其无此欲，必无不仁矣。然使其无此欲，则于天下之人生道穷促，亦将漠然视之；己不必遂其生而遂人之生，无是情也。”(《孟子字义疏证》)总括一句，就是以遂人之欲达人之情为“遂其生亦遂人之生”的方法，以“遂其生亦遂人之生”为解决人生问题的指针。戴氏人生哲学的大意，尽在于此。

戴氏后学，名家辈出，今分述之如下：

(一)金坛段玉裁，讲求古义，深于小学，著述很多，而以《说文解字注》、《六书音韵表》、《诗经小学录》为尤著。

(二)高邮王念孙，亲受学于戴氏，精训诂，著有《广雅疏证》及《读书杂志》。其子引之，亦精训诂，著有《经义述闻》与《经传释词》。

玉裁、念孙、引之并戴氏，为朴学的中坚人物，故世称戴、段、二王。他如治数学者有汪莱，治韵学者有洪榜，治《三礼》者有金榜、胡匡衷、凌廷堪；而任大椿、卢文弨、孔广森辈，亦莫不师戴。戴学之盛，可谓达于极点。

以上述朴学的成熟时期竟，进而请言朴学启蒙时期与朴学成熟时期的异点：

(一)启蒙时期对于宋学，仅攻击其一部分，而仍因袭其一部分；成熟时期，则置宋学于不顾；

(二)启蒙时期学者均抱有“学以致用”的精神，成熟时期的学者，则为经学而治经学，为考证而考证；

(三)启蒙时期的考证学，不过粗引端绪，仅居一部分势力；成熟时期则占学术界全领域，而日益精密。

*　*　*

在这朴学独占时期，其他学术思想，几无立足的余地；但是，在这时期中，依旧有几个学者肆力于他种学问。今分述于后：

(一)吴县彭绍升、休宁汪缙、瑞金罗有高　三人都是在朴学独占时期，以和会儒、释，而独树一帜者。彭有《二林居集》，汪有《汪子文录》，罗有《尊闻居士集》。三人之学，最相契合，要皆华梵交融，禅净并重，盖不但空言参悟，而且力事行持。这与宋儒糅杂佛说只谈明心见性而不发愿往生者大有分别。

(二)阳湖洪亮吉　亮吉亦治经学，亦治史学，有诗文集六十四卷，《意言》二十篇。他于清代盛世，亟言生计之学，其言曰："人未有不乐为治平之民者也，人未有不乐为治平既久之民者也。治平至百馀年，可谓久矣。然言其户口，则视三十年以前，增五倍焉；视六十年以前，增十倍焉；视百年百数十年以前，不啻增二十倍焉。试以一家计之：高曾之时，有屋十间，有田一顷，身一人，娶妇后不过二人，以二人居屋十间，食田一顷，宽然有余矣。以一人生三子计之，至子之世，而父子四人，各娶妇，既有八人。八人即不能无佣作之助，是不下十人矣。以十人而居屋十间，食田一顷，吾知其居仅仅足，食亦仅仅足也。子又生孙，孙又娶妇。其间衰老者或有代谢，然已不下二十余人。以二十余人，而居屋十间，食田一顷，即量腹而食，度足而居，吾以知其必不敷矣。又自此而曾焉，自此而玄焉，视曾高时，口已不下五六十倍。是高曾时为一户者，至曾玄时不分至十户不止。其间有户口消落之家，即有丁男繁衍之族，势亦足以相敌。或者曰：高曾之时，隙地未尽辟，闲廛未尽居也。然亦不过增一倍而止矣，或增三倍五倍而止矣。而户口则增至十倍二十倍，是田与屋之数，常处其不足；而户与口之数，常处其有余也。又况有兼并之家，一人据百人之屋，一户占百户之田，何怪乎遭风雨霜露饥寒颠踣而死者之比比乎？曰：天地有法乎？曰：水旱疾疫，即天地调剂之法也。然民之遭水旱疾疫而不幸者，不过十之一二矣。曰：君相有法乎？曰：使野无闲田，民无剩力。疆土之新辟者，移种民以居之；赋税之繁重者，酌今昔而减之。禁其浮靡，抑其兼并，遇有水旱疾疫，则开仓廪悉府库以赈之。如是而已。是亦君相调剂之法也。要之，治平之久，天地不能不生人，而天地之所以养人者，原不过此数也。治平之久，君相亦不能使人不生，而君相之所以为民计者，亦不过前此数法也。然一家之中，有子弟十人，其不率者，常有一二。又况天下之广，其游惰不事者，何能一一遵上之约束乎？一人之居，以供十人已不足，何况供百人乎？一人之食，以供十人已不足，何况供百人乎？此吾所以为治平之民虑也。"(《意言治平篇》)——他这见解，《韩非子·五蠹》篇上早就说过了，不过生在盛时，人人都在歌舞升平的时候，而能深虑于民生问题，却是当时不可多得之士。

他如李汝珍著《镜花缘》，俞正燮著《癸巳类稿》，其中多讨论妇女问题的地方，颇有可观，不过不为当时人士所重视罢了。

四、朴学的衰落时期

当朴学极盛时期，朴学便独占了学术界，嘉、道以后，庄存与崛起，提倡今文学（即常州派），以与朴学分立；到这时，朴学才渐次走到它的衰落时期。但在这衰落期，而能为朴学保持残垒者，尚有二人：（一）德清俞樾，著《群经平议》、《诸子评议》、《古书疑义举例》诸书；（二）瑞安孙贻让，著《周礼正义》、《墨子间诂》诸书。不过当时今文学的势力日大，所以他们在学术思想界上不占重要地位。直到晚清杭县章炳麟出，始为朴学大张其军。

炳麟少受学于俞樾，于小学很有研究；又受章学诚、全祖望影响颇深，故究心明、清间掌故，颇促成其排满之念。旋研究华严宗，每以瑜伽华严释老、庄，自谓别有所得。所著《文始》及《国故论衡》，颇影响于现代学术界。他亡命日本时，又时时涉猎西籍，喜以新知附益旧学。这样看来，他的学术，便不仅限于朴学了，所以他说："汉、宋争执，焉用调人？喻以四民，各勤其业，瑕衅何为而不息乎？……自揣平生学术，始则转俗成真，终乃回真向俗。……秦、汉以来，依违于彼是之间，局促于一曲之内，盖未尝睹是也。乃若昔人所诮：专致精微，反致陆沈，穷研训诂，遂成无用者。余虽无腆，固足以雪斯耻。"（《葑汉微言》）不过他门户之见很深，所以我们不能不说他是清代朴学的殿军。

五、朴学的业绩

朴学的精神在考证，朴学的研究对象为经书，但到朴学极盛时期，此种精神便运用到其他学术上而为专门化的研究。兹分述之于次：

(一)经书的注疏　朴学以经学为研究对象，而其最有功于经学之处，即为诸经几乎都有新注疏。如《书》有江声的《尚书集注音疏》、孙星衍的《尚书古今文注疏》、段玉裁的《古文尚书撰异》及王鸣盛的《尚书后案》。如《易》有惠栋的《周易述》与张惠言的《周易虞氏义》。如《周礼》有孙贻让的《周礼正义》。如《诗》有陈奂的《诗毛氏传疏》、马端辰的《毛诗传笺通释》及胡承珙的《毛诗后笺》。如《仪礼》有胡承珙的《仪礼古今疏义》与胡若翚的《仪礼正义》。如《左传》有刘文祺的《春秋左氏传正义》。如《孝经》有皮锡瑞的《孝经郑注疏》。如《论语》有刘宝楠的《论语正义》。如《尔雅》有邵晋涵的《尔雅正义》与郝懿行的《尔雅义疏》。如《孟子》有焦循的《孟子正义》。如《大戴礼记》有孔广森的《补注》与王聘珍的《解诂》。

(二)文字学　清儒教人读书必先识字，故许氏《说文》即其圣经。研究《说文》的名著，有段玉裁的《说文注》，王筠的《说文释例》、桂馥的《说文义证》以及朱骏声的《说文通训定声》。此外研究文字学的名著，更有戴震的《方言疏证》、王念孙的《广雅疏证》及江声的《释名疏证》诸书。而以极严正的训诂家法贯群书而会其通者，则有王念孙的《经传释词》与俞樾的《古书疑义举例》。

(三)音韵学　音韵学为文字学的附庸，清儒认考证古音为诵读古书的工具，故此学亦特别发达，如顾炎武有《音韵古音表》与《唐韵正》，戴震有《声韵考》与《声类表》，段玉裁有《六书音韵表》，姚文田有《说文声原》，苗夔有《说文声读表》，严可均有《说文声类》，陈澧有《切韵考》。

(四)金石学　顾炎武著《金石文字记》，为清代研究金石学的最初著作。其后有钱大昕的《潜研堂金石文字跋尾》，武亿的《金石三跋》，洪颐煊的《平津馆读碑记》，严可均的《铁桥金石跋》，陈介祺的《金石文字释》，这派专以金石为考证经史的资料。另外有黄宗羲一派，则从金石以研究文史义例，宗羲著《金石要例》，其后王芑孙、梁玉绳、郭麟、刘宝楠及冯登府等，都有著作。

(五)史学　黄宗羲、万斯同为一代史学之祖，黄、万均浙江人，后此浙人如全祖望、章学诚、章炳麟均精于史，其风习实自黄、万二氏开之。宗羲有《明儒学案》，为中国学术史之始；其《宋元学案》，则其子百家与祖望先后续成之。斯同以独力撰《明史稿》,为唐以后所罕见。其后,赵翼有《廿二史劄记》,王鸣盛有《十七史商榷》,钱大昕有《二十一史考异》,洪颐煊有《诸史考异》,诸书均以考证史迹订正讹谬为主。其专考证一史者,则以惠栋的《后汉书补注》,梁玉绳的《史记志疑》、《汉书人表考》及钱大昕的《汉书辨疑》、《后汉书辨疑》为最著。至于表志之书,则有万斯同的《历代史表》,其后,又有顾栋高的《春秋大事表》,齐召南的《历代帝王年表》以及林春溥的《竹柏山房》十五种;此外又有洪亮吉的《三国疆域志》、《东晋疆域志》、《十六国疆域志》,侯康的补《三国艺文志》,倪灿的《补辽金元三史艺文志》,顾怀三的《补五代史艺文志》及钱大昕的《补元史艺文志》。凡此都是以经学考证之法,移以治史。至于专研究史法者,则章学诚的《文史通义》,为一时特出之作;他不斤斤于考证,所用方法与朴学异;惟言"六经皆史",则又与今文学家异。他如魏元以独力改著《元史》,柯劭忞的《新元史》,毕沅的《续资治通鉴》,均为一代佳构;而崔述精考证,其所著《考信录》,尤有功于史学。

(六)地理学　清初顾炎武、刘献廷都好地理学,惜著作均未成。惟顾祖禹的《读史方舆纪要》,言天下险要,很为精详,而颇带考古的色彩。其后,所谓地理学,均无不偏于考古一途,如戴震的《水地记》与《校水经注》,孔广森的《水经释地》,全祖望的《新校水经注》,齐召南的《水道提纲》,洪颐煊的《汉志水道疏证》,陈澧的《汉书地理志水道图说》,都属此类。其考证先秦地理者,则有阎若璩的《四书释地》,徐善的《春秋地名考略》,江永的《春秋地名考实》,焦循的《毛诗地理释》及程恩泽的《国策地名考》。其通考历代者,则有陈芳绩的《历代地理沿革表》与李兆洛的《历代地理志韵编今释》。其考证各史地理者,则以吴卓信的《汉书地理志补注》与杨守敬的《隋书地理志考证》最为精核。至于地图,则康熙时有《皇舆全览图》,杨守敬有《历代地理沿革图》。他如研究青海、西藏、蒙古、新疆地理者,则有徐松的《西域水道记》与《新疆识略》,张穆的《蒙古游牧记》,何秋涛的《朔方备乘》。

(七)天算学　清初治天算者,首推王锡阐、梅文鼎(见前),而黄宗羲、江永诸人,亦提倡斯学。圣祖尤好天算,著《数理精蕴》与《历象考成》，并其所著《律吕正义》，合称《律历渊源》。江永有《慎修数学》九种，戴震有《算经》。时尚所好，后此诸经师遂多兼治算学，其有名著作，计有：李锐的《李氏遗书》，董祐诚的《董方立遗书》，焦循的《里堂学算记》，张作楠的《翠微山房数学》，刘衡的《六九轩算书》诸书；而晚清李善兰、华蘅芳迻译西籍（见前），尤称名手。

其他如类书的编纂[①]，丛书的校刊[②]，伪书的辨明[③]，佚书的搜辑[④]，以及古书的校勘[⑤]，都是这些经师的最大业绩，而很有益于后学。

① 类书以《图书集成》与《四库全书》为最重要。

② 丛书以通志堂《九经解》、阮元《皇清经解》、毕沅《经训堂丛书》、卢文弨《抱经堂丛书》、孙星衍《平津馆丛书》以及鲍廷博《知不足斋丛书》为最重要。

③ 见前节《朴学的启蒙时期》述阎若璩、胡渭、姚际恒各条。

④ 辑佚以马国瀚的《五函山房辑佚书》为最丰富。

⑤ 校勘以子书为最多，如《墨子》、《荀子》、《孙子》、《吴子》、《列子》、《慎子》、《韩非子》均有校本。

第十一讲　今文学与维新运动

一、概论

由上一讲所述看来，可知清代学术思想的正统派，只有朴学；朴学的势力，要算是和前清朝运相终始。当朴学的启蒙时期，虽有孙奇逢、李中孚、刁包、张尔岐、陆陇其、张履祥、陆世仪这些人为理学谋最后的挣扎，但是他们的力量，已经敌不住清初学者的反理学运动。到了乾、嘉时代(1736—1820)，更是朴学的炙手可热的时代。正在这个时代，桐城方苞和他的同乡姚范、刘大櫆，便倡古文运动，以与朴学对抗。他们为文效法曾巩、归有光，主张辞章与义理并重，建立古文义法，叫做“桐城派”。他们又抱着“因文见道”(欧阳修语)的见地，常与理学相结合，而以道统自任。姚范的侄儿姚鼐，欲从戴震问学，被震所拒，鼐因此愤愤不平，屡次为文以诋诃朴学的残碎。鼐弟子方东树又著《汉学商兑》，更痛斥朴学的矫诬，无微不至①。朴学与“桐城派”由是交恶起来了。其后，阳湖恽敬与武进张惠言，受“桐城派”影响②，也力倡古文，叫做“阳湖派”。咸、同时代(1851—1874)，曾国藩为文也尊“桐城”义

---

① 梁启超说：“方东树之《汉学商兑》，却为清代一极有价值之书.其书成于嘉庆间，正值正统派炙手可热之时，奋然与抗，亦一种革命事业也。其书为宋学辩护处，固多迂旧，其针砭汉学家处，却多切中其弊，就中指斥言“汉易”者之矫诬，及言典章制度之莫衷一是，尤为知言。后此治汉学者颇欲调和汉宋，如阮元著《性命古训》、陈澧著《汉儒通义》，谓汉儒亦言理学，其《东塾读书记》中有《朱子》一卷，谓朱子亦言考证，盖颇受此书之反响云。”(《清代学术概论》一百十二页及一百十三页)——观此可知方氏《汉学商兑》的重要。

② 按“阳湖派”实出于“桐城派”，由刘大櫆之徒钱伯坰称诵师说于恽、张二氏，于是二人遂舍其声韵训诂之学而习古文，而“阳湖派”之名以立。

法，并把姚鼐和周、孔并列[1]；而当时平定太平军革命运动的中兴名将如罗泽南、李续宾、江忠源等，又都是受了理学影响颇深的人，所以“桐城派”与理学的结合就愈加密切，而“桐城派”的极盛时期也就在这个时候。自此以后，虽有吴汝纶、张裕钊、黎庶昌诸人继起，但是因为学术思想界正在转变的时候，所以“桐城派”的运命也就此告终。这派在朴学独占时期，能够奋起与之对抗，不能说他们没有勇气，不过他们为文偏于因袭，治学过于空疏，所以在学术思想界不能占重要地位，而真正能对朴学举起叛旗并且在学术思想界激起狂涛的，却要推今文学家。

上一讲说过，清初学者的真精神，就在“学以致用”四个字上面。但在朴学独占时，一般学者都只在故纸堆中做考证工作，而渐次和现实生活相隔绝。我们知道，清代黄金时期，要算康、雍、乾三朝(1662—1795)，但到乾隆时代，却已呈现出渐就衰颓的倾向。因为高宗是个好大喜功的人，那号称“十全武功”的“东征西讨”，早就把圣祖数十年所积蓄的金钱花光了；加以晚年耄荒，宠用和珅，更加把政治弄到腐败不堪。到了嘉庆时代，虽然杀掉了乱政的和珅，可是清室的统治已经动摇，毕竟免不了接二连三的内乱——白莲教之乱、海盗之乱及天理教之乱。道光以降，资本帝国主义的列强又以“倾山倒海”的力量侵略中国，于是而有鸦片之役、英法联军之役及中日之役。因列强的侵略及清室统治的动摇，于是又有以农民为主干的太平军革命运动、捻乱及义和团运动。这样相逼而来的外患内乱，便是当时的现实生活。和现实生活相隔绝的朴学家，固然不能支持这个危局，就是和理学相结合的“桐城派”，也无法渡过这个难关，所以这现实生活的反映，就必然地使那留心经世之务的学者，转变其进路的方向，而朝着现实生活走去。这就是今文学运动出生的惟一母胎。

其次，还有当时输入进来的西学，也促成这个运动。明代西教士传入中国的西学，以天文、数学及地理为最多，到了海禁大开，便连工艺和政制的书籍，也渐次输入进来了。这时一般留心经世之务的学者，才

---

① 曾国藩作《圣哲画像赞》(见《曾文正公全集》)，竟将姚鼐和周公、孔子并列，足见曾氏对于道德观念之深及其与理学相结合之迹。

因此知道西洋富强实有其所以致此之道，而“抱残守阙，固步自封”反足以自取灭亡。所以他们一面向保守派的朴学进攻，一面力谋“学以致用”的精神与西学结合，而形成出由今文学家主动的维新运动。

二、今文学家的兴起

原来经学有今古文之争，这在前面已经说明了。自东汉郑玄以古文大家遍注群经以后，古文盛而今文衰。清代朴学独占时期，学者说经一尊东汉家法，结果弄到“家家许、郑，人人贾、马”的局面。他们抱着为学问而治学问的态度，着重名物训诂的研究。其所用方法固属合于科学，但是因为他们的研究对象过于支离破碎，所以于思想上没有很大的贡献。今文学家治经方法，却完全和他们不同，而着重在“微言大义”的发现，不为训诂名物所拘束。惟其如此，所以今文学家能在学术思想界上掀起一个有力量的波涛。

清代今文学的启蒙大师为武进庄存与，他是乾隆时代的人，与戴震相友善，惟治经和戴学相反。著有《春秋正辞》，专求“微言大义”，开今文学的先声。嘉庆时，他的弟子武进刘逢禄继起，著《春秋公羊经传何氏释例》，专发明“张三世”、“通三统”、“绌周王鲁”、“受命改制”诸非常异义可怪之论①。又著《左氏春秋考证》，说此书本来叫做《左氏春秋》，不叫做《春秋左氏传》，原为记事之书，非解经之书，其解经之处，为刘歆所伪造。道光间，今文学始盛，其最著者有仁和龚自珍与邵阳魏源。自珍通《公羊春秋》，有文集三卷及续集四卷，集中如《古史钩沉论》诸篇，多痛诋专制政体，以阐发民权之义；其思想的解放，颇影响清末谭嗣同、梁启超辈②。自珍处清室陵替的时候，故又留心经世之务，

---

① 何休《公羊传注·自序》：“其中多非常异义可怪之论”，即指“张三世”、“通三统”诸义而言。

② 梁启超说：“晚清思想之解放，自珍确与有功焉，光绪间所谓新学家者，大率人人皆经过崇拜龚氏之一时期。”（《清代学术概论》一百二十二页及一百二十三页）谭嗣同诗云：“汪、魏、龚、王始是才。”观此便知梁、谭诸人所受自珍的影响。

著有《西域置行省议》及未刊稿《蒙古图志》；而集中如《平均篇》所云[1]，却多经济之谈，和近世社会主义相类似。魏源有《公羊古微》、《诗古微》、《书古微》三书：其《诗古微》一书直攻《毛传·大小序》为伪作；《书古微》一书，则不但说东晋晚出的《古文尚书》为伪造，而且力斥郑说。源亦好言经世，有《海国图志》，颇奖励国民对外的观念。同时仁和邵懿辰又著《尚书通义》与《礼经通论》，指《逸书》十六篇《逸礼》三十九篇为刘歆伪造。这样一来，所谓古文诸经传便渐次地皆发生真伪问题了。至南海康有为出，更全部推倒古文诸经传，而集今文学的大成。

由上所述，便知今文学的兴起，始自庄、刘；而龚、魏二氏，却于治今文学之外，更注重经世之务，我们从这一点看来，便会知道今文学家所走的路向，必定要朝着现实生活上去，而归结为康有为一般今文学家所主持的维新运动。所以下面接着就讲有为之学及今文学家与维新运动的关系。

三、康有为与维新运动

在未说到有为之学以前，对于王闿运与廖平两个人，还得简单地说说，因为有为之学和他们两个人有关。

王闿运，湘潭人，说经主《公羊》，有《尚书笺》、《礼经笺》及《公羊笺》诸书，为光绪时(1875—1908)今文学大师。他的弟子井研廖平，更推广师说，著《四益馆经学丛书》十数种，戊戌(1898年)以后，因畏祸遂自卖其学，但是有为之学颇受他的影响，却是事实[2]。

有为之学，不但得力于廖平，而且受他的先生南海朱次琦的影响很深。次琦是粤中大儒，其学本于宋、明，而以经世致用为主，研究中

① 《平均篇》说："至极不祥之气，郁于天地之间。郁之久，乃必发为兵燹，为疫疠。……其始不过贫富不相齐之为之尔。小不相齐，渐至大不相齐；大不相齐，则至丧天下。"

② 梁启超《论中国学术思想变迁之大势》："康先生之治《公羊》治今文也，其源渊颇出自井研(廖平)，不可诬也。"

国史学、历代政治沿革，很有心得。他从学次琦共六年，其理学政学的基础，都是从次琦得来的。

有为之学，又颇受西学的影响。梁启超著《康有为传》说："……其时西学，初入中国，学者莫或过问，先生僻处乡邑，亦未获从事也。及道经香港、上海，见西人殖民政治之完整，属地如此，本国之进步更可知，因思所以致此者，必有道德学问，以为之本原，乃悉购江南制造局及西教会所译各书尽读之。彼时所译者，皆初级普通学及工艺兵法医学之书，否则耶稣《圣经》论疏耳。于政治哲学，毫无所及。而先生……别有会悟，能举一反三，因小以知大，自是于其学力中别开一境界。"

有为之学，又受有佛学影响。原来今文学家并不和古文学家一样的硁硁自守，而他们思想的解放，又颇能容纳异派，所以龚、魏诸人，都喜佛法。而有为好华严宗，其《大同书》，更明示他受此宗影响之深。

由上所述，便知有为之学的成分是多方面的，这就是有为思想的来源。我们讲明了有为思想的来源，才进而讲有为思想的内容。有为思想，表现在他三部著作中。他第一部著作，叫做《新学伪经考》。什么叫做"伪经"？他说："夫推经学所以迷乱乖迕之由，盖出于刘歆伪为古学以乱真经之故。以刘歆伪经写以古文，遂目真经为今文。自汉季来，经学遂有今文古文之异。今文者西汉世立于学官，若《诗》则齐、鲁、韩，《书》则欧阳、大小夏侯，《礼》则《仪礼》、《大小戴记》，《易》则施、孟、梁丘、《春秋》则《公羊》、《谷梁》，与夫《齐鲁论》。凡此皆孔子之真经，七十子后学之口说传授，今虽有窜乱，然大较至可信据者也。古文者，毛氏《诗》、孔氏《书》、费氏《易》、《周礼》与左氏《春秋》，与其他名古文者及与古文证合者，皆刘歆所伪撰而窜改者也。"① 伪经又为什么叫做新学？他说："夫古学所以得名者，以诸经之出于孔壁写以古文也。夫孔壁既虚，古文亦赝伪而已矣，何古之云？后汉之时，学分今古，既托于孔壁，自以古为尊，此刘歆所以售其欺伪者也。今罪人斯得，旧案肃清，必也正名，无使乱实。歆既饰经佐篡，身为新臣，则经为新学，名义之正，复何辞焉。后世汉、宋互争，门户水火，自此视之，凡后世所指

① 见《新学伪经考》的《重刻伪经考后序》。

目为汉学者，皆贾、马、许、郑之学，乃新学非汉学也。”[①]有为为何而作《伪经考》？他说：“始作伪乱圣制者自刘歆，布行伪经篡孔统者成于郑玄。阅二千年岁月日时之绵暖，聚百千万亿衿缨之问学，统二十朝王者礼乐制度之崇严，咸奉伪经为圣法，诵读尊信，奉持施行，违者以非圣无法论；亦无一人敢违者，亦无一人敢疑者。于是夺孔子之经以与周公，而抑孔子为传；于是扫孔子改制之圣法，而目为断烂朝报。……然提圣法于既坠，明六经于暗；刘歆之伪不黜，孔子之道不著。”[②]总括一句，《伪经考》的主旨，在于立证古文诸经传为刘歆所矫造，而刘歆之所以作伪经，盖欲佐新莽篡汉，故先谋湮没孔子的“微言大义”，至于秦朝焚书，实未厄及六经[③]。有为这部书，固然不免武断之弊，但是朴学的立脚点，却因此根本动摇，而其怀疑精神，则更影响于当时学术思想界。后此崔适著《史记探原》、《春秋复始》二书，光大有为之学，主讲北京大学，为今文学家的殿军。

有为第二部著作，叫做《孔子改制考》。《新学伪经考》在立证古文诸经传为刘歆所矫造、所窜乱，而《孔子改制考》则在于阐明真经的全部分为孔子“托古改制”之作。他认为孔子和基督一样，是创教的教主。孔子要创教，所以才把自己的理想，托于古人；尧、舜诸人，就是孔子所托的人物。不但孔子托古改制，即周、秦诸子亦莫不如此，如老子托黄帝，墨子托大禹，许行托神农。孔子作《春秋》，寓有改制创作的微言大义在里面，只有公羊家说的“张三世”、“通三统”，深得孔子的精义。何谓“三统”？即夏、商、周三代随时因革不相沿袭。何谓“三世”？即据乱世、升平世、太平世愈改而愈进。改制之义立，有为便以为《春

---

① 见《伪经考》卷一。

② 见《伪经考》卷一。

③ 《伪经考》卷一《秦焚六经未尝亡缺考第一》：“按后世六经亡缺，归罪秦焚，秦始皇遂婴弥天之罪，不知此刘歆之伪说也。歆欲伪作诸经，不谓诸经残缺，则无以为作伪窜人之地；窥有秦焚之间，故一举而归之，一则曰‘书缺简脱’，一则曰‘学残文缺’，又曰‘秦焚《诗书》，六艺从此缺焉’，又曰：‘秦焚书，书散亡益多’。学者习而熟之，以为固然，未能精心考校其说之是非，故其伪经得乘虚而入，蔽掩天下，皆假校书之权为之也。……按焚书之令，但烧民间之书；若博士所职，则诗书百家自存。夫政、斯焚书之意，但欲愚民而自智，非欲自愚；若并秘府所藏博士所职而尽焚之，而仅存医药卜筮种树之书，是秦并自愚也，何以为国？”

秋》不过是“绌君威而申人权、夷贵族而尚平等、去内竞而归统一、革习惯而遵法治”的东西。“三世”、“三统”之义立，有为便以进化之理，解释政制的演变。有为又谓子游受微言以传孟子，子夏受大义以传荀子；微言就是太平世大同教，大义就是升平世小康教。因此导入政治问题，有为便扬孟子而抑荀子，发明当由专制演进为立宪共和之理。有为这种学说的作用，就在于借举国崇奉的大成至圣孔子的招牌，来镇服那些反对维新变法的人。这便是他维新运动思想的基础。有为这种立论，固属是有意识的有目的的，而不免于矫诬之弊；但是有为敢于把数千年来人人视为神圣不可侵犯的经典，都认定是孔子“托古改制”之作，则他治学的勇气，不但引起学者怀疑批判的态度，而且鼓励学者创造的精神。

有为第三部著作，叫做《大同书》。如前所讲，《大同书》的创作，因有得力于华严宗之处，而《礼运》大同之旨，却是他全书的骨干。《礼运》上说：“大道之行也，天下为公，选贤与能，讲信修睦，故人不独亲其亲，不独子其子，使老有所归，壮有所用，幼有所长，鳏寡孤独废疾者皆有所养，男有分，女有归，货恶其弃于地也，不必藏诸己，力恶其不出于身也，不必为己，……是谓大同。”有为以《春秋》“三世”之义说《礼运》，谓《春秋》所谓“太平世”即《礼运》的“大同”，而认此为孔子的理想社会。有为引申《礼运》之说，而作《大同书》。《大同书》中的理想社会，简单地说，就是一个无国家、无家族、无私有财产、人人必须劳动的大同社会。有为深信“三世”愈改而愈进之义，认为当时还是“据乱世”，只能言“小康”，不能言“大同”，所以他从来就不把这书教人。

以上把有为三部著作的内容说明了，我们从他的著作中，便可窥见有为思想的内容。但是，我们要认清楚：有为的思想完全是当时时代与社会的反映，有为并不是为学问而治学问的人，却只是拿着他的学说去做维新运动的手段。他接触过西学，目击西人富强自有道德学问为之根本，所以他身处国势动摇的时候，要挽回颓运，就非维新变法不可。但是，当时士大夫都是一般顽固守旧的人，脑袋里充满着“中学为体西学为用”的见解，并不相信西人有什么道德学问足以为我们的师法，从而如果有人主张维新变法，自然地要被他们目为“大逆不道”。

有为深明此中消息，所以他要维新变法，首先就抬出数千年来举国崇敬的孔子来作教主，以塞反对派之口。但孔子之教全在六经，故此又非力排东汉以来的古文经而追求孔子之“微言大义”不可，有为说经之所以宗今文，有为之所以作《新学伪经考》，其根本原因就在这里。伪经已绌，孔子之真经既明，于是有为进而又力言孔子的“托古改制”，阐明“通三统”、“张三世”的精义，时代不同，政制亦异，有为维新变法的张本就在这里，所以他继《伪经考》之后又作《孔子改制考》。至于以“三世”之义说《礼运》而作《大同书》，则不过是有为欲完成孔子之教的一贯的理论，才有此一着，所以他只言“小康”，而不言“大同”。有为抓住了这些理论上的根据，满以为足够镇压守旧派的反对，于是轰轰烈烈的维新运动就开始干起来了。

维新运动虽然不过百日就告失败——它失败的原因，不是本书应当讲的，自有政治史来叙述它——但是它的影响却很大；它影响于政治方面的，我们抛开不讲，现在只讲它影响于学术思想方面的。当《伪经考》、《孔子改制考》刊行时，朱一新写信给有为说：“……自伪古文之说行，其毒中于人心，人心中有一六经不可尽信之意，好奇而寡识者，遂欲黜孔学而立今文。夫人心何厌之有？六经更二千年，忽以古文为不足信，更历千百年，又能必今文之可信耶？……窃恐诋讦古人不已，进而疑经，疑经不已，进而疑圣，至于疑圣，则其效可观矣。”同时卫道的叶德辉也说：“今之《公羊》学，非汉之《公羊》学也，汉之《公羊》学尊汉，今之《公羊》学尊夷。”又说：“康有为……其貌则孔，其心则夷。”我们从这几段话看来，便知道有为思想足以启发学者的怀疑精神，而叶德辉之所谓“尊夷”正表现出中国学术贫乏与学者向外追求的倾向。所以戊戌政变以后，一般知识欲极烈的人，都相率留学日本并从事译述，出版事业盛极一时，然量多而质不精，惟侯官严复从西籍直译耶方斯《名学浅说》、穆勒《名学》、斯宾塞尔《群学肄言》、甄克斯《社会通诠》、穆勒《群己权界论》、亚当·斯密《原富》、孟德斯鸠《法意》及赫胥黎《天演论》各书，都是名著，中国不由日本重译而直接与西洋思想发生关系，实自复始。又林纾治“桐城派”古文，也译有西洋小说百余种，今并收在商务印书馆出版的《新译说部丛书》中。

四、维新运动中的两个思想家——谭嗣同与梁启超

维新运动的首脑，固属是康有为，但促成这运动者，却要推浏阳谭嗣同与新会梁启超两个思想家。他两个人的学术思想，在前清末叶，都有很大的影响，故略述之如下。至于有为弟子南海陈千秋，虽其思想颇多独到之处，然因千秋早死，其思想无甚影响，所以略而不述。

嗣同所处的时代，正和康有为一样。他思想的来源，也和康有为有些相同。第一，他得力于今文学，所以他说“汪、魏、龚、王始是才”。这于他以后绌荀申孟，提倡民权反对专制很有关系。第二，他得力于王夫之之学，所以他说：“五百年来学者，真通天人之故者，船山一人而已。”又得力于黄宗羲，所以他力赞宗羲的《明夷待访录》[①]。这于他以后提倡民主很有关系。第三，他得力于佛教的唯识宗与华严宗，他《仁学》之作，即受佛家影响很深。此外于格致算学之书，他亦有深造。他《仁学》一书，就是推以上这些思想，冶为一炉，故其《界说二十五》说：“凡为《仁学》者，于佛书当通华言及心宗、相宗之书，于西籍当通《新约》及算学、格致、社会学之书，于中国书当通《易》、《春秋公羊传》、《论语》、《礼记》、《孟子》、《庄子》、《墨子》、《史记》及陶渊明、周茂叔、张横渠、陆子静、王阳明、王船山、黄梨洲之书。”这在一方面看来，便知道他的思想的驳杂，没有一贯的体系；但从别一方面看来，却又知道他思想的驳杂，正是他那一时代的反映，因为中国和列强战争屡次失败以后，精进的学者都明白只是“抱残守阙”还是无补于时艰，而必得在学术上另找出路；这原是一般人的见解，不过没有嗣同那样敏锐罢了。

嗣同思想的来源既已讲明，以下便分述嗣同思想的内容：

第一，嗣同思想得力于佛教的唯识宗与华严宗，所以他主三界惟

---

① 《仁学》：“君统盛而唐、虞后无可观之政矣，孔教亡而三代下无可读之书矣。乃若区玉检于尘编，拾火齐于瓦砾，以冀万一有当于孔教者，则黄梨洲《明夷待访录》其庶几乎！其次为王船山之《遗书》，皆于君民之际，有隐恫焉。”

心，万法惟识，而力破一切的对待。他说："一多相容也，三世一时也，此下士所大笑不信也，乌知为天地万物、自然而固然之真理乎？真理之不知，乃……执妄为真……自愚自惑，遂为对待所瞒耳。对待生于彼此，彼此生于有我。我为一，对我者为人，则生二。人我之交，则生三。参之伍之，错之综之。……由是大小多寡长短久暂一切对待之名，一切对待之分别，淆然哄然。其瞒也，其自瞒也，不可以解矣。……虚空有无量之星日，星日有无量之虚空，可谓大矣；非彼大也，以我小也。人有不能见之微生物，有微生物不能见之微生物，可谓小矣；非彼小也，以我大也。何以有大？比例于我小而得之。何以有小？比例于我大而得之。然则但有我见，世间果无大小矣。多寡长短久暂，亦复如是。"又说："暂者绵之永，短者引之长，涣者统之萃，绝者续之亘，有数者浑之而无数，有迹者沟之而无迹，有间者强之而无间，有等级者通之而无等级。……可摄川于涓滴，涓滴所以汇而为川；可缩昼夜于瞬息，瞬息所以衍而为昼夜。"他抓住了这对待的融合，所以他对于生死、动静、善恶、奢俭、新旧、男女以及天理与人欲这些对待的问题，都能使之"各得其所"地消解起来。在《仁学》中，他处处用这方法以消解对待的问题；这里限于篇幅，恕不详细介绍，只好让读者自己去参看他的原著。不过我们在这里要特别提示的，就是以上所讲，乃是他治学的根本方法。他运用这方法异常灵活，所以数学上的正负，物理学上的运动与静止，生物学上的生灭，在他看来，都无不是极容易解决的问题。惟其如此，所以他才说"冲决网罗"，所以他才说"然既能冲决，亦自无网罗；真无网罗，乃可言冲决。故冲决网罗者，即是未尝冲决网罗；循环无端，道通为一"。

其二，嗣同思想得力于今文学，所以他也言"改制"言"三世"。他说："古而可好，又何必为今之人哉？……夫孔子删《书》则断自唐、虞，存《诗》则止乎三百，然犹早岁从周之制作也。晚而道不行，掩涕于获麟，默知非变法不可，于是发愤作《春秋》，悉废古学，而改今制，复何尝有好古之云云也。"又说："孔虽当据乱之世，而黜古学，改今制，托词寄义于升平太平，未尝不三致意焉。"又说："方孔之初立教也，黜古学，改今制，废君统，倡民主，变不平等为平等，亦汲汲然勤矣。岂谓为荀学者，乃尽亡其精意，而泥其粗迹，反授君主以莫大无限之权，使得挟持一孔教以制天下。”惟其如此，所以他主张变法，所以他绌荀申孟，所以他痛诋李斯、叔孙通、刘歆、韩愈、孙复一班人，而反对君权提倡民权。至于他的理想社会，也和有为一样，同是归于世界大同主义，所以他说：“《春秋》大一统之义，不当有国也。”又说：“不可自言为某国人，当平视万国，皆其国，皆其民。”

第三，嗣同思想得力于黄宗羲与王夫之，所以他又主张民主主义——这一点，和他治今文学有关联——与排满。他说：“生民之初，本无所谓君臣，则皆民也。民不能相治，亦不暇治，于是共举一民以为君。夫曰共举之，则非君择民，而民择君也。……夫曰共举之，则因有民而后有君，君末也，民本也。……夫曰共举之，则且必可共废之。”这便是他所倡道的民主主义。他说：“天下为君主囊橐中之私产，不始今日，固数千年以来矣。然而有知辽、金、元、清之罪，浮于前此之君主者乎？……一旦逞其凶残淫杀之威，以攫取中原之子女玉帛，……乃犹以为未厌，峻死灰复然之防，为盗憎主人之计，锢其耳目，桎其手足，压制其心思，绝其利源，窘其生计，塞蔽其智术，……方命之曰：此食毛践土之分然也。夫果谁食谁之毛，谁践谁之土，久假不归，乌知非有，人纵不言，己宁不愧于心乎？吾愿华人，勿复梦梦谬引以为同类也。”这便是他的排满主张。

由上所讲看来，嗣同的学术思想，诚然驳杂，但驳杂之中，并非全无脉络可寻。他言今文学，同时又推尊黄宗羲与王夫之，其原因就在乎同是伸民权抑君权。他治佛学，同时又治西洋科学，其原因就在于能以佛理证科学。他崇孔教，同时又谈佛教与耶教，其原因就在于同是变教同主平等①。不认清他这个脉络，自然就只看见嗣同学术思想的矛盾，这样一来，岂不冤屈了嗣同么？

*　*　*

① 《仁学》：“×××曰：‘三教教主一也，吾拜其一，则皆拜之矣。’斯言也，吾取之。”

梁启超是康有为的弟子，他早年的思想，很受有为的影响，虽然他也治过戴、段、王之学。后来与夏曾佑、谭嗣同友善，又受了他们一些影响，而曾佑也是个治今文学而排荀最力的。当时正是"学问饥荒"之时，启超深感中国固有学问不足以拯救时艰，所以他对于西学异常留心。这一点于他以后努力介绍西洋学术思想很有关系。他又好华严宗，与嗣同同受当时佛学大家杨文会的影响很深。民国以后，启超尝讲学南京，又从欧阳竟无学大乘唯识宗的教理。他晚年对于佛学有浓厚的趣味，与这一点有关。以上便是他学术思想的来源。

启超的学术思想，可以分做三个时期。第一个时期，是从他师事有为起至戊戌政变止。他在这个时期中，并没有他独自的思想，却完全以有为的思想为他的思想；有为倡保教尊孔，他也倡保教尊孔；有为斥伪经治今文学，他也斥伪经治今文学；有为言改制言"张三世"、"通三统"，他也言改制言"张三世"、"通三统"；有为绌荀申孟，他也绌荀申孟；有为主变法，他也主变法。总之在这个时期，他不过是有为底化身与走卒，在学术思想界中并无独立的地位。所以关于他这个时期，我们没有什么话讲。但在这个时期，他在上海创办《时务报》，却已出了名，而一般人便以康梁并称。

第二个时期，是从戊戌政变以后至民国六年为止(1898—1917)。在这时期中的前十四年(1898—1911)，他的思想言论几乎笼罩了全国的读书人，这时他才在学术思想界取得独立的地位。原来戊戌以后，有为的思想完全没有变化；启超亡命日本，读了些日译本的西洋社会政治的书籍，思想上便渐次地起了转变，而和有为立异。他在这时已绝口不谈伪经，也不甚谈"改制"，却谈孟德斯鸠、卢梭、伯伦知理；已经不谈保教尊孔，却"论保教非所以尊孔"。启超这时在日本前后办了三个报，从 1898 年 10 月至 1901 年叫做《清议报》，1902 年以后叫做《新民丛报》，1910 年以后叫做《国风报》。他这三种报的思想，前后虽有矛盾，但其一贯精神，却在于打破现状，所以他自己也说："启超之在思想界，其破坏力不小。"第一，他反对当时拿近世新学新理以缘附孔子之教，其言曰："今之言保教者，取近世新学新理而缘附之，曰：某某孔子所已知也，某某孔子所曾言也。……然则非以此新学新理厘然有当于吾心而从之也，不过以其暗合于我孔子，而从之耳。是所爱者仍在孔子，非在真理也；万一遍索诸四书六经而终无可比附者，则将明知为真理而亦不敢从矣；万一吾所比附者，有人剔之曰：孔子不如是，斯亦不敢不弃之矣；若是乎真理之终不能饷遗我国民也。故吾所恶乎舞文贱儒，动以西学缘附中学者，以其名为开新，实则保守，煽思想界之奴性而滋益之也。”(1902年《新民丛报》)又曰：“摭古书片词单语以傅会今义，最易发生两种流弊：一、倘所印证之义，其表里适相吻合，善已；若稍有牵合附会，则最易导国民以不正确之观念，而缘郢书燕说以滋弊。例如畴昔谈立宪谈共和者，偶见经典中某字某句与立宪共和等字略相近，辄摭拾以沾沾自喜，谓此制为我所固有。其实今世共和立宪制度之为物，即泰西亦不过起于近百年，求诸彼古代之希腊罗马且不可得，遑论我国。而比附之言，传播既广，则能使多数人之眼光之思想，见局见缚于所比附之文句，以为所谓立宪共和者不过如是，而不复追求其真义之所在。……此等结习，最易为国民研究实学之魔障。二、劝人行此制，告之曰：吾先哲所尝行也；劝人治此学，告之曰：吾先哲所尝治也；其势较易人，固也。然频以此相诏，则人于先哲未尝行之制，辄疑其不可行，于先哲未尝治之学，辄疑其不当治。无形之中，恒足以增其故见自满之习，而障其择善服从之明。”(1915年《国风报》)启超认清了中国几千年来思想的痼疾，就在于“好依傍”与“名实混淆”，所以他力破这个痼疾，启发学者的思想向独立自由的路上走去。他这破坏现状的精神，的确很能影响当时的思想界。他为着要把西学还它一个本来面目，不可拿来和中国孔子这一些人的学说缘附，所以他又努力于移植工作，现在《饮冰室丛著》中所收集的《西哲学说一脔》等等，便是这工作的成果。他所移植过来的东西，虽然肤浅，虽然笼统，但当着那“学问饥荒”的时候，他这些著作却成为“甘露”而为一般学子所喜诵。这一点却不能不说是他的一种功绩。第二，他反对从容模棱之言，他说：“著书者，规久远明全义者也；报馆者，救一时明一义者也。故某以为业报馆者，既认定一定目的，则宜以极端之议论出之，虽稍偏稍激焉而不为病。何也？吾偏激于此端，则同时必有人焉偏激于彼端以矫我者，又必有人焉执两端之中以折衷我者，互相倚，互相纠，互相折衷，而真理必出焉。若相率为从容模棱之言,则举国之脑筋皆静,而群治必以沉滞矣。夫人之安于所习而骇所罕闻性也。故必变其所骇者而使之习焉,然后智力乃可以渐进。……不宁惟是,彼始焉骇甲也,吾则示之以倍可骇之乙,则能移其骇甲之心以骇乙,而甲反为习矣。及其骇乙也,吾又示之以倍可骇之丙,则又移其骇乙之心以骇丙,而乙又为习矣。如是相引,以至无穷,所骇者进一级,则所习者亦进一级,驯至举天下非常异义可怪之论,无足以相骇,而人智之程度乃达于极点。”(1902 年《新民丛报·敬告我同业诸君》)他这篇文章,虽然是对报界同业诸君的敬告,但这是他立论的一种方法,其精神在于打破现状,他能在当时思想界握有权威,就在于他能用这种方法,更何况他笔端常常带着感情,具有吸引一般读者的魔力呢?以上所述两点,都是值得注意的,因为启超之所以能够支配当时的思想界就在这些处所。不过我们要认清楚:这也是时代的产物,当时学者都处在反动局势之下,又深感知识的饥荒,故此遇到启超那样偏激的言论与那种声情激越的文字,便不能不为启超的魔力所降伏了。不过从 1905 年同盟会成立发行《民报》以后,启超的《新民丛报》遇着《民报》章炳麟、汪精卫那些劲敌,他在言论界所占“独执牛耳”的地位,就渐被同盟会推翻了。

第三个时期,是从 1917 年到他死为止。启超在思想界最有权威的时期,严格地说,便只有从 1898 至 1905 年这个期间,过此以往,他在思想界的地位,便渐次为同盟会中一班人所夺取。等到辛亥革命以后至 1917 年这个期间,他全部精力与时间,差不多完全用在实际的政治活动上面,于学术思想界便没有什么力量。1914 至 1918 年的世界大战,1917 年的俄国革命,1918 年的五四运动,这接二连三的大变动,冲荡着他的头脑,在他思想上也曾掀起些波浪,但是,因为这旧有的意识不曾克服,所以在这伟大的转变期中,他不能做英勇迈进的领导者,却反成为时代的尾巴主义者。他经过几次政治活动的尝试以后,深感在政治上找不到出路,于是他退而讲学,并从事著述事业①。在这个时

① 其实,当 1915 至 1916 年之交他办《大中华》杂志时,就已主张抛弃政治专从改造社会入手,但当时他却依然参加反帝制运动。

期中，他赓续《新民丛报》时代整理国故的事业，前后著有《中国历史研究法》、《墨子学案》、《清代学术概论》、《先秦政治思想史》诸书，又把这几年的讲演辑为《梁任公学术讲演集》三卷。他这些工作，多半是整理，而少有发明与特殊的见解，并且启超的最大毛病，就在“博而不精”四个字上面，所以他谈的方面愈多——艺术、文学、中国哲学、西洋哲学、佛学、历史、政治、法律、经济诸方面，无不谈到——他的结果就愈不精彩。世界大战以后，他从欧洲游历归来，眼见欧洲战后的荒凉，刺戟他著了一部《欧游心影录》，便大倡西洋物质文明破产、东方精神文明复兴之说，往年醉心西化的心理，到这时却回转头来倾倒东方文明，他不曾把握着世界大战的本质，反说西方物质文明制造出大战的恶果，于是他的思想一天一天地落后，更够不上做开路的先锋，而他要做“中国学术史的志愿”，也就在这时立定了。他在《清代学术概论》上曾说道：“识者谓启超若能永远绝意政治，且裁敛其学问欲，专精于一二点，则于将来之思想界当更有所贡献，否则亦适成为清代思想史之结束人物而已。”现在他已物故，并不曾做到“更有所贡献”一步，结局，启超真的做了“清代思想史之结束人物”。

总之，启超对中国学术思想界，有功亦有罪，这用不着我们去批评，最好是看他自己的批评。他在《清代学术概论》上说：“启超之在思想界，其破坏力确不小，而建设则未有闻。晚清思想界之粗率浅薄，启超与有罪焉。……彼尝言：‘我读到性本善，则教人以人之初而已。’殊不思性相近以下尚未读通，恐并人之初一句亦不能解。以此教人，安见其不为误人。……启超务广而荒，每一学稍涉其樊，便加论列，故其所述著，多模糊影响笼统之谈，甚者纯然错误，及其自发现而自谋矫正，则已前后矛盾矣。平心论之，以二十年前思想界之闭塞委靡，非用此种卤莽疏阔手段，不能烈山泽以辟新局。就此点论，梁启超可谓新思想界之陈涉。”他这个自己批评，在我们今日看来，是很对的。

*　　*　　*

谭、梁之外，关于钱唐夏曾佑，我们也得略为说说。曾佑亦治今文学，亦绌荀申孟，所著有《中国历史教科书》三卷[1]。其论孔子有云："孔子一身，直为中国政教之原。中国之历史，即孔子一人之历史而已。故谈历史者，不可不知孔子[2]。"寥寥数语，颇具卓识。他如论"儒家与方士之糅合"，论"儒家与方士之分离即道教之原始"，都有特见，读者可以参看《中国历史教科书》，兹不赘述。

① 《中国历史教科书》于1904年在商务印书馆出版，闻现已绝版。全书分三册，叙至隋代为止，以下并不曾赓续作去。

② 《中国历史教科书》第一册八十四页。

第十二讲　新文化运动

一、概论

1911 年的革命运动，推翻了满清的统治，但代之而起的，却是代表封建势力的北洋军阀。孙中山所领导着的国民党，因 1913 年二次革命的失败，在国内已无活动的余地；中山所揭橥的三民主义，也早就消灭在北洋军阀统治的高压下面去了。反动的封建势力达到其最高点的时候，便有 1916 年的洪宪帝制运动，便有 1917 年的张勋复辟运动，所谓"中华民国"也早就"虚有其表"了。袁世凯死后，北洋军阀失掉了惟一的中心，它内部便起了分化作用；同时，因护法运动而惹起的南北战争，更显明地把整个的"中华民国"截成为两橛；结果，军阀的互相厮杀，遂造成各霸一方的割据局面。在这个时候，政治的黑暗，已经到达极点，领土这样广阔的国家，竟没有一个统一政令的中央政府。政治既然这样混乱，加以内战又时时不绝，在这个时期，所谓学术思想界早就沉寂下去了，早就进到僵冻状态里面去了，更何况一般深于教养的人只在谋政治活动而抛弃学术生活呢！但是，新的种子，却正萌芽在这个时期。世界大战的变动，列强的侵略，国内的动乱，这一切都使沉寂而陷于僵冻状态中的学术思想界苏醒过来而朝着新的方向展开，而促成此种展开的惟一动力，就是世界大战。

1914 到 1918 年资本帝国主义列强争取市场的世界大战，把全世界转变为一个新的局势，关于这一点，不是在这里可以讲明的，现在我们只把它有关于中国新文化运动的各方面简略地述在下面：

第一，世界大战时，西欧列强无暇东顾，殖民地和半殖民地自发的产业，就乘着这个间隙发展起来。印度和中国的产业能在当时发展，便是这个原因。但是,这产业的发展,需要的是统一的国家与轻松的税率,而中国军阀的割据与横征暴敛,正是产业发展的障碍。因为这个原故,所以在五四运动反帝国主义反军阀反卖国贼的斗争中,新兴的资本家与商人才起而罢市,表同情于这个运动。这一点充分地表现着封建势力与资产阶级的民主势力的斗争,而形成日后的新文化运动的诸特征之一。

第二,世界大战正在激烈的时候,俄国却发生了伟大的革命运动。她这个革命有她的悠久的历史,这里用不着讲,但是在专制魔王"沙"政府统治之下,竟发生了这惊天动地的革命运动,不但是发生,而且成功了这运动,这一点却不能不使世界人类震骇起来,却不能不使世界人类受一巨大的刺戟。中国的沉寂的学术思想界,受了这革命运动的震荡,自然要激起一个狂涛。这一点于日后新文化运动的谈社会主义与做社会运动很有关系,而形成这新文化运动诸特征之一。

第三,正是世界大战终止的一年,德国社会党又把那想做世界之王的威廉第二赶跑了,而建立一个民主国家。德谟克拉西的空气,一时弥漫于全球。中国思想界受了这种震荡,自然也要掀起一个波浪。这一点于日后新文化运动的鼓吹德谟克拉西很有关系,而形成这新文化运动诸特征之一。

此外,由于世界大战欧人不暇东顾,日本遂得乘间加速度地侵略中国,并为中国制造长期的内乱。又由于日本的侵略与制造内乱,而促成中国民众的反帝国主义运动,爆发为五四运动。这一切都与新文化运动以很大的助力,而世界大战则为这一切助力的原动力。

沉寂而陷于僵冻状态中的中国学术思想界,在这样的转变期中,在中国的经济组织发生变化的时期中,自然要渐次苏醒过来,在"久伏思起"这原则之下,还要向前奔放起来。这就是新文化运动出生的地盘。许多近视的观察者说新文化运动是由于胡适、陈独秀诸人的提倡而来的,实在是种错误的见解,在这里我们更足以证明思想为时代的产物这句名言之正确。

二、新文化运动前国内思想界的趋势及这运动的黎明时期

戊戌政变以前，国内思想界最时髦的东西，就是变法与维新，康有为、梁启超诸人，便是这种思想的代表人物；待到这种思想笼罩着思想界的时候，便有守旧派叶德辉著《翼教丛编》来反驳康、梁的主张，张之洞也著《劝学篇》以“中学为体、西学为用”的口号来调和这思想上的冲突。

戊戌政变以后，梁启超的“打破现状论”虽然吸引了全国青年，独执思想界的牛耳，但是启超只主张立宪，却反对革命，所以待等《民报》发行以后，启超在思想界的地位又渐次降落下来了。原来在《民报》未发行以前，排满革命的潮流就已渐次高涨，孙中山的兴中会、黄兴的华兴会以及唐才常的自立会，固属是行动上排满革命的有力团体，而思想上的结集，又有吴敬恒、章炳麟、蔡元培等主持的爱国学社与陈范主持的《苏报》。那时邹容的《革命军》一书，更发生很大的影响；他如章行严的《荡肤丛书》、刘光汉的《攘书》与《中国民族志》、陈去病的《清秘史》与《陆沈丛书》以及《黄帝魂》诸书，也都是宣传排满革命的出版物。后来同盟会成立，章炳麟、汪精卫、胡汉民诸人主持《民报》，来和梁启超的《新民丛报》对抗，于是思想界便集中在排满革命一点上，这种倾向，一直继续到1911年的革命推倒满清为止。

民国成立以后，政党一天到晚地闹着争政权，报章杂志满纸载着都是讨论政制的文字，在这个时候，学术思想界已经沉寂达于极点。当时梁启超办了一个《庸言报》，后来又改办《大中华》，他那时虽主张抛弃政治，专从改造社会着手，但怎样去改造社会，他却不曾指示给我们，因此，他这主张不曾收到效力。正在大战爆发的一年，长沙章行严在日本办了一个《甲寅》杂志。行严精通逻辑，为文谨严，和启超笔端常带感情的文章不同；他运用逻辑式的文章，讨论政治问题，很受当时社会的欢迎。在《甲寅》上做文章的人，还有一个黄远庸；远庸目击当

时政论与一般社会不生关系，便在他与《甲寅》记者书中说：“居今论政，实不知从何处说起。……根本救济，远意当从提倡新文学入手。总之当使吾辈思潮，如何能与现代思潮相接触，而促其猛醒；而其要义，须与一般之人生出交涉；然须以渐近文艺普遍四周。”我们读了远庸这段话，便可以知道当时学术思想界的动向。

洪宪帝制消灭以后，行严即投身政治活动，《甲寅》因之停刊。不久，陈独秀从日本归国，在上海发行《新青年》杂志，继《甲寅》而起成为国内有时代性的惟一杂志。那时正是国会为着定孔教为国教闹得很凶的时候，独秀便拿住这个题目，在《新青年》上彻底攻击孔教，说它是专制的护身符，不合现代社会的需要。独秀为文能单刀直入，说理又透彻，所以《新青年》就很受一般人的欢迎。后来，独秀受北京大学校长蔡元培聘请做了北大的文科学长，仍旧继续主持《新青年》。独秀友人吴虞，又时时在《新青年》上发表些反孔教的文字，接着因为反对孔教，又连带反对礼教。这样一来，《新青年》的地位就日见增高，而且因为几千年来人人目为“金科玉律”的礼教到现在居然也有人敢于反抗，所以旧思想的动摇更加使新思想的动向明白地表现出来了，而新文化运动的种子也就萌芽起来了。1917 年胡适又从美国寄回《文学改良刍议》在《新青年》上发表，不久胡适归国做了北大的哲学教授，和陈独秀、钱玄同诸人，努力文学改良。但自独秀的《文学革命论》发表以后，他们的主张才由文学改良而进为文学革命，接着胡适又发表他的《建设的文学革命论》，而归结到“国语的文学、文学的国语”十个字上面；这样一来，文学革命的旗帜才鲜明起来。但是我们不要忘记：文学革命决不是限于文学领域以内的事件，因为文学革命反对贵族文学，提倡平民文学，所以由文学革命的德谟克拉西的精神，一定要引起其他思想上的革命，一定要引起种种平民的运动。《新青年》这种反孔教反礼教以及文学革命的主张，就是新文化运动黎明时期的动向。

1918 年的冬季，陈独秀又发行《每周评论》，登载些讨论社会问题政治问题的文章，有时严正地批评当时的现实社会。同时，北大学生傅斯年、罗家伦等又组织新潮社，发行《新潮》杂志，介绍西洋最近哲学、文学以及政治的思潮。这些刊物，都是受《新青年》的影响而产生出来的。到了《新青年》七卷一号,便发表了一篇宣言。这宣言是陈独秀做的,对社会表明他们的主张是拥护德谟克拉西(民主主义)与提倡赛恩斯(科学)。从他们这宣言看来,我们便知道他们的意特沃罗儿(编注:即 ideology“思想”的音译)已经起了变化。但是我们要认清楚:这正是时代的反映与产物,决不是陡然在陈独秀诸人脑筋中起了这样的变化,而新文化运动已经正式进到她的黎明时期,并且黎明时期中这运动的方向与目标也都明显地表示出来了。

新文化运动到了这个时候,却遇着一个反响,这就是新思想与旧思想的斗争,这就是新意特沃罗儿与旧意特沃罗儿的斗争。1919 年 3 月林纾写给蔡元培的信,便是这斗争的开始。这信的大意是责备蔡元培不应在大学里面提倡新文学与新道德并容纳这些有新思想的人充当教授。这信发表在北京《公言报》上,蔡元培也就在这报上回林纾一封信,解释当时一般人对北大的误会。结果因为林纾所持的反对理由过于薄弱,他那卫道的精神,已经不能获得一般人的同情,所以这个斗争的期间并不久,而新思想终于取得了胜利。

三、划时期的五四运动与新文化运动的奔放

林、蔡辩论是 1919 年 3 月间的事,但一到 5 月,就发生了划时期的五四运动。原来在世界大战发生的时候,日本借口英、日同盟,向德宣战,出兵和英军会攻青岛,德军以势孤出降,日本遂占领青岛。后来中国要求撤兵,日本便于 1915 年 1 月 18 日由其驻京公使日置益径向中国政府提出二十一条的要求。中国派曹汝霖等为全权委员于 2 月 2 日开始和日本会议。延到 5 月 7 日,日本发出最后通牒,迫中国政府速即承认,以 5 月 9 日午后六时为限。9 日午前,中国政府即答复承认。这就是最可痛心的“五九国耻”。到了 1917 年,中国因德国使用无限制潜艇攻击,也向德国宣战。明年大战停止,中国便于 1919 年 1 月派陆征祥等为全权代表,参与凡尔塞和会。中国代表在和会提出许多要求,并要求德国在山东的权利直接交还中国。日本代表反对,会

议由是停顿。最后由英国倡议将山东问题交由英、法、美三国专门委员会核议。这个消息传到中国，舆论大为激昂，于是5月4日，6月3日这两天北京专门以上学校学生便先后举行两次激烈的示威运动，要求惩办与中、日交涉案有关的交通总长曹汝霖、驻日公使章宗祥及币制总裁陆宗舆。风声所播，到处学校罢课，商店罢市。又有铁路工人联合罢工之说，形势日见紧张，政府不得已才将曹、章、陆三人免职。这便是五四运动的来历。

五四运动，从表面上看来，固属是为着外交问题而起，这运动的目的，固属是在于打倒卖国贼曹、章、陆；但是，这运动却有她的存在根据，决不是偶然的，上面说过的经济上的转变，国外局势的转变，政治的腐败以及军阀的割据，便是她的存在根据。她是个反帝国主义的民族主义运动，往后的五卅运动，便是她的继续。她是个反封建势力的民主主义运动，往后的一切解放运动，便是她的继续。这运动又是个划时期的运动，在这运动以前，全国的学生、工人以及商人，并没有团体的结合，并不过问政治；在这运动以后，各种各样的民众团体如雨后春笋一般地发生出来了①，他们为着各自的利益都起来过问政治。但是，这里有一点我们要认清楚：五四运动的领导者是学生，学生并没有她独自的阶级立场，并没有她独自的阶级意识，惟其如此，所以这运动的目标，虽然确定出来了，但是，由于没有一个具有阶级立场与阶级意识的阶级去领导这运动向着这目标走去，从而这运动自身固属是划时期的运动，却同时又是个启蒙运动，并不曾集中力量去到达那已经确定了的目标。因为这个缘故，所以五四运动之后，各种各样的新主义新思想，各种各样的问题，都同时并起，真可算“五花八门，光怪陆离”，这就是启蒙运动最显著的特征。正因为这启蒙运动是多方面的，随而新文化运动才能向前奔放而到达她的成熟时期。

新文化运动的成熟时期有些什么现象可说呢？

第一，以前成为问题的，到五四以后便不成为问题了。例如文学

---

① 1912年，江亢虎虽已打出社会党的招牌，各地虽有工会的组织，但都是“空有其表”，没有丝毫力量，所以中国有真正民众团体的组织，却只能说是从这个时期起。

革命，在五四以前，还有林纾这些守旧派出来反对，但到五四以后，各地的报章杂志如雨后春笋一般地一齐出来了，都一律改用白话文。在这个时候，只研究怎样去完成白话文学——国语文学，并没有白话与文言孰得孰失之争了。

第二，以前不成为问题的，到五四以后却成为问题了。五四以前，固然也反对礼教，固然也提倡德谟克拉西，但是当时理论自理论，行动自行动，两者并不曾打成一片；五四以后，却因为一般人参加实际运动，在行动上往往和旧社会旧制度相抵触，在这个当儿，要求理论与行动打成一片，于是以前不成问题的，到现在都成为必得予以解决的问题了。以下把这些问题逐项予以简单的叙述：

（一）工人问题　大战期间，中国产业已有相当的进展，在这个时期，资本家与工人自然多少要发生冲突，五四以后，工人渐次觉醒，和资本家冲突的事件，就日益增加，而工人问题就成为当时急待解决的问题了。我们只要看到当时《新青年》讨论纱厂女工待遇问题以及发行《五一劳动节》特刊，便可以知道工人问题在当时之重要。往后从1921 年至 1923 年，便不断地发生罢工风潮，例如：1921 年 1 月 1 日粤汉铁路工人罢工，3 月 3 日开平煤矿工人罢工，6 月 20 日京绥铁路机工罢工，10 月 12 日粤汉铁路罢工，11 月 20 日陇海铁路机师罢工，1922 年 1 月 12 日香港中华海员罢工，7 月 22 日汉阳钢铁厂工人罢工，8 月 5 日上海丝厂工人罢工，同日招商局海员罢工，8 月 30 日京汉铁路工人罢工，9 月 8 日粤汉铁路工人罢工，10 月 19 日唐山京奉路工人罢工，10 月 23 日开滦矿务局所属五矿区矿工罢工，10 月 27 日京绥路罢工，12 月 15 日正太铁路罢工，1923 年 1 月 10 日汉口花栈工人罢工，2 月 4 日京绥路工人罢工，2 月 7 日汉口军队干涉京汉路罢工，2 月 20 日正太铁路工会因罢工风潮，被直晋当局解散。工人运动的兴起，后来在五卅反帝国主义运动中工人阶级竟握着领导权。

（二）家庭问题　中国家庭组织建立在农业经济上，自从资本帝国主义侵略以来，中国整个经济组织已经发生变动，尤其是农村经济的崩溃，使家庭组织跟着崩溃。家庭组织尽管在崩溃，但家庭中的家长权及夫权却仍然有很大的力量。《新青年》时代，一般思想较进步的人,即已看到了这一点,所以在那时《新青年》上屡屡有反对礼教讨论家庭问题并贞操问题的文章发表。自五四以后,一般青年的意特沃罗几起了剧变,觉醒了自己应做一个独立的社会的人,而不是家庭的附属品,这样一来,家庭问题便日益紧迫起来了。易家钺等所组织的家庭问题研究会,就是这种觉醒的产物。家庭问题所包含的方面很多,如孝的问题、贞操问题、婚姻问题、男女平等问题,都总括在内。这些问题,在当时都经过很多人的研究,并且在社会上获得相当的成果;不过因为中国的经济组织与建立在这组织上的社会制度没有得到整个而完全的改造,所以许多过激而有为的青年竟不免做了这个时代的牺牲者。

(三)教育问题　中国的教育制度,是由外国移植过来的,是现代资本主义式的教育制度。这种制度在资本主义国度里自有它的作用,但是移植到中国来却因为中国经济组织不曾整个地资本主义化,所以就失掉了它的作用,而其结果就是造就了许多高级游民。1914 年黄炎培感觉到这种弊病,便提倡实利主义的教育,但在社会上不曾得到回声。五四以后,杜威来华讲演,他的实用主义的——美国式的——教育学说,便在国内掀起一个波涛,1921 年全国教育会联合会所决议的新教育系统案恰恰就是受了他这实用主义教育学说的影响的产物。同时,如前所述,五四运动含有平民主义的倾向,而杜威的教育学说,也具有平民主义的精神,因此,平民主义的教育又盛极一时,而且有许多教育家从事实际的平民教育运动。但是我们不要忘记:美国式的教育制度也自有他的存在根据,美国是资本主义极发达的国家,她这教育制度自有它的"实用"——在资本主义正在崩溃的行程中,这制度在美国也发生出极显明的破绽——我们去模仿她这制度,便不见得"实用"了,不然,近年来又从何处会发生中国教育破产的呼声呢?

以上三项,不过是举其荦荦大端而言,此外还有宗教问题(少年中国学会在当时曾敦请梁漱溟、李石曾、屠孝实诸人讲演宗教问题,后来更有非宗教大同盟),男女社交问题等等,因其关系较小,恕不备述。

其次,新文化运动的成熟时期在学术思想方面又有些什么可说呢?

第一，关于哲学方面者：中国哲学，在这时期以前，并不是没有人去研究，但是，能够用有系统的方法去整理中国哲学，却要算胡适。胡适是杜威的学生，深受实用主义方法论的影响，又受过朴学家所用的治学方法的训练，所以他著的《中国哲学史大纲》①很有条理。不过他的毛病，只着重在"时代背景"，并不曾把经济转变影响到哲学方面的契机说出来②。他如谈西洋哲学的张东荪，谈印度哲学的梁漱溟，都有相当的成就。李石岑主办的《民铎杂志》，在这个时候，发行几次专号，对于尼采、康德以及柏格森的哲学，都作了有系统的介绍。同时，罗素来华主讲数理哲学，张崧年对他颇有研究。翻译的哲学书籍也很多，如尚志学会丛书及共学社丛书便着重在哲学方面，但是缺乏有系统的介绍。在这个期间，一般人研究哲学的兴趣都很浓厚，到1923年便有所谓玄学与科学之战③，不过两方的战士在方法论方面都没有良好的武器，所以一场论战依然得不到最后的解决。

第二，关于科学方面者：科学方面最值得记述的，便是考古学的发展。1898年与1899年之交，河南安阳县曾掘出商代甲骨的破片，当时研究甲骨文的人，以王国维、罗振玉为最有心得。1921年，农商部矿政顾问安特生(J. G. Anderscn)先后在辽宁锦西县沙锅屯与河南渑池县仰韶村采掘，获得石器、骨器、单色陶器及彩色陶器，断定为新石器时代的遗物；后在他处又屡屡发见这时期的遗物，现总称为"仰韶期"。1923年，德国博物院古生物学专家德日进(P. Toilhard de Chardin)及天津教士桑志华(E. Licent)在陕西、甘肃及鄂尔外斯各地发见旧石器时代的大宗石器。1923年至1924年，安特生又先后在甘肃洮沙县新

① 胡适著《中国哲学史大纲》，最初在北大印成讲义，1919年2月始正式由商务印书馆出版。

② 关于批判胡适的著作，可参观神州国光社出版的《读书杂志》胡秋原著《贫困的哲学》一文。又最近冯友兰著《中国哲学史》，颇能运用黑格尔的辩证法，于中国哲学史研究领域上辟一新天地。

③ 1923年，张嘉森(君劢)在北京清华学校讲演，反对科学的人生观。接着丁文江在《努力周报》上反驳张氏的讲演，为科学辩护。——玄学与科学的论战由是发生。当时学者如胡适、陈独秀、梁启超、吴敬恒、唐钺、范寿康、任鸿隽、王星拱、张东荪及林志钧等，都参加这个论战。

店附近，狄道县李洼山、西宁县下洼及镇番县沙漠等地发见石器、陶器及少数铜器，断定为新石器时代末期与铜器时代初期的遗物。1925年，美国纽约博物院外蒙古调查团，在纳尔逊(N. C. Nelson)指导之下，发见旧石器与新石器时代的过渡期的石器。安特生将发见的结果，作成《中国远古之文化》一文。他如丁文江、翁文灏主办地质，对于考古学亦有相当贡献，翁文灏更撰《近十年来中国史前时代之新发见》一文，详记屡次发见的经过与结果。这些发见，很影响于中国古史的研究，使我们对于中国古史的观念改变过来，知道以前所谓三代盛世并不见得那样完美。其次，科学方面值得记述的，还有：(一)杜里舒(H. Drieseh)与葛拉普(A. W. Grabau)的来华讲学，杜氏有讲演集，其《爱因斯坦氏相对论及其批评》一书，为张嘉森译成汉文；葛氏所著《地球与其生物之进化》，有赵国宾译本。(二)史地方面，如顾颉刚的《古史辨》，颇具疑古精神，多半受有今文学家的影响；如陈垣专研究古代外国人同化于中国的历史，最有心得；又如冯承钧迻译《中国西部考古记》、《中国史乘中未详诸国考证》、《昆仑及南海古代航行考》及《东蒙古辽代旧城搜考记》诸书，也于中国史地的研究有相当的贡献。(三)他如王光祈研究西洋音乐理论，刘海粟的西洋绘画，李金发的雕刻与造像，均有相当的造就。

第三，关于思想方面者：上面说过，五四运动是启蒙运动，在这启蒙运动时期，虽然大众的目标在于改造社会，在于反抗旧势力与旧束缚，但是，当时的思想，却是“五花八门，无奇不有”。现在总括地说，可以分成以下各种：

一、谈社会主义者：《新青年》在七卷一期的宣言上，原是拥护德谟克拉西，但到五四以后，陈独秀、李守常、顾兆熊一班人，却也谈起马克思主义来了。当时《晨报附镌》、《时事新报学灯》、《民国日报觉悟》、戴季陶主办的《星期评论》、陈独秀主办的《每周评论》、进步党的《解放与改造》(后改称《改造》)、国民党的《建设》，都无不时常登载介绍或讨论社会主义的文章。《建设月刊》上，竟登载胡汉民运用唯物史观以研究伦理的作品。风气所播，在当时几乎无人不谈社会主义，新青年社翻译的柯祖基著《阶级斗争》，商务印书馆翻译的马克思著《价值价格及利润》与柯祖基著《人生哲学与唯物史观》，便是这时期的产物，不过当时所谈的过于肤浅，而且时有错误，在社会上并不曾获得回声。此外还有徐六几、郭梦良等谈基尔特社会主义，与进步党颇接近，关于柯尔（G. D. H. Cole）的著述介绍颇多，但在社会上也没有什么影响。

二、谈无政府主义者：中国谈无政府主义最早者，要算张继、刘师复、吴敬恒、李石曾诸人。张继从事政治活动，师复早死，都与无政府主义运动无甚关系。敬恒、石曾二人在新文化运动时期，力倡半工半读运动[①]；大战以后，他们设立留法勤工俭学会，国内学子前后往法半工半读的，不下数百人。当时俄国革命已告成功，德国亦正在革命狂潮中，这些学子为这种革命空气所笼罩，后来竟有一部分成为××主义的信徒。敬恒又提倡物质科学，尝为文反对东方式的精神文明，颇得一般学子的欢迎。

三、谈新村者：中国谈新村运动者，以周作人居首。这运动是用消极的方法，不采用反抗的手段，去谋社会改造。这运动在思想上，受了日本武者小路实笃的影响；他们看见人类的堕落，社会的腐败，只想用温情主义不抵抗主义去转变它，所以他们主张组织新村。他们想离开现实社会，去建立他们理想中的生活，这便是他们的根本错误。武者小路实笃的新村运动，经过一度尝试以后，已经宣告失败，他本人也渐陷于颓丧的状态。因为这个原故，所以中国新村运动也不过在纸上谈谈，并不曾见诸事实，它在社会上更没有什么影响。

四、谈三民主义者：正在新文化运动高潮时，孙中山从广东失败回到上海，他目击思想界的转变与苏俄革命的成功，深知欲完成中国革命非从主义的宣传与建设不可。他在1917年就作成了《民权初步》（社会建设）；明年又作成《孙文学说》（心理建设），《建设月刊》出版时，他又在这月刊上前后发表他的《实业计划》（物质建设）；后来把这三书合订一册，便是他的《建国方略》。同时，他的同志汪精卫、胡汉民、廖仲恺、戴传贤，也不时在《建设》上发表作品。1923年，他又把他的三民

---

① 无政府主义者主张各尽所能、各取所需，所以他们提倡半工半读运动；又当时王光祈等所组织的工读互助团也可算属于这一派。

主义讲演一遍，并印成讲演录。三民主义——孙文主义——经过这一番深入的研究与宣传以后，才广布到全国群众。

此外还有少年中国学会，是些国内专门学校以上学生及留日学生组织的，目的在于改造社会，但改造社会的手段却不曾明定出来。总之，在新文化运动的高潮中，各种思想与主义都同时并起，各人所信奉的主义，一般地来说，也不曾确定；往后不久，思想与主义的分野，就显明地表现出来了。

四、思想的分野与新文化运动的转变

新文化运动随着五四运动而达到其成熟时期，当时一般较进步的人，都怀抱改造社会的思想，都要求一种新生活，但是，关于怎样去改造社会，关于怎样去实现这新生活，却不曾找出一种确定的手段与方法来。惟其如此，所以这时期的思想与主义异常乱杂，而且对于各派各样的主义，都没有深刻的把握。等到这一般较进步的人，遇到现实的问题而必得予以解决的时候，遇到他们自己要在政治上社会上找出路的时候，于是迫着他们不能不采取一种确定的手段与方法，去应付这种需要，换句话说，就是迫着他们不能不采取明确的立场，去应付这种需要；在这个当儿，便发生思想的分野。这正是新文化运动进展的现象。以下就当时思想分野的大势，作一个梗概的叙述：

第一，《新青年》派：这派的人物，以陈独秀与胡适为主干。陈独秀一派，倾向××主义，与李守常、郑超麟等，于1920年组织劳工协会秘书部，发行《向导周报》，专事××主义宣传；1922年才正式组织中国××党。胡适一派，主张好人政府主义，打算加入当时的政治运动去改造当时的政治，蔡元培、罗文干、王宠惠都属于这一派，1922年发行的《努力周报》，可算是这一派的机关报。

第二，少年中国学会派：这派在这期间的地位很重要，因为这派自分化以后，不拘在政治上，抑或在学术思想上，都取得重要的地位。这派完全是些有为的青年所组织的，在没有分化以前，大家的目标，不外是改造社会。待到各人要在政治上社会上找出路的时候，这派便发生改造社会的方法问题。其中信奉××主义为改造社会方法的，如张国焘、邓中夏、黄日葵，后来便加入××党，成为××党中的重要人物。其中信奉国家主义为改造社会方法的，如曾琦、陈启天、余家菊，便组织国家主义青年团，《醒狮周报》便是他们的机关报。还有一部分人，如郭沫若等，便另外组织《创造社》，发行《创造季刊》及《创造周刊》，介绍文艺思潮。1925 年以后，郭沫若也加入到××党里面去了。

第三，国民党：孙中山自从经过累次失败及目击俄国革命成功以后，便决心要改组中国国民党。1923 年 11 月发表改组宣言，改组后，于明年一月在广州举行全国代表大会，决定联俄容共政策①，提出“打倒帝国主义”、“废除不平等条约”诸口号，“国民革命”事业才从此开始。

第四，无政府主义派：这派在中国很少实际运动，他们认为无政府主义的实现，离目前还遥远得很，而目前最迫切的工作，却是国民革命，所以他们——如吴敬恒、李石曾——一方面是无政府主义者，一方面又是国民党员，从事国民革命工作。

由上所述看来，思想的分野，不外三大派：即三民主义、共产主义与国家主义。在当时只有这三派在思想界获得各自的地位，至于进步党及其他却已声销迹匿了。

到了 1925 年，国内情势又起了剧烈的变化。第一，上海的五卅惨案，引起了空前的反帝国主义运动；在这运动中充分地表示着民众的力量，并且这运动推动中国革命向前奔放。第二，孙中山的北上与孙中山之死，把“打倒帝国主义”、“废除不平等条约”诸口号深刻地印入到民众的脑筋中，革命空气因此弥漫全国。不久，北京又有三·一八惨案与首都革命的发生；接着国民革命军北伐，革命便已经到达她的高潮；在这个时候，农民运动与××党都得到异常的发展。经过这个

---

① 1920 年，苏俄优林到北京，与北大教授学生发生了一点关系。1922 年，苏俄代表越飞到北京，北京新潮社等十四个团体以国民团体的资格开宴会欢迎他，表明中国智识阶级代表全体国民对苏俄表示友好的意义。从此以后，北京《晨报》才有联俄问题的讨论。这一点，颇影响于国民党的联俄政策。

高潮以后，新文化运动便走入她的转变期。以下就这转变期的主要现象略为说说：

在革命高潮时，国家主义派已失却其存在根据，所以当时支配思想界的，就只有三民主义与共产主义。经过这高潮以后，依然只看见这两种主义在思想界活跃着。这就是转变时期的特征。现在再把这特征引申地来说：

第一，在这转变期中，治学术的人，都不能不有他各自的立场，例如谈中国经济结构问题，便有两种论调：一种说中国经济是前资本主义时代的经济，他一种说中国经济是封建性的经济；例如谈文学，便有民族主义文学与普罗文学之分野；例如谈哲学，便有观念论与唯物论之分野。

第二，在这转变期中，新兴社会科学得到异常的进展，这种进展，决不是偶然的，而自有其存在根据。自 1930 年至 1931 年，讨论中国社会结构的著作特别丰富，并且渐次地能用新的方法去分析中国的社会结构。又如对于中国古代社会的研究，也渐次地能用新的方法从科学上说明中国古代社会的演进。不用说，这些讨论与研究，都能替中国学术思想界开辟一个新局面。

中国的学术思想，有几千年悠久的历史，中间经过几次的大转变，这从本书以上所述各讲看来便可了然。海通以来，不满百年，其间又经过维新运动与新文化运动，到现在更进到新文化运动的转变期。今后我们学术思想的出路，就从这转变期中决定。我们生在这一时代的人，都负着中国文化的未来的重任，所以我们决不能放松这个转变期，而必得从意识上予以认识。